■ 德州学院学术著作出版基金资助

清末民初女权思想研究

QINGMO MINCHU NÜQUAN
SIXIANG YANJIU

孙桂燕 著

中国社会科学出版社

图书在版编目（CIP）数据

清末民初女权思想研究／孙桂燕著．—北京：中国社会科学

出版社，2013.8

ISBN 978 - 7 - 5161 - 3443 - 6

Ⅰ.①清…　Ⅱ.①孙…　Ⅲ.①女权运动 - 思想史 - 研究 -

中国 - 近代　Ⅳ.①D442.9

中国版本图书馆 CIP 数据核字（2013）第 246251 号

出 版 人	赵剑英
责任编辑	任　明
特约编辑	乔继堂
责任校对	张玉霞
责任印制	李　建

出　　版	中国社会科学出版社
社　　址	北京鼓楼西大街甲 158 号 （邮编 100720）
网　　址	http：//www.csspw.cn
	中文域名：中国社科网　　010 - 64070619
发 行 部	010 - 84083685
门 市 部	010 - 84029450
经　　销	新华书店及其他书店

印刷装订	北京市兴怀印刷厂
版　　次	2013 年 8 月第 1 版
印　　次	2013 年 8 月第 1 次印刷

开　　本	710×1000　1/16
印　　张	16
插　　页	2
字　　数	266 千字
定　　价	48.00 元

凡购买中国社会科学出版社图书，如有质量问题请与本社联系调换

电话：010 - 64009791

版权所有　侵权必究

目　录

前言 ……………………………………………………………（1）

第一章　妇女权利的基本理论 ……………………………（1）

　一　妇女权利的概念与内容 ………………………………（1）

　　（一）妇女权利的概念 ……………………………………（1）

　　（二）妇女权利的内容 ……………………………………（8）

　　（三）妇女权利的性质及特点 ……………………………（10）

　二　近代西方女权的产生与发展 …………………………（11）

　　（一）西方人权思想的形成与发展 ………………………（11）

　　（二）西方近代人权观念对女权的排斥 …………………（14）

　　（三）妇女权利的提出 ……………………………………（15）

　　（四）自由主义女权：西方早期女权理论 ………………（16）

第二章　中国古代对妇女的压迫和明末清初士大夫男女平等的
**　　　　思想** ………………………………………………（28）

　一　中国古代对妇女的压迫 ………………………………（28）

　　（一）精神上对妇女的控制 ………………………………（28）

　　（二）身体上对妇女的摧残 ………………………………（37）

　　（三）制度上对妇女的压迫 ………………………………（39）

　二　明末清初士大夫男女平等的呼声 ……………………（41）

　　（一）批判男尊女卑的理论基础，肯定妇女在人伦关系中
　　　　　处于极为重要的地位 ……………………………（41）

　　（二）驳斥女子不如男子的偏见，宣称男女智力相等 …（44）

　　（三）反对纳妾，主张一夫一妻制 ………………………（46）

　　（四）驳斥"女祸论"，主张妇女参政 …………………（47）

　　（五）反对妇女片面守贞守志，赞成妇女改嫁 …………（49）

　　（六）反对妇女缠足 ………………………………………（51）

第三章　清末民初女权的先声：不同派别的男女平等思想 ……… （54）

一　西方传教士建立在宗教基础上的男女平等思想 ……… （54）

（一）传教士对男女平等思想的介绍与宣传 …………… （54）

（二）传教士在实践上对男女平等的倡导与示范 ……… （62）

二　太平天国农民起义军男女平等的理论与实践 ……… （64）

（一）洪秀全的男女平等观 …………………………… （64）

（二）太平天国男女平等的实践 …………………… （65）

三　早期维新派萌发的男女平等思想 ……………………… （72）

（一）抨击封建礼教，主张男女并重 ………………… （73）

（二）反对传统性别歧视制度，主张妇女权利 ……… （73）

（三）把兴女学和禁缠足与国富民强联系起来 ……… （77）

第四章　戊戌维新时期女权思想的形成：人权基础上的男女
平等 ………………………………………………… （82）

一　以西方"天赋人权"理论为指导，批判传统性别观念及
制度，主张男女平等 ……………………………… （82）

（一）以西方"天赋人权"为理论武器论证男女平等 ……… （82）

（二）批判男尊女卑观念，主张男女平等 …………… （85）

（三）谴责传统社会性别制度剥夺女权有悖人权，主张恢复
妇女权利 ………………………………………… （91）

（四）分析男女不平等的原因 ………………………… （110）

二　男女平等之目的：保国保种 ………………………… （113）

（一）民族危机下戊戌维新派保国保种的主张 ……… （113）

（二）男女平等之目的：保国强种 …………………… （113）

三　男女平等的实现路径：大同世界和现实社会 ……… （118）

（一）在大同世界里实现妇女权利 …………………… （118）

（二）当下的男女平等：禁缠足和兴女学 …………… （119）

第五章　辛亥革命时期女权思想的发展 ………………… （124）

一　马君武的翻译：西方女权主义思想在中国的传播 ……… （124）

（一）对《斯宾塞女权篇》中女权思想的介绍 ……… （125）

（二）对《约翰·弥勒女权说》和社会党人《女权宣言书》
中女权思想的介绍 ……………………………… （129）

二　辛亥革命时期女权思想的发展：民族女权主义 …………（133）

（一）以西方"天赋人权"理论作为思想指导，分析封建

社会对妇女的压迫并进行批判，进而主张男女平等……（133）

（二）女权的目的 ……………………………………………（166）

（三）女权的实现 ……………………………………………（174）

三　辛亥革命时期女权思想的发展：无政府女权主义 …………（183）

（一）批判：控诉封建社会对妇女的压迫，揭露资本主义

社会男女平等的虚伪性与欺骗性 …………………………（183）

（二）男女平等之目标：男女绝对之平等 …………………（189）

（三）手段：实行无政府革命和男女革命，废除婚姻和

家庭 …………………………………………………………（191）

第六章　辛亥革命后对妇女参政权的否定 …………………………（196）

一　妇女要求参政权 ……………………………………………（196）

二　围绕妇女能否拥有参政权的讨论 …………………………（200）

三　对妇女参政权的否定 ………………………………………（204）

四　妇女参政权被否定之原因分析 ……………………………（210）

第七章　清末民初中国女权思想之分析 ……………………………（215）

一　清末民初中国女权思潮之形成与

发展是中西妇女思想结合的产物 …………………………（215）

（一）戊戌维新时期中国女权思潮之形成是运用西方天赋人

权理论批判中国妇女受压迫的现实、主张妇女权利的

产物 …………………………………………………………（215）

（二）辛亥革命时期中国女权思潮之发展是戊戌时期男女平

等思想继续发展、民族主义与女权主义相碰撞以及无

政府主义和女权主义相碰撞的产物 ………………………（217）

二　清末民初女权思想之特征 …………………………………（218）

（一）较强的国家主义倾向 …………………………………（218）

（二）浓厚的男性化色彩 ……………………………………（220）

（三）主要内容是对封建宗法制度和宗法观念的批判 ……（223）

（四）女权思想是人权思想的重要组成部分 ………………（225）

三　清末民初女权思想之作用与不足 …………………………（227）

（一）清末民初女权思想之作用 ………………………………（227）

（二）清末民初女权思想之不足 ………………………………（230）

四　清末民初女权思想之反思 …………………………………（233）

（一）在妇女与国家的关系上，既要重视国家利益，又要
重视妇女权益 ……………………………………………（233）

（二）在女性和男性关系上，不要把男性当做规范和标准 ……（235）

（三）在妇女享有权利的条件上：不能以能力作为妇女享
有权利的条件 ……………………………………………（236）

参考文献 ……………………………………………………（239）

后记 …………………………………………………………（245）

前　言

　　中国古代妇女地位极其低下，妇女饱尝缠足、溺女婴等封建陋俗的摧残，在精神上受男尊女卑、重男轻女、女子无才便是德等封建思想的束缚，在制度上妇女在财产权、婚姻家庭权等权利上不能享有和男子平等的权利。明末清初，虽然士大夫发出了男女平等的呼声，但由于当时生产力水平低下，没有先进理论的指导，并没有产生近代意义上的男女平等。

　　随着鸦片战争的爆发，蜂拥而来的西方传教士用基督教的男女平等思想来审视中国妇女的问题，对中国妇女的缠足、溺女婴等摧残健康生命的现象极为震撼，对妇女的不受教育也极为不满，他们认为这些都违背了基督教思想。出于传教的需要，他们开始对这种现象进行批判，并展开了"禁缠足"、"兴女学"等实践活动。与此同时，中国太平天国农民起义军领袖洪秀全受拜上帝教的启发，同时为了革命需要，也提出一些男女平等的思想，实施了一些男女平等的措施，但由于建立在宗教及小农意识基础上，其男女平等理论和实践带有很大局限，并随着农民起义军的被镇压而逐渐消逝。另外在这个时期，资产阶级早期维新派由于出国人员对西方妇女地位的耳闻目睹，开始反思中国的妇女问题，他们沿着西方传教士的思路，还是针对妇女的缠足、受教育进行批判，但早期的维新派已把这些过多地和国家富强紧紧地联系在一起。总体来说，从鸦片战争到戊戌变法时期，虽然不同派别都发出了男女平等的呼声，然而都没有以人权理论这一先进理论作指导，所以并没有产生真正的男女平等思想。

　　随着甲午战争的爆发，国家到了危难关头，资产阶级维新派登上历史舞台要求变法图强。为了调动占人口一半的妇女承担起变法图强的重任，资产阶级维新派以人权理论为基础，对性别歧视制度进行批判，要求恢复妇女权利，对男女不平等的观念进行澄清，分析了男女不平等的原因并对男女平等的理论进行构想和实践，虽然其男女平等的目的是强国，但这并不影响女权思想的形成。

随着戊戌变法失败，资产阶级革命派登上历史舞台，这时西方女权思想通过马君武的译介传入中国，民族主义也开始形成。女权思想和民族主义的碰撞融合，使民族女权主义开始形成，这种民族女权主义实际上是戊戌维新时期带有国家主义倾向的女权主义的发展，一方面它继续批判传统性别歧视制度、倡导女权，另一方面，它让妇女承担民族革命重任，为推翻清政府而奋斗。在辛亥革命时期，无政府主义思潮也涌入中国，与女权主义思想产生的碰撞、融合，产生了无政府女权主义思想，这种思想不但对封建社会对妇女的压迫进行了更为激烈的批判，对资本主义社会男女不平等的虚伪性进行了深刻揭露，而且把矛头直指男子，视男子为大敌，它所理解的平等是绝对主义上的男女平等，认为要实现这种男女平等必须废除国家、废除婚姻、废除家庭，这种思想带有很大的偏激性，而且不占主流。

辛亥革命胜利后，女性没有如预期那样随着革命的胜利而获得参政权。先进女性围绕参政权与男性进行了论争，但最后以失败告终，女权思想发展缓慢。

通过梳理这一阶段的女权思想的产生和发展，我们可以看出清末民初女权思想是中西结合的产物，但是带有很强的国家主义影子，其产生与发展改变了女权观，对指导妇女运动起到了很大作用。但它也给我们很强的启示，就是我们在处理国家和女性问题时，不能只考虑国家利益而忽略女性权益，女性在争取权利的过程中不应以男性为标准，再就是不应以能力作为女性享有权利的前提条件，我们都要回归到人权这一轨迹上，因为女人也是人，所以她们应该享有权利。

第一章

妇女权利的基本理论

一 妇女权利的概念与内容

（一）妇女权利的概念

何谓妇女权利？目前，虽然研究妇女权利的著作和学术文章不少，但就笔者所掌握的材料来看，关于妇女权利的概念大体有三种。

第一种是《中国当代妇女百科知识全书》中关于妇女权利的定义："妇女权利指从女婴生下来就拥有至生命终结前不会消失的各种天赋的和法律给予的各种权利和利益。"① 这种观点认为，在男性统治的社会里，妇女的地位比较低，妇女无论在社会及家庭生活中与男子享有不同的权利，所以该观点主张无论在天赋人权方面还是在法律上妇女都应该享有与男子同等的权利。

第二种是陈婷给"妇女权利"下的定义："女性权利是指自然和社会共同塑造下的相对于男性的社会主体，基于自身特殊性而享有的以相对自由的作为或不作为的方式获得利益的一种关系。"② 该种观点主要是为保护女性基于妇女和男子的不同点妇女应享有的与男子不同的权利。

第三种定义认为：妇女权利即是妇女人权，而"妇女人权就是指妇女作为人所应当享有的自由平等的权利，它根源于妇女作为人的尊严与价值，是维护妇女的尊严和价值的本质要求"。③ 此种定义主要是根据1995年在北京召开的第四届世界妇女大会"妇女即人权"的口号作出的，它强调的是要改变和消除歧视妇女权利的心态和行为，把妇女权利平等地作

---

① 袁益明主编：《中国当代妇女百科知识全书》，光明日报出版社1997年版，第203页。

② 陈婷：《女性权利及其法律创制的一般理论研究》，硕士学位论文，南京师范大学，2007年，第14页。

③ 张晓玲：《妇女与人权》，新华出版社1998年版，第15页。

为人权对待。

从字面构成上看，妇女权利是由"妇女"和"权利"组成的。简单来说，妇女权利就是妇女的权利。所以要界定妇女权利的概念，首先要弄明白"妇女"和"权利"的含义。

1. 妇女的含义

在《新华字典》里，"妇"有四种含义：第一种是指已婚的女子，如妇人，少妇；第二种是指妻，与"夫"相对，如夫妇；第三种是指儿媳，比如妇姑（婆媳），媳妇；第四种泛指女性，比如妇女，妇孺（妇女儿童），妇幼。"女"的本义是女性，女人。妇女的意思是对成年女子的通称。在中国的传统说法中，妇女一般也是指已婚女子。妇女是成年女子的通称。不单纯指已婚妇女，年满18岁的女青年也可称妇女，18岁以下称少女，14岁以下称幼女，7岁以下称儿童。[①] 但法律上并没有相关规定，可以说，所有女性在法律上都可以认为是"妇女"。

可以说，在法律上，妇女也可称为"女性"，二者在含义上应相同，不过在一些国际性文件和法律中，常用"妇女"而不用"女性"，比如《消除对妇女一切形式歧视公约》、《消除对妇女歧视宣言》，中国的法律有《中华人民共和国妇女权益保障法》，在学术界"妇女"与"女性"二者常通用，比如《妇女与人权》、《中国的妇女与人权》、《妇女人权的理论与实践》、《女性权利的法律保障》等。

不管妇女也好，女性也好，都是指人类社会整体中与男性相区别又密不可分的那部分独立完整的人。简单地说，妇女就是和男性性别不同的人，其区别于男性的最大特征是性别。下面我们就把妇女和男性性别的不同作一下深入剖析，以此来把握妇女的含义。

人既是自然存在物，又是社会存在物，因此人既具有生理性别，也具有社会性别。首先，妇女和男性生理性别不同。生理性别又称自然性别，有时简称性别，是指男女之间由于其解剖及荷尔蒙分泌不同而造成的生理结构上的差异。[②] 这是一种普遍存在的、一般不可改变的男性和女性的生理差异。生理性别是人与生俱来的性特征，不因人的种族、民族、地域或

---

① 参见《百科名片：妇女》，http://baike.baidu.com/view/102551.htm。

② 仇乃华：《妇女与发展：理论、实践与问题》，载鲍晓兰主编《西方女性主义研究评介》，三联书店1995年版，第217页。

国别而有所差别。从这个意义上来说，妇女是"生"成的。男女两性在生理上的区别主要表现为生理结构和生理机能上的不同。从生理结构上来说，主要表现为性染色体、性激素和生殖器官的不同。性染色体是指决定性别的染色体，女性的性染色体是由两条 X 型染色体组成，而男性的性染色体则是由一条大的 X 型染色体和一条小的 Y 型染色体组成，从卵子受精的那一刻起，不同的染色体组成引起随后出现的性器官、性激素等一系列两性的变化；性激素是指主要由性腺分泌、负责第二性征的发育和副生殖器官发育的一类激素。女性性激素是由卵巢分泌的雌性激素和孕酮，男性激素则是由睾丸所分泌的睾丸酮。就生殖器官而言，两性外部生殖器官的不同是两性生理区别最为明显的外观标志，当然两性内部生殖器官也有很大不同。从生理机能来说，从青春期发育开始，男女两性在生理机能上的区别更是日渐明显，男子有遗精，女子有经期。至性发育成熟，两性器官的不同构造更是决定了两性在性生活与生育功能上的分工与合作。女性所具有的怀孕和分娩的独特功能更使女性与男性之区别迥异。

妇女除了和男性生理性别不同外，社会性别也不同。社会性别是相对于生理性别而言的，这个概念最早是在 1972 年，由美国女性学者安·奥克利在《性、社会性别与社会》一书中提出的。在这本书中她首先对两者作了明确区分，并且认为，生物性别不一定与社会性别相符，生物性别是天生的，而社会性别则是建构的。从这个意义上来说，女人是被"建构"成的。社会性别概念的提出主要针对西方 19 世纪以来盛行的性别本质主义和"生物决定论"，创造性地借用了 gender 一词来表示社会性别，并以此与生理性别相区分。性别本质主义认为，人类的第一和第二性征决定了两性的差异，并进而决定了两性的社会地位，它潜藏着现存的性别关系具有天然合理性及不可变更性的推论暗示。"生物决定论"认为，贤妻良母的角色是由女性的生理差别所决定的，性的差异决定了女性的从属地位。社会性别理论则认为，"两性间的许多差异实际上是文化性的而不是生物性的"。[①] 社会性别是由于男女的生理差异而形成的对男女两性不同的期望、要求和限制。这些由规范的期望、要求和限制所构成的群体特征被称为男性特征或女性特征。性别特征是性别最重要的衡量标准。可以说，男性和女性的性别特征不仅是天生的，更是社会化的产物。因为社会

---

① ［美］凯特·米利特：《性政治》，宋文伟译，江苏人民出版社 2000 年版，第 37 页。

对有关男女的角色分工、精神气质、行为方式等方面有不同的期待与规范，因此，我们今天看到的性别已然是自然与社会共同作用下的产物，已是不可分割、融会贯通的产物。换句话说，性别既由与生俱来的生理和心理因素决定，也是社会文化的产物。而自然性别只是使生物个体具有解剖学意义上的区分，并不足以使具备生理性别特征的生物个体成为"男人"或"女人"。换言之，自然性别只能从生物层面上说明"男"、"女"的区分，而不能从"人"的层面说明"男人"、"女人"的区分。

　　2. 权利的概念

　　法律意义上的权利概念，是从近代西方社会的正义概念演化而来的，其得以创立和发展，除了商品经济比较发达以外，还因为正义观念与法学的结合以及正义观念与法学权威的结合。因此，从这个意义上来说，正义概念是权利概念的逻辑基础，但不能说正义是权利的本质属性。那么，权利的本质属性是什么？权利的概念又是什么呢？

　　几乎从近代权利概念产生起，就开始出现旨在揭示权利本质的各种解说。在近代西方思想史上，格老秀斯把权利看做"道德资格"，[①] 霍布斯、斯宾诺莎等人将自由看做权利的本质，或者认为权利就是自由。[②] 洛克、普芬道夫虽然不像霍布斯那样把法律与权利对立起来，但还是采用了霍布斯关于"权利乃自由之范式"的概念。[③] 康德说，权利就是"意志的自由行使"。黑格尔指出："一般说，权利的基础是精神；它们的确定地位和出发点是意志。意志是自由的，所以意志既是权利的实质又是权利的目标，而权利体系则是已成现实的自由王国。"[④]

　　分析上述诸种解说，我们大体上可以窥见关于解释权利本质的几种传统倾向。这就是分别将权利看做道德资格、自由、意志、利益、法律赋予的某种力量或能力等。其中，在思维方式上包含着形而上论与实在论、先验论与经验论、自然法主义与法律实证主义、重主观与重客观等方面的差异。我国学者对对上述观点也作了较为系统的划分。第一种："自由说"、"意思说"、"利益说"和"法律上的力说"；[⑤] 第二种："天赋权利说"、

　　① 夏勇：《人权概念起源》，中国社会科学出版社 2007 年版，第 36 页。

　　② 同上。

　　③ 同上。

　　④ 同上书，第 37 页。

　　⑤ 郭道晖：《民主、法制、法律意识》，人民出版社 1988 年版，第 180—181 页。

"利益说"、"意志说";① 第三种："自由说"、"意志说"、"利益说"、"折中说"、"法的力量说";② 第四种："利益说"、"意思说"、"法律上之力说" 以及 "自由说"、"应有部分说"。③

不难发现，以上各种学说只是各从一个侧面来描述权利的属性。如果我们将各种关于权利属性的描述结合起来，并顺着这条线索，联系权利的实态，就会得出关于权利本质的比较全面的认识。正如我国学者夏勇先生所说，权利的本质是由多方面的属性构成的。对于一项权利的成立来讲，这些属性是一些最基本的、必不可少的要素，主要包括五个构成要素，即利益、主张、资格、权能和自由。

第一，利益要素。一项权利之所以成立，是为了保护某种利益。利益既可能是个人的，也可能是社会的；既可能是物质的，也可能是精神的；既可能是权利主体自己的，又可能是与权利主体有关的他人的。如享有监护权的人所保护的是被监护人的利益，不是他自己的利益，甚至要减损自己的利益。享有就业权利的人在选择职业时，可能有意选择其中的利益明显少于从前的职业，但作出这一选择是他的权利。不过，利益只能用来说明权利本质的一个方面，而不是全部。单纯的利益或对利益的需要本身并不能成为权利。

第二，主张要素。一种利益若无人提出对它的主张或诉求，就不可能成为权利。一种利益之所以要由利益主体通过意思表达或其他行为来主张，是因为它可能受到侵犯或随时处在受侵犯的威胁中。中国古代社会有许多个体利益没有成为法律主张的对象，没有成为权利，表面上看是由于权利制度不发达，其实，在一些场合，是由于这些利益同商品经济社会或五方杂处的社会里的个体利益不大一样，它们并不是随时处在被侵犯的威胁之中。当然，主张也只是权利本质的一个方面。如精神病人享有权利，但不可能通过他自己的意思表示享有或行使。

第三，资格要素。提出利益主张要有所凭借。通俗言之，就是要有资格提出要求。资格有两种：一是道德资格；一是法律资格。例如，专制社会里的民众没有要求言论自由、选举自由的法律资格，但是具有提出这种

①　吴大英、沈宗灵主编：《中国社会主义法律基本理论》，法律出版社 1987 年版，第 288 页。

②　张光博：《权利义务要论》，吉林大学出版社 1989 年版，第 12 页。

③　李肇伟：《法理学》，台湾中兴大学出版社 1979 年版，第 271、272 页。

要求的道德资格，这种道德资格是近代人权思想的核心，即所谓人之作为人所应有的权利。同时，这个时代的思想家们又往往对国王和贵族所具有的特殊法律资格给予道德上的否定。这是从历史来看。从现实来看，一个中国人在日本绝对具有得到平等对待的道德资格，因为他是一个和日本人同样的人。但是，在许多场合，他不具备得到平等对待的法律资格。也就是说，他有不受歧视、不被辱骂的利益，而且他还想提出保护这种利益的主张，但是，他也许没有资格提出这样的主张。

第四，权能要素。它包括权威和能力。一种利益、主张或资格必须具有相应的权能才能成立。权能首先是从不容许侵犯的权威或强力意义上讲的。其次是从能力的意义上讲的。权威也有道德和法律之分。由道德来赋予权威的利益、主张或资格，称道德权利；由法律来赋予权利的利益、主张或资格，称法律权利。这两种权威和与之相适应的两种权利既可以结合，也可以分离，人权在获得法律认可之前是道德权利，由于仅具道德权威，侵害它，并不招致法律处罚。在获得法律确认后，人权就既是道德权利，又是法律权利。因而，侵犯人权会导致法律后果。除了权威的支持外，权利主体还要具备享有和实现其利益、主张或资格的实际能力或可能性。

第五，自由要素。在许多场合，自由是权利的内容，如出版自由、人身自由。这种作为某些权利内容的自由（或称"自由权利"），不属于作为权利本质属性之一的自由。因为奴役权利、监护权利并不以自由为内容，但其本身的确是权利。作为权利本质属性或构成要素的自由，指的是权利主体可以按个人意志去行使或放弃该项权利，不受外来干预或胁迫。如果某人被强迫去主张或放弃某种利益或要求，那么，这种主张或放弃本身就不是权利，而是义务。

夏勇先生认为，对于一项权利的成立来讲，这五个要素是必不可少的。以其中任何一种要素为原点，以其他要素为内容，给权利下一个定义，都不为错。这就要看你强调权利属性的哪个方面。从微观的角度看，一项具体权利之孕育、产生和确立，无非是这五个要素之形成。从宏观的角度看，权利概念产生的历史过程，也就是这五个要素逐渐形成的历史过程。

笔者对此深表赞同，认为所谓权利是"道德、法律或习俗所认定为正当的利益、主张、资格或自由"。①

---

① 夏勇：《中国民权哲学》，生活·读书·新知三联书店2004年版，第311—313页。

3. 人权的概念

"人权"本身就是一个新型的权利概念，它具备权利概念的一般特征，所不同的只是加入了关于人的尊严和价值这一特定意蕴。从人权概念的起源来看，哲学上的人道概念和法学上的权利概念是人权概念的两大构成要素。人权概念的萌芽和形成的历史，也就是这两大要素萌芽、形成并相互结合的历史。所以，全面理解人权，必须同时把握这两个方面。"倘若离开人道来谈人权，就会将人权囿于法律权利。倘若离开权利来谈人权，就会流于空泛的人道主义"。①

那么，人权究竟是一种什么意义上的权利？

第一，从人权的根据上看，人权是一种道德权利。也就是说，人权在根本上是由道德而不是由法律来支持的权利。法律可以确认人权，也可以剥夺人权。人权可以而且应该表现为法定权利，但法定权利不等于人权。人权本身是不依赖法律而存在的。道德有两种，一种是以人性论为基础的抽象的、先验的道德原则，一种是以习俗、传统和社会规则为基础的具体的、经验的道德原则。从人权的起源来看，这两种道德原则本身都是历史地产生的，是人类社会发展的一定阶段上社会物质生活条件和精神文化的产物。因此，承认人权是一种道德权利，并不是说人权是从天上掉下来的。②

第二，从人权的主体和内容上看，人权是一种普遍权利。也就是说，在历史上，只有像恩格斯所说的那样，"获得了普遍的、超出个别国家的范围的性质"的权利，才能称为人权。同时，人权在理论上是不分种族、阶级、国籍、肤色、年龄、职位、身份等，由一切人享有的。至于普遍要通过特殊来体现、人权要根据具体情况来规定为特定社会的特定权利，则属于人权的语境解释问题。

第三，从人权概念产生的社会历史过程来看，人权是一种反抗权利。也就是说，在观念上，人权诉求反映了人们反抗特权、反抗统治者压迫和剥削的愿望；在现实中，法律权利逐步增长乃至进化为人权，是人们反抗人身依附、政治专制和精神压迫的斗争不断取得胜利的结果。在此意义上，人权主要是公法意义上的权利。

① 夏勇：《人权概念起源》，中国社会科学出版社2007年版，第139页。
② 沈宗灵：《人权是什么意义上的权利》，《中国法学》1991年第5期。

综上，我们姑且认为，所谓人权是指为道德、法律或习俗所认定为正当的，体现人的尊严和价值的，带有普遍性和反抗性的利益、主张、资格、权能或自由的总称。

4. 妇女权利的概念

基于上述分析，很显然妇女不仅应该而且已经是独立的权利主体，而不是男人的附属品。妇女不仅应该具有和男子一样平等的权利，而且应该享有专属于妇女的权利。这既是人权的本质属性，也是人权的内在要求，更是人类社会发展的自身需要。

我们在谈及妇女权利时，更多意义上是从保护人权的角度，通常从一个应然的角度，而不仅限于现实中国家的法律规定。所以，我们关于妇女权利的概念，同样是从一种应然的视角而言的。

笔者认为，所谓妇女权利是指为道德、法律或习俗所认定为正当的，体现妇女的尊严和价值的，带有普遍性和反抗性的利益、主张、资格、权能或自由的总称。

（二）妇女权利的内容

1. 男女平等是妇女权利的核心

作为一项原则，男女平等是指"男女的人格尊严和价值的平等以及男女权利、机会和责任的平等"[1]，它不仅是指形式上的平等，还指事实上的平等，它不仅包括公共领域中的平等，还涉及私人领域中的平等。

男女平等之所以被作为妇女权利的核心与灵魂，是因为：（1）男女之间关系的性质最直接地体现了人与人之间关系的性质和人的社会本质。人与人之间的权利关系实质上是一种社会关系，社会关系是妇女应有权利的本源和存在的前提，妇女的权利只能在社会关系中存在。马克思曾经指出："人与人之间的直接的、自然的、必然的关系是男女之间的关系。"[2]"从这种关系的性质就可以看出，人在何种程度上成为并把自己理解为类存在物——人"。[3] 这就是说，人在多大程度上成为"人"，权利在多大程度上成为"人"权，归根到底取决于人与人之间的关系在多大程度上成

---

① 董云虎：《中国的妇女人权》，四川人民出版社 1995 年版，第 11 页。

② 《1884 年经济学—哲学手稿》，载《马克思恩格斯全集》第 42 卷，人民出版社 1972 年版，第 119 页。

③ 同上。

为自由、平等的关系，既然"男女之间的关系是人与人之间最自然的关系"，① 那么男女之间的平等必须直接体现着人权的实现程度。② （2）是由平等作为人权的最高价值决定的，"人生来而且始终是自由平等的"③。如果说自由是人权体系的一大基石，那么平等则是更高层次上的权利观念和权利要求，因为平等是自由等一切人权的基础，没有平等，自由就会丧失，人权就会变成等级特权。平等与不平等，对于妇女来说是在形式上决定其有无自由和权利的关键所在，男女平等是使一切妇女权利得以实现的起点，也是促进妇女权利实现的基本保障。（3）回顾妇女权利的悲惨历史，我们发现男女不平等是导致妇女受到不公平待遇的症结所在，正是妇女所处的二等公民的地位阻碍着妇女与男子共同分享权利，这严重束缚着妇女自身的发展。因此，维护男女平等是妇女权利的首要任务。

2. 妇女权利的内容

从权利的产生、形成、发展及实现的阶段和过程来看，权利应分为应有权利、法定权利和实有权利。应有权利是指应有意义上的权利，是权利的初始形态，是特定社会的人们基于一定社会物质生活条件和文化传统而产生的权利需要和要求，或公民作为社会主体在现实条件下和可以预见的范围内应当具有的一切权利，它是人们的利益和需要的自我反映，是"自在"的权利，具有其独立存在的客观意义。从本源上讲，它并不是以法律为转移的，因而不能不加区别地把法律看做是权利的唯一基础或根据，不能笼统地把法律看做是权利的先决条件，因此，在有权利的地方，并不一定有法律；此外，它在内容和范围上要比法定权利广泛得多。应有权利是人的价值的集中体现或载体，是人作为社会主体的价值确证方式，是主体资格的权能表现。它反映了主体的不可遏制的权利需要和权利本能感，这就是说，应有权利是人的生存和发展的基本价值需要，从本质意义上讲，应有权利就是人的自由权，以及人与人之间在尊严和权利上的平等，它包括生命权、人格权、人身自由权、人身安全权、婚姻权、劳动权、财产权以及思想和信仰自由，等等。一句话，应有权利就是使人成其为人的那些权利。

---

① 《1884 年经济学—哲学手稿》，载《马克思恩格斯全集》第 42 卷，人民出版社 1972 年版，第 119 页。

② 董云虎：《中国的妇女人权》，四川人民出版社 1995 年版，第 6 页。

③ 韩德培：《人权的理论与实践》，武汉大学出版社 1995 年版，第 440 页。

妇女权利的内容也是指妇女的"应有权利"而言。妇女的应有权利包括哪些内容？妇女权利的应有权利大体包括：人身权、经济权、政治权、文化教育权、婚姻家庭权。妇女的人身权利，是指妇女的人身和与人身直接有关的权利，主要包括妇女的生命安全、身心健康、人身自由、人格与名誉等方面的内容。妇女的人身权利始于出生，终于死亡，它与妇女的生命共存。妇女的人身权利是妇女最基本也是最重要的权利之一，是妇女能够正常生活的必要前提，也是妇女参加各种社会活动和享受其他权利的先决条件。所谓妇女的经济权利，指的是涉及经济活动的权利。即妇女在社会经济活动中行使的权利和享受的利益，其中包括劳动权、财产权、继承权等，妇女的经济权利是妇女享有其他权利平等的物质基础。妇女的政治权利是指妇女同男子一样，享有依法通过各种途径和形式，管理国家事务，管理经济和文化事业，管理社会事务，并对国家工作人员进行监督的权利。它包含有广泛的内容，主要是：妇女的选择权和被选举权，妇女担任社会公职的权利，妇女的政治自由权等。妇女的政治权利是妇女人权中的重要组成部分，也是妇女是否具有与男子同等的人格和尊严、同等的权利和地位的集中表现。妇女的文化教育权，是指妇女在文化教育方面享有的权利和利益，这是实现妇女全面自由发展的重要前提条件。妇女的婚姻家庭权，是指妇女在婚姻家庭关系中享有的人身权、财产权以及参加生产、工作及社会活动的自由，包括婚姻自由权，家庭关系平等权，这是妇女权利的重要组成部分。

（三）妇女权利的性质及特点

笔者认为，人权与妇女权利是普遍与特殊的关系。一方面，妇女权利是普遍人权中不可剥夺和不可分割的一个组成部分，一切妇女，不分种族、肤色、性别、语言、宗教、政见、国籍、社会出身、财产、文化、才能等，都是妇女人权的主体，应当享有人的权利，这一点对妇女来说非常重要，因为自从人类进入父权制社会后，妇女一直处在受压迫的不平等地位，被剥夺了各种权利，男性享有一切特权，妇女权利的普遍性强调妇女权利主体的普遍性，妇女和男性一样都可以作为权利的主体，都应该享有作为人的权利。另一方面，妇女权利具有自身的特殊性。由于妇女的特殊生理条件和承担着人类再生产的任务，妇女权利又有自己的特殊性，例如，妇女在经期、孕期、产期、哺乳期等应当享有的特殊权利，这些特殊权利是维护妇女作为人的尊严和价值所必需的，因此，属于人权的内容。

二　近代西方女权的产生与发展

清末民初的女权思想来自西方，所以当我们研究清末民初的女权思潮时，我们首先审视女权思想在西方的产生。我们知道，近代西方资产阶级启蒙思想家提出了天赋人权的思想并进行了充分的论证，西方的女权思想正是在这一理论基础上产生的。

（一）西方人权思想的形成与发展

1. 文艺复兴时期人权的提出

近现代意义上的人权思想首先由欧洲近代资产阶级启蒙思想家明确提出。兴起于13—14世纪意大利的文艺复兴运动第一次把人放到人的位置来研究，对人性、人的价值和地位进行肯定，涌现了一大批人文主义思想家：但丁、达·芬奇、薄伽丘、拉斐尔、米开朗琪罗、莎士比亚等。他们在他们的作品中要求个性的解放，歌颂人的尊严，反对封建神权和特权，主张人的自然平等。据考证，人权一词最早来自文艺复兴的先驱但丁的作品，他在《论世界帝国》中第一次明确提出了人权的概念，他说"帝国的基石是人权"，帝国"不能做任何违反人权的行为"。①

文艺复兴运动得到了恩格斯的高度称赞："这是一次人类从来没有经历过的最伟大的、进步的变革。"② 正是人文主义启蒙思想家对人的价值和地位的充分肯定，具有了初步的人权思想，为近代资产阶级启蒙思想家提出人权观念和理论，奠定了思想基础。

2. 17—18世纪人权思想的发展

历史的车轮驶入近代，在17—18世纪，人权的概念用自然权利替代，资产阶级启蒙思想家明确提出了自然权利的概念，并对自然权利的根据和内容从自然法方面进行了系统的论证，形成了天赋人权理论，极大地推动了人权思想的发展，在人类历史上产生了重大的影响。其主要代表人物是

---

① ［意］但丁：《论世界帝国》，朱虹译，商务印书馆1985年版，第76页。

② 《马克思恩格斯选集》第3卷，人民出版社1972年版，第445页。

荷兰法律思想家格老秀斯和斯宾诺莎，英国法律思想家霍布斯和洛克，法国法律思想家卢梭。

　　古典自然法学派的创始人格老秀斯开始从自然法理论上探讨自然权利问题，他在他的著作《战争与和平法》中，专门写了一章"人的普遍权利"，他给自然权利所下的定义是："自然权利乃是正当理性的命令，它依据行为是否与合理的自然相谐合，而断定其为道德上的卑鄙，或道德上的必要。随之也指示该一行为是否为创造自然的神所禁止或所命令。"①在他看来，"自然法是如此的不可变易，就连上帝也不能加以变更。因为上帝的权力虽然无限，但是有一些事情即使有无限权力也是不能动摇的。例如上帝本身不能使二乘二不等于四，他也不能颠倒是非，把本质是恶的说成是善的"。②这一思想以后演变为自然权利的不可剥夺、不可转让等特性。自从格老秀斯初步提出自然权利思想后，荷兰另一位法律思想家斯宾诺莎对自然权利作了进一步的阐发。对于自然权利，斯宾诺莎有着独特的认识。他认为，自然权利就是自然力本身。自然力量有多大，自然权利就有多大。每个个体都为自然所限，在某种方式中生活与活动。就像大鱼有最大的天赋之权吞吃小鱼。因为在理论上，自然当然有极大之权为其所能为，即自然之权是与自然之力一样广大的。每个个体有最高之权为其所能为，换言之，个体之权达于他所规定的力量的最大限度。③正因为他把自然权利等同于自然力，有多大的力量就有多大的权利，所以人的权利是得不到安全保障的，就像大鱼有天赋之权吞食小鱼一样，力量大的人也会侵犯力量小的人。所以，只要人的自然权利或自由取决于个人的力量，这种权利实际上就不存在。这样，建立国家就成为保障权利的必然需要。他还进一步指出，在自然状态下，人享有自然权利，其中一些自然权利，即使由于自愿也是不能割弃的，如信仰自由、思想自由等。④

　　英国著名政治法律思想家霍布斯也运用自然法来论证自然权利。霍布斯认为，在国家产生以前的自然状态里，由于人的自私自利的本性和自由平等性，人与人之间的关系就像狼与狼之间的关系，经常处于战争状态，他把自然法定义为："理性所发现的诫条或一般法则，这种诫条或一般法

---

①　黄枬森、沈宗灵：《西方人权学说》（上），四川人民出版社 1994 年版，第 14 页。

②　谷春德：《西方法律思想史》，中国人民大学出版社 2000 年版，第 101 页。

③　［荷］斯宾诺莎：《神学政治论》，商务印书馆 1963 年版，第 212 页。

④　同上书，第 270 页。

则禁止人们去做损毁自己生命和剥夺保全生命的手段的事情，并禁止人们不去做最有利于生命保全的事情。"① 因而，他的自然权利的定义为："就是每一个人按照自己所愿意的方式运用自己的力量保全自己的天性——也就是保全自己的生命——的自由。"② 按照霍布斯关于自然权利概念的分析，自然权利的主要内容应该是人的平等权利、自由权利和生命保存权利。英国的另一位著名法律思想家洛克则总结了前人的成果，对自然权利作了更为深入系统的阐述，他认为，在国家产生以前，人类所处的自然状态不同于霍布斯所说的自然状态，它是一种自由、平等、有规则可循的状态，在这种自然状态下，人们拥有天赋的权利，即自然权利。它包括：（1）生命权，生命权是保全每个人的生命的权利，这是每一个人最基本的权利。没有这一权利，就谈不上其他权利。洛克说，一个人既然没有创造自己生命的能力，就不能用契约或通过同意把自己交由任何人奴役，或置身于别人的绝对的、任意的权力之下，任其夺去生命。③（2）自由权，洛克所说的自由是指自然状态下除受自然法的约束外不受其他因素约束，政治社会中除受立法权的约束外而不受其他约束。④（3）财产权，所谓"财产权"，是指人们经过自己的劳动得来的东西，是人们生存的主要依赖。土地和其中的一切，都是人们用来维持其生存和舒适生活的。⑤

　　"一个人放弃了自己的自由，就是放弃了自己做人的资格，就是放弃人类的权利"，⑥ 让·雅克·卢梭是这样认为的。作为法国伟大的启蒙思想家、哲学家，他是法国启蒙运动最卓越的代表人物之一，他的代表作有《论人类不平等的起源和基础》和《社会契约论》。他阐述的人权思想是坚持社会契约论，主张建立资产阶级的理性王国，主张自由平等。他认为人与人的契约构成社会，人与社会的契约构成国家。国家的权利必须体现人民的意愿，人民的主权是至高无上的，任何权利都不可侵犯人民权利。人民的自由权应当与政治权利平等，人生而自由，个人自由大于集体自由，这也是为未来美国《独立宣言》和法国《人权和公民权宣言》作铺垫。

----

① ［英］霍布斯：《利维坦》，商务印书馆1986年版，第206页。
② 同上书，第97页。
③ 徐爱国、李桂林、郭义贵：《西方法律思想史》，北京大学出版社2000年版，第127页。
④ 谷春德：《西方法律思想史》，中国人民大学出版社2000年版，第120页。
⑤ 徐爱国、李桂林、郭义贵：《西方法律思想史》，北京大学出版社2000年版，第128页。
⑥ 卢梭：《社会契约论》，商务印书馆1996年版，第16页。

《独立宣言》是美国最重要的立国文书之一，也被马克思赞誉为第一个世界性人权宣言。它以"天赋人权"和"社会契约论"为基础加以完善，表达了北美人民争取人人平等的权利。它的伟大意义在于正式确立了资产阶级人权原则，而且是以政治纲领形式的，让资产阶级的人权理论法律化。它同样以政治宣言和规范的形式确认了天赋人权，《独立宣言》宣称："人人生而平等，造物主赋予他们一些不可剥夺的权利，其中包括生命权、自由权和追求幸福的权利。为了保障这些权利，人类才在他们中间建立政府，而政府的正当权利，是要经过被治理者的同意才能产生的。当任何形式的政府违背这些目标时，人民便有权改变或废除它，并建立一个新的政府。这个新政府赖以奠基的原则及其组织权力的方式，务使人民认为唯有这样才最可能获得他们的安全和幸福。"①

《人权和公民权宣言》1789 年 8 月 26 日由法国制宪会议通过颁布，是法国大革命时期的纲领性文件。它以美国的《独立宣言》为蓝本，采用 18 世纪的启蒙学说和自然权论，宣布自由、财产、安全和反抗压迫是天赋不可剥夺的人权，规定"整个主权的本原主要是寄托于国民"，阐明了法律面前人人平等的原则。1791 年美国国会通过的《权利法案》、法国《人权和公民权宣言》和美国《独立宣言》，都具有极其重要的历史意义。

恩格斯曾经说过："代替教条和神权的是人权，代替教会的是国家。"② 这是古典自然法学派人权思想的核心思想，它对推翻封建统治有不可磨灭的作用，更在理论上阐明了国家权利和人权之间的关系。人们建立国家政权的根本目的就是保障和实现基本人权，而国家的权利来源于人民的授权。

（二）西方近代人权观念对女权的排斥

人们生来是而且始终是自由平等的，这句话可以概括欧洲近代启蒙思想家提出的人权观念。但是，在当时这样的观念却不包括妇女，只是指男人和男性公民，更确切地说是男性白种人，不包括妇女、有色人种。我们从这一点，可以很明显地看出来资产阶级人权理论是不完善的，显现出莫大的时代局限性。我们不禁要问：为什么人权平等只给予资产阶级的男

---

① 易中天：《美国宪法的诞生和我们的反思》，山东画报出版社 2005 年版，第 7—8 页。
② 《马克思恩格斯全集》第 21 卷，人民出版社 1965 年版，第 546 页。

性，而不给女性？主要是因为，妇女在哲学上人的概念之外。根据西方哲学的传统观点认为，区别人和动物的本质是理性，而人是理性的动物。妇女在西方哲学传统认知里不是哲学意义上的完整的人，哲学上认为妇女是感情动物，缺乏理性，因此被剥夺了做人的权利，不能成为哲学研究的对象。男人在理性上高于女性，这是男人优越于女性的根源。从古希腊亚里士多德到近代卢梭、康德再到当代弗洛依德，她们都认为妇女是缺乏理性的动物，没有自制力，只能依附于男人生存，所以她们是低于男性的未成年人。这一观点给了当时的哲学家不给男女平等而自由正大光明的借口，让妇女这一特殊的脆弱群体，始终遭受着来自阶级的和男性的双重压迫、两重剥削和奴役。继《社会契约论》后，卢梭写了一部著作《爱弥尔》，被称为《社会契约论》的姊妹篇，他在文章中探讨了如何通过改革完善教育制度，让个人在社会中获得自由和平等。书中讲述了两个主人公，其中爱弥尔是男主人的名字，苏菲是女主人的名字。书中详细讲述了男主人公爱弥尔通过重重努力最后成为自由平等的人，当然书中也讲述了两性关系和妇女的教育问题。书中有着强烈的性别歧视和很明确的父权制观点。总之，这本书中用一句话来概括主导思想，就是妇女是缺乏理性的动物，生来就是为了依附男人，取悦男人。洛克是英国17世纪最著名的人权理论家之一，他也认为在社会中，男人是强大的，有能力的，女性只能依附于自己的丈夫而活。此外，康德作为18世纪德国著名的哲学家，他同样也认为妇女是未成年人，是缺乏理性的，需要受到男人的保护。正是这个时代这些哲学家的这样的想法，让他们将妇女排除在人权之外，得不到应该享有的权利。他们认为自由平等只适用于独立自主的男性，妇女缺乏理性，不适合于自由平等。这样的资产阶级人权理论创造了人们生来是而且始终是自由平等的观点，但是却保持了妇女生而不平等自由的陈旧思想。它描述了一个男人自由平等的美好世界，却又保留了一个不平等自由的女性世界，在这个世界里，是男性对女性的主宰与控制。在那个时代，这个资产阶级人权理论得到了社会各界广泛的认可，在资产阶级人权原则下颁布的资产阶级法律，首次赋予公民平等的公民权利和政治权利，当然此处所讲公民不包括妇女。

（三）妇女权利的提出

在男性的政治活动以及道德理想之中孕育出人权的观念，它的最初概念是具备着广泛的含义，没有明显的性别差异。但是从其理论的内涵以及法律的实践中均将女性的权利排除在外，其中平等自由的理念也充分地展现出人权观念的本质，促发着女性人权叛逆思想的产生，使女性将其作为解决妇女人权问题以及争取妇女权益的重要理论武器，帮助女性达成人权平等的意愿。

法国资产阶级获取大革命胜利之后于 1789 年颁布《人权和公民权宣言》，但其中关于人权的内容却将妇女排除在外。而女性为法国大革命贡献了巨大的力量，更表现出"自由"、"博爱"和"平等"等理念。正是因为此种现象的存在，最终引发近代女权观念的发展。

著名的女性法国革命家阿伦普·德·古杰在 1791 年撰写了《妇女和女公民权利宣言》，这是具有跨时代意义的，也是世界首个妇女权利宣言，表现出向社会公开提出妇女人权的政治要求。法国国民议会在 1789 年公布的《人权和公民权宣言》中明确阐述"不知人权、忽视人权和轻蔑人权是公众不幸和政府腐败的唯一原因"。与之相对应的是阿伦普·德·古杰在著作《妇女和女公民权利宣言》中有针对性地提出"对妇女权利的无知、遗忘和忽视是造成公众灾难和政治腐败的唯一原因"，"妇女生而自由，在权利上与男子是平等的"。① 从上面所述可以看出，该宣言是妇女把人权理论直接运用到妇女权利上的结果。

（四）自由主义女权：西方早期女权理论

近代西方女权理论主要是以自由主义作为其重要的思想体系，其著名代表人物为玛丽·沃斯通克拉夫特以及穆勒。自由主义女权理论的最重要特征体现在倡导公正、理性，自由选择以及均等机会等方面。

1. 立足于天赋人权学说，主张男女地位平等

天赋人权是西方主流思想中的重要构成，这也是西方思想体系的基础内容。正是利用其作为理论武器，人们对现有的妇女偏见提出质疑性的观点，并且倡导女人和男人应该享有一样的权利。

1792 年，英国女性作家玛丽·沃斯通克拉夫特创作《女权辩护》，这部著作是世界历史上首部站在妇女立场上来研究妇女权利的著作，在妇女运动史上具有跨时代的意义。她的理论具有高度系统化的研究体系，针对

---

① 董云虎：《中国的妇女人权》，四川人民出版社 1995 年版，第 25 页。

当时社会对于女性的认识偏差，以及相应的束缚和压制，进而主张人权应该没有性别差异化，呼吁社会应该将妇女也看做是真正的社会意义上的人。作者强烈地抨击当时社会对妇女的观念，同时批判传统的两性观念，主张男女平等。作者的理论观念如下，作为人类的女性应当享有与男性相同的基本权利，在现实的生活中不应该将妇女看成是男人的附属或者是婚姻的一种交易结果。她对卢梭的两性观点非常不满，并进行强烈的批判。卢梭的观念是男性和女性的本质差异不是由后天造成的，而是源自天生的自然差异。正是这种生理上不可改变的差异最终造成了社会生活的不可变更。卢梭接着推论他的观点，女性的主要社会职责是迎合取悦男人、服侍男人，并以此为女人伟大的生活目标。玛丽强烈反对这种非理性的女性绝对服从男性的观点。她深刻地认识到卢梭在否定女性理性能力时，也完全否定了女性的公民权以及相对应的人权。在她看来，女性和男性中理性的因素是公民资格获取的基本内涵，如果将其否定，则会产生非常严重的后果。玛丽承认女性在体力上不如男性，并且也认为女性的非理性情感多于男性，但并没有说女性理性要比男人差。通过良好的教育，女性可以达到和男性一样的理性认知和道德水准。故此她提倡应该选择更多样的方式，或者在尊重女性的前提下，更好地体现出两性平等的权利构架。

在《妇女的屈从地位》一书中，约翰·斯图尔特·穆勒反驳了种种约束妇女的思想和道德观念，为妇女的平等权利作证明。他的观点是目前存在着的男性对于女性的统治，主要是因为强权的效果，并且这种统治之中存在着非正义以及权力统治的内在特点，而其实现的手段均是采用剥削的方式进而达到权力统治的效果。所以女性在法律面前以及事实之中，无论是在政治权利以及社会权利中均应该享受到平等的权利。现在有很多人认为妇女的服从现象是非常正常的，也是出于自愿的，对此穆勒认为在过去的时代更能够反映出真理的正确性，从 19 世纪中叶以来，社会现象中已经反映出妇女的服从并非本愿，很多人都在积极地抵抗，并渴望要求获取平等的权利。针对于有观点认为女性获取平等权利是"不自然的"，穆勒认为自然或者不自然的状态是源自习惯以及观念的认知。简单地分析，并非存在着绝对的不自然现象，也就是说这种不自然的状况可以发生相应的改变，进而达到自然的结果，并通过历史上的很多著名事例进行反驳。譬如在古希腊斯巴达中女性可以参加体育训练以及参加战争，通过自己的实际行动进而证明着女性和男性可以承担同样的社会重任；中世纪社会等级森严，不可逾越，如果较低等级的人声称权利平等并能统治较高等级的人，则是很"不自然"的，但随着历史发展，获得解放的农权和市民最后都主张平等权利了；英国社会的人们受女王的统治，这在其他国家的人们看来是不自然的，但英国人对此并没有感到不自然。在最初人类发展的阶段，婚姻的获取是通过暴力抢婚或者父亲出卖女儿的方式达成，近代欧洲父权的威力十分巨大，婚后丈夫的权力堪与岳父的权力比肩，具有生杀大权。正是因为没有任何一条法律是保障女性的权利，所以作为法律层面上不完整的社会个体，她们没有基本的民事权利，这种女性地位卑微的现象体现在社会观念、道德思想以及法律政策之中。英国的法律因为歧视妇女而显得自相矛盾。对此穆勒认为"即使根据法律，把妻子的财产交给丈夫，还有很多未结婚的妇女，她们还在纳税；而所有的人由同等的人来审判是英国宪法的基本原则之一。但妇女无论何时总是受男性法官和陪审团审判。对外国人，根据规定的权利，陪审团的一半由他们自己人组成，但唯独对妇女不是这样"。① 如果存在着明显的差异，这就存在着不公平的现象，是非常不合理的。男性总是按照自己的愿望、要求和理想去规范和塑造妇女。因为"他们不会只要妇女服从，他们还要求她们的感情。所有男人，除了最粗鲁的，都希望他们最亲密联系的女性，不是一个被迫的，而是一个自愿的奴仆；不仅是一个奴仆，而且还要是一可爱的人"。② 如果是从科学的角度分析男性与女性的差异，这是自然科学领域研究的范畴，假如要是有杜撰行为，这就需要进行严厉的批判。否则它将会向着更加危险的方向发展，需要社会警醒。

2. 探讨了女性低劣的表现及原因

（1）女性低劣的表现

在身体上和心灵上，女性都有弱点，这是沃斯通克拉夫特提出的观点。即使她努力地想证明，女性和男性相比较，并不是"天生"就是低劣的，但她却一而再再而三地认同一条"自然法则"，即在体力上，一般情况下，女性确实比不过男性。而体力方面的弱小，必然使得女人在形形色色的生活关系中某种程度上依赖男人，这是女性被社会贬低的生理基础。更甚者，柔弱的体质会造成身体的依赖，因而会自然而然地产生精神

---

① 李志平：《穆勒》，中国财政经济出版社 2006 年版，第 138 页。

② 同上书，第 138—139 页。

上的依赖。

低劣表现除了女性柔弱的体质之外，还表现于女性空虚的精神和思想。"由于没有履行提高人类性格尊严的义务，那些正处于不断发展当中的心灵因而就无法强健起来。她们活着的目的只是为了寻欢作乐"①。"享乐已经成为女人生活当中的重头戏，她们从最初的那位女性②那里直接继承了天然的美丽缺陷——凭借自己的美貌来获得统治权"③。她们往往目光短浅、爱慕虚荣、心胸狭窄，沉醉于自身的外貌，为了吸引男人的目光，用尽一切方法，甚至像小孩子一样在外貌上花心思。但是，男人却从来都对这样的女人不认真，他们只是玩玩而已，在女人身上发泄欲望，把女人当做是繁殖育人的工具。在肉体欲望的支配里，女人会沉醉于男人对此的崇拜中，所以不想成为男人愿意交心的朋友，这样的话，在女人的青春转瞬即逝之后，便变成可笑的毫无用处的人。

（2）女性低劣的原因

女性低劣是有原因的，穆勒与沃斯通克拉夫特对此进行了探讨。"女性低劣的原因不是天生的"这是他们俩的共同点，他们都认为其低劣的形成是后天造成的，而法律、教育、偏见以及传统习惯等方面都是造成这种原因的因素。而沃斯通克拉夫特就着重探讨了这些因素造成女性低劣的原因。

首先是传统习惯、偏见以及教育的原因。

社会上流行的妇女观不仅阻碍了女性的身心健康的发展，也束缚了她们的观念，这是沃斯通克拉夫特提出的观点。事实上，女性体质上的柔弱是天生的，但是心智方面上的低劣却是人为造成的，是后天形成的，换句话说，天生软弱的体质，也会因为各种人为因素等而被束缚，因此渐渐变得弱不禁风。论述妇女举止行为与教育等观念在格雷戈里、弥尔顿、卢梭的著作中都有提及，但是她却批判这种论述，她认为这些观念很大程度上影响了妇女，让妇女们变成越来越懦弱和虚伪的性格。

那时候，沃斯通克拉夫特反驳了关于性别差异的"二分法"，对社会上流传的行统观点进行了强有力的抨击，就是"理性与感情；头脑与身

---

① ［英］玛丽·沃斯通克拉夫特：《女权辩护》，王蓁译，商务印书馆1996年版，第3页。

② 指夏娃。

③ ［英］玛丽·沃斯通克拉夫特：《女权辩护》，王蓁译，商务印书馆1996年版，第61页。

体；文化与自然分别对应于男性与女性，而且在每一对词汇中，前者比后者优越"。① 换另一种说法，就和沃斯通克拉夫特所得出的结论那样："男人生来是运用理性的，女人生来是凭感觉的。"② 她觉得二分法是一种性别歧视，缺少合理的理论和事实依据。

沃斯通克拉夫特首要地否决了卢梭关于女性教育问题的观念。卢梭提出的观念是在性格和气质上，男女两性是完全不同的，在某种意义上，女人仅仅只拥有身体，却没有灵魂，爱好打扮是女人天生的，而且女人的特性就是狡猾和依赖，取悦、服从男人是女人的伟大生存目的。女性的"可爱性格"便是软弱、羞涩和胆怯，这观点是由福代斯博士③提出来的。

"女性优点"常常会被男性用赞赏的口气来表述出来，而事实上，这却是女性的弱点，这是沃尔斯通克拉夫特提出的观念。"那些缠绵的软语、敏感的心灵、细致的感情和优雅的趣味几乎都是形容软弱的辞藻的同义语"。④ 男性所提及的女性品质中唯独缺乏理性，似乎女性的品质是与理性隔离开来的。沃尔斯通克拉夫特提出，男性不会无缘无故赞许女性，他们会这么做仅仅只是为了控制女性，并让其养成一种依赖性，进而方便他们的统治。男性是造成女性品质低劣的主要原因，并且品质低劣是他们的"人工制品"，并非女性固有的品质，这是她重复强调的观念。

女性不断地被男人灌输他们所想象出来的女性品质，而这种灌输主要是经由各式各样的教育，例如学校教育、家庭教育，也有指导女性行为的"淑女指南"以及文学作品等社会舆论的教化。妇女之所以会变成懦弱依赖的样子全是由于教育造成的，这是沃斯通克拉夫特提及的观点。她认为，如果男女间都受到同样的教育，那么男女间会有什么不同？男女之间的区别都是因为男性拥有更多的自由去多见一些世面而已。

通过所谓的教育，女性不断地接受男性设定的"女性品质"，并且最后渐渐形成女性自身的"品质"。而且男性设定的标准被女性加以修饰，并以此作为自己的骄傲。沃斯通克拉夫特觉得女人很愚蠢，把自己的缺点

---

① ［英］玛丽·沃斯通克拉夫特：《女权辩护》，王蓁译，商务印书馆1996年版，第61页。

② 同上书，第62页。

③ 在《女权辩护》中，福代斯博士是一位传道士，他和卢梭一样，被沃斯通克拉夫特称为将女性视为怜悯对象的作家。

④ ［英］玛丽·沃斯通克拉夫特：《女权辩护》，王蓁译，商务印书馆1996年版，第246页。

当优点。之所以会这样，正是由于舆论的影响、社会的压制和教育的灌输，让一切是非颠倒了。这让女性不知不觉中成为男人统治的帮凶。沃斯通克拉夫特认为要女性放弃现有的价值观念是十分困难的，大部分受过优质教育的女性作家们都赞同男性的标准，更何况那些没有自身思想的普通人。

造成妇女低劣的重要原因是教育、偏见与传统习惯，这也是穆勒提出的观点。他觉得："所有妇女从最年轻的岁月起就被灌输一种信念，即，她们最理想的性格是与男人的截然相反：没有自己的意志，不是靠自我克制和管束，只有屈服和顺从于旁人的控制。"[①] 在这样的恶劣环境中，妇女们渐渐地扭曲了原本属于自己的特性。从而让自己处于低劣的地位，因此男人的支配变成是理所当然。"女人从属于男人是个普遍的习惯，任何背离这种习惯就自然地显得不自然"。[②] 加上女性体力上不足这个事实，男性们更加猖狂，更加断定女性天生不如男性。因此先天化了女性的能力，自然而然地形成了"男主外、女主内"的家庭分工。用今天的话来说，就是家庭分工性别结构化。就像穆勒提出的观念那样："在当时的社会，名声是接近野心的一切目标，其中甚至包括妇女的欢心途径，从而刺激了成名的热望。而对于妇女本身来说，这些野心的目标都是关闭的，而追求名声本身就被认为是大胆的、非女性的事。此外，当社会规定她的一切责任都在她日常生活接触的人身上，并且设计她的全部舒适生活都依靠他们。由于社会如此安排，使得在通常的情况下，她只能通过对丈夫或男性亲友的关心去取得对公众的关心，而她私人的考虑却因她自己表现出色，或者因她不是以男人的附属品而是以其他性格出现就丧失了。"[③] 除了家庭之外，女性是不可以参与社会上的事情的，对于自己感觉有趣的事情，女性也没有任何权利与时间去尝试，更别说追求事业。这些事情男人可以做，而女人却无法去尝试。就是因为这种社会偏见让女人没有涉足社会的可能性，唯有依赖男人。不断的自我牺牲成为妇女的所有生活支柱，妇女要不断地克制自己的兴趣爱好，而她们得到的唯一报答就是社会对其尊重，且这样的尊重也是基于妇女对丈夫的尊重。

---

① ［英］约翰·穆勒：《论妇女的从属地位》，汪溪译，商务印书馆1996年版，第8页。

② 同上。

③ 同上书，第40页。

其次是法律的原因：男女法律权利的不平等。

"女性低劣"地位造成的原因中有一个重要的原因就是不平等的社会地位，沃斯通克拉夫特如此认为。根据男女之间"不合理的差别"形成的社会体制，让女性在社会中因为性别的原因受到了很多的不平等待遇。而在男权社会中，不管是政治还是经济甚至是文化教育方面，女性的权利也被剥夺了很多，导致女性不能正常地发展。但是沃斯通克拉夫特只是浅尝辄止地涉及社会体制，并没有深入探讨和研究这个问题。虽然她也曾想在《女权辩护》的续篇中以法律制度的方向来探讨和研究女性被压迫的情况，但是并没有实际行动。而在以后的续篇内容中，甚至没有从社会体制的思路上来研究该问题。

无独有偶，穆勒也同样认为男女不平等的地位是造成女性低劣地位的重要原因。在家庭中，女性不仅在经济上没有独立的地位，在孩子的抚养权、家里财产的支配权以及职业选择上都没有相应的权利。也因为这些束缚，所以导致女性在家庭中没有得到应有的地位，自然在社会上也处于低劣地位。在父权制度时期，甚至连反抗的能力都没有。因为即使反抗在法律上也得不到应有的支持，假如真正起来反抗的话，法律会终止其与丈夫的婚姻关系。在这样的环境下，妇女也没有反抗的意识，因为在生长的过程中，不管是从心理还是身体上，都受到限制。而如果因为反抗终止婚姻关系，妇女是得不到任何东西的，包括对子女的抚养权。而且如果丈夫不同意离婚，他们只需要通过常规途径就能阻止妇女离婚。而同等的权利，妇女却不能享受，所以，妇女在家庭和社会中处于屈从地位也就显得理所当然了。

在分析了造成女性低劣状态的原因之后，所谓性别差异的实质也就水落石出了，它实际上是一种今天的女权主义学者所说的社会性别的差异。"社会性别"这个概念是女性学研究中的核心概念。而沃斯通克拉夫特与穆勒在对女性地位低劣的探讨上已经涉及这个20世纪70年代被西方女性研究中心提出的概念。虽然对"社会性别"这个概念还没有形成统一的定义，但是基本内容已被学者们认同，主要就是指社会文化对男性和女性所形成的行为习惯和具体特征。沃斯通克拉夫特与穆勒已明确提出，因为社会文化的不同，导致男性在社会中处于尊贵的地位，而女性却处于低劣的地位。但是这种女性低劣地位并不是与生俱来的，而是不平等的社会关系和束缚导致女性处于这样的一个地位。而长期在这样的一个环境下生长的女性并不能意识到这个问题，甚至觉得是一种正常的现象，也就是所谓的"自然规律"。但是这样的"自然规律"既不符合社会的发展规律，也不尊崇女性的发展需要，只是单纯地满足男性凌驾于女性之上的一种需求。所以要想改变这样一个社会现象，就需要把女性地位低劣的情况进行改变，进而实现男女平等。

3. 批判传统的性别制度，主张男女平等的权利

（1）批判传统的性别歧视教育，主张男女平等的教育权

在西方对性别歧视提出质疑的学者中，沃斯通克拉夫特属于最早的学者之一。在她的《女权辩护》中就有体现，不仅倡导男女工作标准应该是一致的，而且女性应该享有教育平等的权利，这些也是改变女性地位的重要途径，这与卢梭提倡的女性接受教育是为了更好地服务男性有着本质的不同。而玛丽有更加具体的建议，比如在开发智力方式上，采用跟男孩子一样的方式来开发女孩子，并且提倡上一样的学校、一样的班级，跟男孩子享有受同等知识的权利。除此之外，她还提出要通过立法的形式让妇女受到教育，并且用国家的力量来给予妇女受教育的机会。虽然这些建议在当时的英国由于条件限制没有实行起来，但是却让沃斯通克拉夫特成为西方早期在女权运动中争取公平教育的先驱。

对于影响妇女受教育的情况，当时有着"男人的智力才能高于妇女有其解剖学的证据，是因为男人的脑子大些"的说法，而针对这一说法穆勒有很强烈的反驳，他指出："首先这个事实本身就是可疑的，从未确定女人的脑子小于男人。如果只是因为妇女身体的骨架通常比男人的小而做出这种推断，必将引出奇怪的后果。照此说法，骨骼高大的男人其智力一定比矮小的男人奇妙地高超，大象和鲸鱼必然大大超过人类。"[①] 很明显，这一说法是谬论。除此之外还有一种说法，说女性在文学、音乐、美术等方面因为没有看到成就所以觉得她们不适合这样的工作，穆勒同样进行了反驳。首先没有成就是因为女性根本就没有得到同等教育的机会，而并不能说她们就没有这方面的天赋，这并不是因为妇女本身造成的现象。

穆勒得出自己的结论："所谓存在于男人和女人之间的智力差别，不

---

① ［英］约翰·穆勒：《论妇女的从属地位》，汪溪译，商务印书馆1996年版，第27页。

过是他们在教育和环境上差异的自然结果，并不表明天性上的根本差别，更不必说极端低劣了。"① 在实际情况中，女性没有受教育的机会，无法享有受教育的权利，所以导致没有发育很好的理性思维。即使是后来接受的教育，也是为了表达情感而学习的肤浅的表面，这些只会让女性处于更加低劣的地位。"拿妇女同男人相比，一般说来，可能发现他们做同样事情，在特别卓越的种类上有些不同，但是，如果她们受的教育和培养是适于改正而不是加重其气质易有的弱点，那她们在整体上是完全可以做得很好的"。② 在穆勒的理论中，是否能发挥自己的优势来选择工作，就看经过什么样的培训和教育，这一理论不仅适用于男性，而且对于女性也是适用的。所以，女性要想有自己的优势，必须通过教育来提升自己的知识水平和修养水平，也只有这样才能为社会服务，而不是单纯地屈服于男人、为他们服务。但是，要想让女性能够自由地选择自己的职业、发挥该有的个性，就必须解决接受教育和培训的问题，这是两个最基本的先决条件。针对这一情况，穆勒提出，在法律上要给予女性受教育的权利。这是因为教育是女性能够选择工作的必要条件，假如没有经过教育，那么自然就没有知识和能力，所以也无从选择工作为社会服务，更不用说拥有独立的经济地位了。

（2）批判传统的性别分工制度，要求男女平等的就业权

封建传统思想的重男轻女，关系着男人才可以在外头打拼、女人就应该照顾家里，这种不符合道理的按照性别来分工的机制，就成为全部以男性为中心的社会性别机制控制女性的十分有成效的方法之一。此类性别分工机制把人类行动的区域规划为公众领域（外）比如科学、军事及政治等及私人领域（内）比如生育、情感、家庭等，指明公众领域是男人的天地，而私人领域则是女人的天地。将男性刻板定型于社会角色，将女性刻板定型于家庭角色。社会公众领域被当成是最为主要的区域，能够有不断提高的社会位置与较多的经济来源；私人领域则被当成是最为次要的或者是边际化的区域，不能被社会肯定价值，也不会有经济来源。

法国较早期的关于女权运动的倡导者古日就于18世纪90年代在《女

① ［英］约翰·穆勒：《论妇女的从属地位》，汪溪译，商务印书馆1996年版，第33页。
② 同上。

权宣言》里指出："在法律面前全体女公民和男公民都是平等的。同样她们应具有一切尊严，从事公共事务，从事各项工作。应该量才录用，除了德、才两方面的条件之外不应有任何别的考虑。"①

而沃斯通克拉夫特就男女举止规范也指出必须统一，女性应该有胜任不同工作的权利："准许女性学习医疗的艺术，女人可以是护士，也可以当医生。"②"如果她们能够在更有秩序的学习方式下受教育，女人可以从事政治和各种不同的工作。不知道有多少妇女虚掷了生命？她们极可能成为执业医生，可以管理农场，经营店铺，会因为拥有自己的事业而独立站出，而不再垂头丧气，没有自信"。③

穆勒认为女性就业是女性参与社会经济发展的基本形式，是其获得与男性享有平等权利，拥有独立人格的重要条件。他觉得一种关于"女性在家庭之外无资格"的说法不过是为了维持女性在家庭里的附属位置，他提出对于男性开放的工作也应该对于女性开放，应该作为女性寻找单独经济政治位置的重要渠道。在把男性当成中心的父系制度社会中，女性只能做家庭劳务，其他之外的社会工作都不能做。穆勒始终觉得应该给女性从事社会上的工作的机会，经过参加社会活动取得一些社会位置，觉得女性的工作目标在于不但要取得单独生存的能力与权力，应该与男性一样，也尽力寻找获得高额的经济来源、拥有挑战的职业来达成自身的价值实现。在现有的经济与政治情况下，必然"几乎人人都承认排除人类的一半于多数赚钱的职业和几乎所有高级社会职务之外是不公正的"，④ 因此能够让女性参与社会活动是适应时代的。可现实并不是这样，大部分的妇女被拒绝在所有可做的工作外，可这些工作却是男人无法完成，或者说是别人觉得不应该去接受的工作。穆勒谈到如此的情况是因为目前法律及法律相关的不易改变强迫施加与女性的，并且男性"尚不能容忍同一个平等的人生活在一起"⑤。穆勒指出：唯有处于不文明的国家制度内才会产

---

① ［法］玛依玳 – 阿尔毕丝杜尔、丹尼尔·阿尔莫扎特：《中世纪以来法国女权运动史》，见《外国女权运动文选》，中国妇女出版社1987年版，第235页。

② ［英］Susan Alice Watkins（S. A. 沃特金斯）：《女性主义》，朱侃如译，广州出版社1998年版，第15页。

③ 同上。

④ ［英］约翰·穆勒：《论妇女的从属地位》，汪溪译，商务印书馆1996年版，第26页。

⑤ 同上书，第28页。

生性别轻视。他强烈要求在建立法律时确保女性参与工作的权利，消除这些在不文明的国家制度中才可能产生于法律里"性别歧视"的有关规定，并提议，唯有女性参与社会活动，获得独立的经济基础，才不会使男性放纵他原来天性中的那些缺点，唤起潜伏的自私自利的萌芽。

穆勒反对许多男性以为女性的天生工作应该是妻子与母亲。他觉得，这个称为天生的工作与女性们的天生性格最不协调。若某个人在一辈子的时间里只允许做一个不情愿做并且又不能做好的事情，而同时又有他们能够愉悦胜任的其他工作，这不但是人力与社会资源的浪费，同时对个体的幸福也不利。"如果她们可以自由地去做其他事情，如果有其他的生活手段或占用她们的时间和才能的职业是开放的，又有机会对她们显得是合意的——她们中并没有多少人愿意接受所谓的对她们是自然的条件"。① 此外穆勒强调妇女在选择职业时，需要有充足的自由选择的权利，穆勒表明若有哪些对于人类幸福是必须的，那便是一定珍惜他们已不能改变的职业。此成为愉悦终生所需的前提，人类的较多方面是不十分具备，或是十分不具备的。因为缺乏这样的条件，许多人的生活是不成功的，却在外表上，具有一切成功的条件。对此，男性会反驳道，在实际生活里妇女在各个方面都比不上男性，所以不应具有自由的选择权。例如，写作模仿无创意，音乐、美术、文学等方面没有创造成果等。穆勒由此提出了反对意见，他指出两性别除了体力有差别外，无证据表明两种性别在道德与理智上会有区别。唯有外界环境与教育会引起两种性别具有不同的特征，其自身没有实质性的差异。

穆勒又说妇女本身存在着一些男性不具有的优良特征，能够让妇女在从事某些部门工作时会让她们拥有比男性更大的优势。比如女性对现实的敏感能够让她们首先考虑所有自认为用于实际的事情。穆勒解释道，女性如今的智力特点，能够将思考的成果运用于实际中表现得非常重要，现今社会讲求现实。又比方说，比较快速的理解力，是女性不能否认的优良品性，"是合适于实务的人所具有的优秀品质"②，而男性们一直鄙视女性的弱点——神经气质，穆勒觉得这些都是"可以维持兴奋，延续较长时间的事务"的潜在品质。他指出拥有神经气质的人尤其适应人类管理的行

---

① ［英］约翰·穆勒：《论妇女的从属地位》，汪溪译，商务印书馆 1996 年版，第 17 页。
② 同上书，第 25 页。

政机构，具有成为传道士与演讲家的潜质，更是令人敬佩的影响道德的传播者。穆勒描述妇女思维优势的目标是证明女性适合家庭生活之外的事情。不能由于女性结婚，就阻隔此合适于别种工作的能力。"不应有什么东西阻碍特别适合于其他职业的能力，尽管是结了婚也不要阻碍服从其才能"，① 在某种（阻隔女性做社会事务）情形里，穆勒指出："既对个人不公平，又设置障碍不让他们为自己的利益也为他人的利益去发挥其才能，从而于社会有害。"另一方面，穆勒觉得："在真正地不适宜且妇女不能用天性做的事，禁止她们去干是完全多余的。她们都做的，但不如其竞争者男人做得好的，竞争就足以排除她们。"② 如此看来，个人的自由选择就是将事务给最适合做的人，竞争自由本来便是为了防止不能胜任的人。可是在选择方面的性别与出身的约束，极有可能使得社会丧失能够胜任的人提供服务的时机。限制妇女自由选择更是十分没道理，穆勒说："预先确定某些人不适合干某些事情，就是超越了权威的适当界限。"③ 穆勒认为若男性不允许女性拥有这项权利，表明男性担心自身比不上女性，恐怕女性超过男性。穆勒建议，要实行竞争自由，最需要妇女的服务将给予她们以最强烈的刺激使她们去干。最需要她们的事情就是最适合她们做的，所以应该把最适合她们做的事分配给她们。可如今却产生这一事情的现实情况：就好比男性选择工作一样，如果一名女性结婚后，一般男性会说可理解为女性选择生儿育女、操劳家事成为女性们拼搏的首要目的，以此为目标，可能需要女性耗费自身生命的较多时光，可是女性们没有拒绝其他职业或者目标，只是拒绝与首要目标的要求不一致的工作。根据这样的准则，时常或者定时地进行实际的户外工作，或者从事比如不待在家里所做的工作，将实际上排除大多已经结婚的女性。因此穆勒提出男性开放的工作也应该对女性开放。并且穆勒更进一步说，每当女性如男性一般，经过教育与学习偶尔也能取得别人的经验之时，女性们通常会比男性们更多地拥有成功与熟练的实际操作所要求的重要条件。

---

① ［英］约翰·穆勒：《论妇女的从属地位》，汪溪译，商务印书馆 1996 年版，第 66 页。

② 同上书，第 13 页。

③ 同上书，第 15 页。

第二章

中国古代对妇女的压迫和明末清初
士大夫男女平等的思想

一 中国古代对妇女的压迫

（一）精神上对妇女的控制

1. 封建礼教确立了男尊女卑的原则和行为规范

（1）封建礼教以哲学上的阴阳理论来论证男尊女卑的合理性

为了论证男尊女卑的合理性，从思想上控制女性，把对女性地位的认识寓于乾坤、阴阳等本体论的哲学思想中。《周易·系辞上》说："一阴一阳之谓道。"[1] 我国古典哲学思想认为，世界万物的构成有两个因素，分别是阴、阳，并具有不可替代的属性和价值，也是世界自然运作的规律所现。万物循环、万物运作、万物交替，均是因为其中阴、阳因素之间的变化而造成的。在《周易》中，形容天为阳，地为阴，在我国古代的自然认知中，认为天为尊贵的最高境界的象征和体现，故此二者的差别就显现出来了。《周易》中"乾，天也，故称呼父；坤，地也，故称呼母"[2]，又说"乾道成男，坤道成女"，"天尊地卑，乾坤定矣，卑高以陈，贵贱位矣"。[3] 既然天的高贵与地的卑贱排列已定，那么男女也便相应地确立了各自的位置。"男尊女卑"竟成为天经地义的了。由此可知，当《周易》把伦理价值与本体价值相结合，当它赋予自然以人化的特征，当它把男女两性的自然价值引向社会价值的时候，它却从根本上否定了男女两性的平等地位。"天尊地卑、阳尊阴卑"成为中国传统文化心态中"男尊

---

[1] （宋）朱熹：《周易本义》，北京大学出版社 1992 年影印本，第 141 页。

[2] 同上书，第 171 页。

[3] 同上书，第 137 页。

女卑"价值定位的哲学基础。

（2）封建礼教以三纲、三从四德作为其核心内容

封建礼教中的"三纲"为"君为臣纲"、"父为子纲"、"夫为妻纲"，它涵盖着社会行为的规范，也是我国传统道德伦理文化中的最核心内涵的体现。该思想的雏形源自战国，在西汉时正式确立。《荀子·天论》载："若夫君臣之义、父子之亲、夫妇之别，则日切瑳（磋）而不舍也。"① 《吕氏春秋·处方》载："凡为治必先定分，君臣、父子、夫妇。君臣、父子、夫妇六者当位，则下不逾节，而上不苟为矣。"② 这些论述表明，三纲原则的主旨有三：一是确认主从等级关系，即"父至尊也"，"君至尊也"，"夫至尊也"。二是主从等级关系是不可逾越的，即"臣事君，子事父，妻事夫，三者顺则天下治，三者逆则天下乱，此天下之常道也"。三是主从等级关系关涉社稷安危，即主从关系的顺和逆，直接关系到天下的治和乱。西汉巨儒董仲舒用《易经》的理论来论证阴阳尊卑理论，他是我国历史上第一位将女人地位严重削弱的文人思想家。在《春秋繁露·基义》中阐述："天为君而复露之，地为臣而持载之，阳为夫而生之，阴为妇而助之，春为父而生之，夏为子而养之，……王道之三纲，可求之于天。"在《春秋繁露·观德》中又说："天出至明，众知类也，其伏无不焰也。地出至晦，星日为明，不敢暗。君臣、父子、夫妇之道取之此，大礼之终也。"③ 在董仲舒的理念中，认为自然中有天地阴阳的分类，其中阳尊阴卑，而且将这种自然的天理应用到人类的伦理道德之中。它是不可抗拒的自然之理，无法违背，并且存在着无可抗争的强约束力。东汉班固的《白虎观会议》中，也有相关的理论论述。他在《白虎通·三纲六纪》中说："三纲者，何谓也？谓君臣、父子、夫妇也。故君为臣纲，义为子纲，夫为妻纲。"④ 通过上面的分析，可以了解到，男尊女卑思想的演变，是通过理论的研究和分析进而将其概念进行延伸。是通过自然天理的客观规律，进而规范和约束作为人类构成中男人和女人的社会地位。这是经过漫长历史演变而形成的封建礼教思想体系，后被充分发展，进而变成封建伦理道德的核心思想体系。

---

① 《荀子箴言录》。

② 《吕氏春秋》。

③ 《春秋繁露》。

④ 《白虎通》。

　　"三从四德"是中国古代社会封建统治阶级歧视和压迫妇女的礼教，它强迫妇女遵从三种道德关系和四种德行，"三从"即"未嫁从父，既嫁从夫，夫死从子"，"四德"即"妇德"、"妇言"、"妇容"、"妇功"。从现存文献观之，"三从"大体上出现在战国时期形成的《仪礼》、《礼记》中。《仪礼·丧服传》载："妇人有三从之义，无专用之道，故未嫁从父，既嫁从夫，夫死从子。"《礼记·郊特性》则说："出乎大门而先，男帅女，女从男，夫妇之义由此始也。妇人，从人者也；幼从父兄，嫁从夫，夫死从子。夫也者，夫也；夫也者，以知帅人者也。"与"三从"并列的"四德"，也称"四行"，始见于《周礼·天官·冢宰》的"九嫔"条："九嫔：掌妇学之法，以教九御妇德、妇言、妇容、妇功，各帅其属而以时御叙于王所。凡祭祀，赞玉粢，赞后荐，彻豆笾。若有宾客，则从后。大丧，帅叙哭者亦如之。"上述文献只是对"三从四德"作了明确概括而已，此后，董仲舒与班固、班昭兄妹还对《礼记》、《仪礼·丧服》中的"三从四德"作了进一步阐述与解释，董仲舒在《大戴礼记·本命》中说："妇人伏于人也，……在家从父，适人从夫，夫死从子，无所敢自遂也。"班固在《白虎通义·嫁娶》中说："妇者，服于家事，事人者也。"在《白虎通·爵》中又说："妇人无爵何？阴卑无外事，是以有三从之义，未嫁从父，即嫁从夫，夫死从子，故夫尊于朝，妻荣于室，随夫之行。"班昭在其《女诫·妇行》中对"四德"也作了诠释。她说："清闲贞静，守节整齐，行己有耻，动静有法，是谓妇德。择辞而说，不道恶语，时然后言，不厌于人，是谓妇言。盥洗尘秽，服饰鲜洁，沐浴以时，身不垢辱，是谓妇容。专心纺绩，不好戏笑，洁齐酒食，以奉宾客，是谓妇功。"于是，妇女的一言一行，也被严格地规范起来，不能越雷池一步。

　　通过前面的介绍，可以了解到，封建礼教思想在汉代得到极大的发展，并奠定了我国千年来封建礼教思想的基础。其核心思想"三纲五常"以及"三从四德"变成儒家封建思想体系中的"圣经"，为后续各个封建王朝所重视，并得到极大的发展和宣扬。

　　2. 封建女教通过对封建礼教的教化达到精神上控制妇女的目的

　　封建礼教中很诸多内容均是用来规范封建社会中女性的行为或者思想准则。其中"三从四德"教育是最核心的内容。

　　在我国封建社会中，男女不平等已经成为普遍现象，表现在社会各个领域以及生活层面，其中教育方面最为显著。因为封建社会的科举制度在社会备受推崇，也是个人发展的唯一正规渠道，但前提是要接受封建社会所规范的教育内容。而现实生活中，女子是没有任何机会接受到正规教育的。从教育内容上分析，男子在适龄阶段可以外出求学，并认为是理想的生活状态，但女子则不能外出求学，只能在家学习家务知识，女子日常学习的内容正是"三从四德"。

从汉代起，为了强化男尊女卑，封建礼教对女性的约束和管制，客观上维护夫权，出现了封建女教。但是这种教育并不是向女性传授知识和经验的真正的教育，而是封建社会特有的、宣扬儒家思想的、要求广大女性绝对服从男性的奴化"教育"。有女教，必然有女教经书和范本。

封建女教的早期范本是汉代班昭所著的《女诫》以及刘向所写的《列女传》。作为我国首部系统化、理论化的封建女教读本，《女诫》在教育宣传的过程中起到了巨大的作用，也为后来封建女教思想的扩展作好铺垫。它是根据前人的理论而进行有针对性分析和研究，通过主人公日常生活行为的感受和体悟而撰写的。正因为是站在女性的角度讲述，所以可读性和宣传性更强。全书共1700多字，共分为七篇，分别是《卑弱》、《夫妇》、《敬慎》、《妇行》、《专心》、《曲从》和《和叔妹》等。首篇的《卑弱》是探讨女性职责和社会地位，是全书的指导思想。第二篇到第五篇讲述的是夫妻之间如何能够更好地相处，以及女性需要具备怎样的内在素质。《曲从》讲述的是要孝顺公婆，《和叔妹》是讲述如何能够和身边的亲人和谐相处。在首篇《卑弱》中，作者阐述"古者生女三日，卧之床下，弄之瓦砖，而斋告焉。卧之床下，明其卑弱，主下人也。弄之瓦砖，明其习劳，主执勤也。斋告先君，明当主继祭祀也。三者盖女人之常道，礼法之典教矣"。认为女性地位卑下是天经地义的道理，女人的主要职责是祭祖以及家务。所以需要女性能够"谦让恭敬，先人后己；有善莫名，有恶莫辞；忍辱含垢，常若畏惧"。所谓"执勤"，就是"晚寝早作，勿惮夙夜；执务私事，不辞剧易；所作必成，手迹整理"。它也论证着"卑"的含义，而"祭祖"方面需要做的就是"正色端操，以事夫主；清静自守，无好戏笑；洁齐酒食，以供祖宗"。所以要求女性在日常的生活中既要做好本职的工作，同时也要加强个人内在素质的培养。譬如在第五篇《专心》中有相关思想的阐述，"《礼》，夫有再娶之义，妇无二适之文。故曰'夫者，天也'。天固不可逃，夫固不可离也，行违神祇，天则罚之；礼义有愆，夫则薄之。故《女宪》曰：'得意一人，是谓永毕；失意一人，是谓永讫。'由是言之，夫不可不求其心。然所求者，亦非谓佞媚苟亲也。固莫若专心正色，礼义居洁；耳无涂听，目无邪视；出无冶容，入无废饰；无聚会群辈，无看视门户，此则谓专心正色也。若夫动静轻脱，视听陕输；入则乱发坏形，出则窈窕作态；说所不当道，观所不当视，此谓不能专心正色矣"。之前讨论过，阳代表天，阴代表地，而丈夫则是家里的天，所以需要女性无条件地遵守封建女教思想，并且是在自愿的情况下。譬如男人可以任意休妻，而女人终身只可嫁一个丈夫。所以后来的贞节烈女、寡妇守节以及寡妇殉节成为已婚丧夫女性的选择。可想而知，在这种生活状态下，女人没有任何社会地位以及社会话语权，是非常悲惨的。

　　到了唐代，著名的长孙皇后（唐太宗的正室夫人）主持撰写了《女则》，共有 30 卷，书中的主要内容是对唐初以及唐前历史中的著名女性的事迹进行描述以及总结，是具有汇总性意义的著作。陈迦之妻郑氏所著《女孝经》，一共有 18 章，主要内容是写女人成为人妻之后的具体生活行为准则。譬如该书《纪德行章》中提出两个重要的概念，分别是"五者备"以及"三者除"，前者的概念释义为"女子之事夫也，缅笄而朝，则有君臣之严；沃盥馈食，则有父子之敬；报反而行，则有兄弟之道；受期必诚，则有朋友之信；言行无玷，则有理家之度，五者备矣，然后能事夫"。讲的是，妻子见丈夫时，要像臣子见到天子那样，正装齐整的情况下去见面。为丈夫端盆洗手，做饭端酒，这种方式能够感受到儿子般的尊敬，出行前需要禀告，并将出行时间告诉丈夫，就像弟弟对哥哥的态度。如果丈夫有任何要求，都要在规定的时间内做到，像和朋友交往中那样守信用。举止言行要合乎礼仪。在做好上面几点之后需要做到"三者除"，这三者的内容是"居上不骄，为下不乱，在丑不争"。其原因是"居上而骄则殆，为下而乱则辱，在丑而争则乖"。其含义是不要因为自己的地位高贵就会骄傲的，这会带来麻烦，也不要因为地位卑微而行为混乱，这样会产生耻辱，同时也不要因为争宠而造成不和睦。如果这三个方面不能够得到及时解决，就算妻子其他方面做得很得体，仍然没有尽到妻子的责任。同时代著名的女教读物还有宋若莘撰写、宋若昭注释的《女论语》，在《女论语第一·立身》中对女性的要求为"行莫回头，语莫掀唇，坐莫动膝，立莫操裙，喜莫大笑，怒莫高声"，"出必掩面，窥必藏形"。在

《女论语第七·事夫》中规定妇女要："夫有言语，侧耳详听。……夫若发怒，不可生嗔。退身相让，忍气低声。"由于该书格律简单（四字一句），实用性强，故宣传力度广，它对于封建女教思想的传播效果，不亚于《女诫》。

明清时代是中国封建专制社会发展成熟的阶段，对女性进行伦理道德教育的空气十分浓厚，上自宫廷，下至民间，都热衷于编撰女子读物。明成祖仁孝徐皇后的《内训》便是明代宫廷女教的典范，《内训》共有二十篇，内容涉及德性、修身、谨言、慎行等诸多方面。此外，还有章圣皇太后的《女训》、慈圣皇太后的《女鉴》，也刻之内府，颁在宇内。

与此同时，民间也出现很多便于流传的封建女教读物，譬如黄尚文等人所写《女范编》，收集了汉代以来优秀女性的故事，从中筛选出120个具有正面宣传教育意义的封建女教杰出女性，作为宣传的典范，同时为了使该书能够达到更好的宣传效果，特意请来专业画师将这些女子的主要事例绘图，并进行文字描述。通过这种方式著成的书，既新颖又生动，而且例证的效果感染力更强烈，所以其宣传效果可以达到更深入的程度。清初是我国封建历史中女教规模最大、女教程度最深的时期，成为我国封建历史中最著名的封建女教宣传阶段，也涌现出很多的女教经典读物，譬如陆圻所写的《新妇谱》、贺瑞麟所写的《女儿经》和《妇女一说晓》、陈宏谋所写的《教女遗规》、蓝鼎元所写的《女学》。与此同时还出现很多由无名氏所写的更具流传效应的民间下层女教读物，譬如《改良女儿经》、《闺训千字文》、《绘图女儿三字经》、《闺阁箴》等。因为这些著作内容生动，而且道理非常容易被读者所接受，所以它们的宣传效果是非常不错的。一方面读物多，另一方面读物内涵丰富，而且趣味横生，所以在清初时，女教宣传效果非常广泛而又深远。譬如当时人们高度赞扬《女小儿语》，清代的陈宏谋就认为，它每个字都写得深具意义，并且无任何矫揉造作之感。所以，正是因为当时的大力宣传，使封建女教文化变成全封建社会女性行为和思想的最高典范，并毫无争议地贯彻下去。

上面讲述的是我国从西汉武帝到清初这一漫长历史时期的封建女性教育的过程，通过了解可以得知，注重的是思想上的接受，而不是知识内容的学习。其目的是重视男尊女卑、夫权和父权的无上权威。使得封建社会下的妇女，无论是日常的行为，还是主观上的思想均要服从封建女教思想的约束和管制，客观上对于封建女性的思想发展产生了非常严重的阻碍。

3. 贞节观念对妇女的危害

封建女性精神上的最高境界是做一位被封建社会所认可的"贞节烈女"，其中"贞节"处于首位。所谓贞节就是女性婚前不失身，婚后不改嫁（更不能出现和非婚男人的不正当关系）。这种观点既是我国传统文化思想领域中的有机构成，同时也是封建统治者为了维护封建社会稳定的一种手段。封建社会注重香火延续以及血统纯正，如果妻子能够达到贞节的程度，很多社会不良问题以及可能产生的安全隐患就会极大地被制止，客观上却会对女性产生严重的道德礼教束缚。

礼制中记载反对女性再嫁的最早文献是《礼记·郊特牲》，它说："一与之齐，终身不改，故夫死不嫁。"早在秦朝时期就有以官府名义表彰女性守节的先例，以后历代王朝都提倡女子守节，并不断地表彰贞女和节妇。秦朝时秦始皇东临会稽，刻石云："有子而嫁，倍死不贞，……妻为逃嫁，子不得母。"意思是说丈夫死亡但还有儿子的女性，如果再嫁，就是死多少次，她也洗刷不掉"不贞"的名声。如果妻子擅自离开丈夫嫁于他人，她就没有做与前夫所生儿子母亲的资格。当时朝廷还为四川一个保持了对亡夫的忠贞的姓巴的寡妇修建了怀清台，称其为"贞妇"。从汉代时期，封建统治阶级以国家的名义鼓励女子守节。譬如刘向认为为了避免嫌疑或者麻烦的产生，一定要只有一个丈夫。班昭提出的"夫有再娶之义，妇无二适之文"被奉为妇女守节的典范。西汉宣帝神爵四年，以皇帝的名义昭告天下，"贞妇顺女帛"，这是我国历史上首次以官方形式鼓励女子的贞节行为。从此引发了女子守贞洁的先例，进而变成封建社会的法理依据。东汉时期，有过五次类似的政府行为。其中公元119年，汉安帝要求在奖励的同时赐给匾额，成为后来"贞节牌坊"的雏形。

唐代社会思想具有我国封建历史中少有的开放状态，而且从两汉至隋唐，无论是上流社会，还是民间下层人民，都出现过很多寡妇改嫁的事例，但是在意识形态与伦理道德上，统治阶级并没有放松对妇女从一而终的贞节要求。譬如《晋书》曾为15名节妇立了传，《隋书》曾经记载隋文帝的诏书，内容为"九品以上妻，五品以上妾，夫亡不得改嫁"，这一政策在唐朝一直延续着。所以唐朝封建女教发展到唐玄宗时期发生重大的转变，在此之前公主可以改嫁，但是之后则被禁止。所以唐朝是"一女事一夫，安可再移天"，所以妇女们的生活仍然没有摆脱"妇女一失夫，终身守孤子"的局面。

到了南北宋时期，因为程朱理学的发展，更加看重封建礼教的内涵，故此妇女的贞节理论得到极大深化，当时提出的理论是"存天理、灭人欲"。程颐认为"饿死事极小，失节事极大"以及"若娶失节者以配身，是己失节也"。他的著名弟子朱熹更将这一荒唐理论继承和发展，使宋朝成为封建女教发展的重要历史时期。

到了元代，族表贞节的行为制度化。根据《元典章》记载，当时有这样的规定，民间寡妇，在30岁之前丈夫死了，立志为丈夫守寡，如果能够坚持到50岁，则由政府进行相应的表彰，包括物质以及精神奖励。在明初洪武元年，明太祖朱元璋曾下诏书，"民间寡妇，三十以前夫亡守制，五十以后不改节者，旌表门闾（古代二十五家为一闾）。免除本家差役"。明朝贞节女性人数超过万人，其中《明史·列女传》有记载的女性为276人，达到中国封建社会的最高峰。

清朝虽然是少数民族入主中原，但在汉族封建礼教的影响下，对贞节的要求更加严格具体。清代族表贞节妇女实际上分为三项：节妇、贞女和烈妇。节妇，是指年轻妇女成为寡妇后守节不再嫁人。在公元1667年（康熙六年），族表节妇规定同于元、明两代，假如寡妇为丈夫守节达到20年，则受到政府的表彰。在1723年（雍正元年），将原先的规定进行补充和完善，规定寡妇守节过程中，在40—50岁之间，因为天命或者其他的原因去世，如果守节时间达到15年以上，同样可以受到政府表彰。在1824年（道光四年）又改为寡妇守节10年去世，加以族表；在1868年（同治七年）进一步把死去寡妇守节年限缩短为6年。贞女，指女子在婚后夫死，矢志守节，实际上是未婚守节。贞女守节的年限与节妇相同。乾隆时期有过规定，寡妇守节过程中，不论是在娘家还是婆家，在守节时去世，可以给予表彰。未婚守志除夫死外，还有丈夫外出未归的情况。有的贞女甚至殉情自尽，则称为"贞烈"，不过这类贞烈女子不一定受到族表。也有的贞烈是拒奸致死的。烈妇，是指妇女或在夫死时殉死，或殉难，或拒奸致死的人。烈妇为了丈夫竟一同去死，这在清代基本是禁止的，但有时也恢复族表，这取决于皇帝的意志和当时是否以此移风易俗。这种妇女守节的思想经过漫长的岁月演变，变成中国封建礼教的主要内涵和形式，所以慢慢地变成我国封建妇女的精神寄托和精神信念并一直坚持贯彻着，作为自己一生的行为准则。可想而知，在这种观念的影响下妇女的精神束缚以及肉体和心灵受到的折磨，有的妇女甚至守寡一辈子，所以从这个角度进行分析可以了解到封建妇女贞节观对于妇女的影响和摧残。可以这样讲，封建的历史也是封建女性压迫史。

4. 宣扬"女祸论"，反对妇女参政

在人类最初发展史中，性别的重要性和地位通过生产力发展的作用进行划分，而奴隶社会以及封建社会女性是没有权利参政议政的，若有，则被视为灾祸的象征。譬如在《尚书·牧誓》说"牝鸡之晨，惟家之索"，《诗经·大雅》又说什么"妇有长舌，维厉之阶"，"乱非降自天，生于妇人"，将妇女参政和国家灭亡联系在一起。

从历史的角度进行分析，我国夏朝、商朝、周朝三代的亡国与更替，其根本原因是社会不同阶级的矛盾激化，同时也是由于君王的残暴和昏庸所致，像这三个朝代的末代君王夏桀、商纣和周幽王，已经成为中国历史上残暴昏君的典型代表。而历史书的记载却主观硬性地将根源归罪于女性干政，并且每一位末代暴君都配有一个红颜祸水，即妹喜、妲己和褒姒。在很多古籍中均有记载，譬如《尚书》、《吕氏春秋》、《荀子》、《列女传》、《论衡》等，其中《论衡》中多次提到"褒姒持权以丧周"，《列女传》则通过三代覆亡的事实，大力宣扬"哲妇倾城，女色亡国"的思想，从而使三个弱女子落得遗臭万年的骂名，开启了中国"女祸"的先河。

商周以后各朝各代基本上都会有类似的乱政妖女的存在，尤其是在王朝更迭的时期。譬如秦汉以后，有汉代的赵飞燕，南朝陈张丽华，唐朝武则天、杨玉环，以及明末清初的陈圆圆等。她们之中很多人的命运均是非常悲惨的，从某个方面来说是受害者，但背负着千古骂名，成为相关政治家失败以及国家覆灭的替罪羔羊。对此，近代著名学者周作人先生曾表示："中国民间或民间文学上相传的美妇人是谁？我们退一步，从历史和小说上来找着，有了几个，却是都不幸，也即是坏人，倾了人家的国也送了自己的命。如妲己被武王所斩，西施为落斗所沉，虞姬自杀，貂蝉挨了关老爷一大刀。张丽华、杨太真、花蕊夫人都死于非命，乌有的搔五莲、阎婆惜、潘巧云也是如此，只是林黛玉夭死，算是顶有福的了。"[①] 从历史学的角度进行分析，我国拥有 5000 年的漫长历史进程，其间经历过多少朝代兴亡更替，若算上地方政权，则我国的封建历史朝代发展会呈现出更显著的自然周期规律现象，即任何一个封建王朝均会出现兴盛以及灭亡

① 肖同庆编：《闲适渡沧桑——周作人》，中国青年出版社 1994 年版，第 183—184 页。

的状态。但是国破的局面该由谁来承担呢？从现实层面看，很多历史上著名的红颜祸水，本是强迫入宫，为了生存而变成妃子的，纵使受到帝王的宠爱，其本身也是悲剧性的人物。通过考查分析，王朝的覆灭基本上是当权者昏庸无能造成的，同时也是社会矛盾长期积累的后果，就算下属或者妃子奸佞，也是因为帝王喜欢而致。所以女子无论从情感上分析还是从客观实际角度探讨，都是受害者而已。所以鲁迅先生阐述："历史上亡国败家的原因，每每归咎女子，糊糊涂涂的代担全体的罪恶，已经三千多年了，男子既然不负责任，又不能自己反省……所以女子身旁，几乎布满了危险。"① 正因为女子地位低下，所以没有社会地位，进而成为代罪羔羊。

（二）身体上对妇女的摧残

封建礼教除了对妇女进行精神控制外，还对妇女身体进行残酷的摧残，这种摧残主要体现在以下两个方面。

1. 缠足对妇女健康权的摧残

所谓缠足，就是女性脚骨容易弯曲的四五岁时，父母用较长的白棉布条将其脚拇趾以外的四趾紧裹于足底，使足型成"三角形"。等脚型固定后，穿上"尖头鞋"，白天由家人扶着走路，以促进血液循环，夜间再将裹脚布用线密缝以防止其松脱。到六七岁时，再将其脚趾弯曲，用裹脚布捆牢密缝，以后日复一日，最后只能靠脚端的大拇指行走，就算大功告成。

下面分析一下缠足最初的发展历程。目前很多史料表明缠足最先在五代时期产生。据传说是南唐后主李煜的一位宫妃窅娘，相貌俊美，舞姿迤逦。受到李后主的宠爱，特意为其制作精美绝伦的五彩丝带金莲，而窅娘为了博得李后主的喜爱，将脚缠成新月状，并用金莲跳舞，引起轰动，变成当时的时尚流行，受到大家的喜欢和效仿。开始的时候是宫廷中才会出现缠足的现象，后来发展到北宋，这种风尚渐渐向社会蔓延。发展至南宋末年，女性的缠足已经成为当时的社会现象。据传朱熹在福建为官时，曾下令让管辖范围内的女性缠足。据《中华全国风俗志》记载，"福建漳州女子皆小足，朱文公守漳时，立法令之缠足极小，使不良于行，藉革其淫

---

① 鲁迅：《我之节烈观》，载《鲁迅全集》第 1 卷，人民文学出版社 2005 年版，第 128 页。

俗，故成为今日之现象也。"① 元代时，缠足日趋繁盛，已经成为女性生活中不可或缺的生活形态，并已经深深地影响着女性的人生观。当时很多男性以玩弄女性小脚为乐，变成一种怪癖。当时的贵妇以及某些特殊行业女子（妓女或者教坊工）都必须缠足。缠足已经成为高贵地位的象征。当时贫民中少有缠足者。到了明清时期，缠足成为一种大众化现象。当时"士大夫家，以至编户小民？莫不缠足，似足之不能不裹，而为容貌之一助②"。

无论是从生理学角度分析，还是从人性道德理论层面思考，缠足是非常残酷又有违自然常理的非人道的做法，又对妇女身心造成非常严重的摧残和影响，脚的畸形发展也从侧面反映出封建礼教约束下女性内心状态的失衡，一方面主观上很抗拒，另一方面又因为无法挣脱而被迫接受，这种生理上的摧残会给女性实际生活带来极大的障碍，使得女性更加依附于男性，彻底地丧失了自我，变成封建社会男子的玩偶。这也是中国男权社会下男性精神追求的一种深层次体现，同时客观上也使得封建妇女缠足达到登峰造极的程度。

除此之外，又臭又长的裹脚布也束缚、麻痹了不少女性的灵魂。为迎合这种畸形的社会审美心理，许多女性心甘情愿地缠足，进而演变成一种特殊的畸形社会风尚。一方面男人喜欢缠足的女人，另一方面女人为了讨男人的欢心，而以缠足为代价进而用泪水换来男人的笑颜，继而寻求心理的一丝丝安慰。康熙曾经下令禁止缠足，但是几年后又废弃，作为满族人（非汉族的少数民族）却最后又赞同汉族的缠足文化。可见，缠足这种陋习能够在中国持续不衰达千年之久，是有着深刻的历史背景的。

封建礼教中未曾明确地规范缠足是封建女性应遵守的规章法典，但从它的流行可以看出它确实从现实的角度已经成为我国封建女教的重要内容。而不成文的规定从某种意义上来说，其影响力以及造成的后果会更加严重。

2. 溺女婴对妇女生命权的漠视

所谓溺女婴，是指新生儿若是女性，则会采用非常残酷的方式剥夺其生命，常见的方法是将新生女婴溺死在水桶中，这也是溺女婴概念的由来，或者直接抛弃在路边，让其自生自灭。这也是封建"重男轻女"思想中的

---

① 胡朴安：《中华全国风俗志》，上海科学技术文献出版社 2011 年版，第 232 页。

② 同上书，第 233 页。

重要体现。在《诗经》这部最早的诗歌总集中就有"重男轻女"思想的雏形。如在《小雅·斯下》有："乃生男子，载寝之床，载衣之裳。载弄之璋。其泣喤喤，朱芾斯皇，室家君王。乃生女子，载寝之地，载衣之裼，载弄之瓦。无非无仪，唯酒食是议，无父母诒罹！"① 这两章诗的意思是：如果生了个男孩，让他睡在床上，给他穿上好衣裳，给他玩的是玉璋。他的哭声多么响亮，红色蔽膝多么辉煌，成家立业做君王。如果生下个女孩子，给她铺被睡地上，给她包上小包被，给她纺锤玩手上。莫违命、莫主谋，只讲究做饭和酿酒，不叫父母为你来担忧！因此，后人就把生男孩叫"弄璋之喜"，希望他长大后做官，为王侯执圭；生个女孩叫"弄瓦之喜"，从小就培养其纺织做饭，长大好操持家务。在男性主宰的社会中，男女再无平等可言，出现明显地向男性倾斜的失衡状态。

为什么会出现溺女婴？因为在我国传统封建伦理中，儒家思想领域里非常重视"香火延续"，认为无后是最大的不孝，并期待着家族人员旺盛，但是，这是在男人以及男性继承者的基础上，女人是无权享受这样的待遇的。其中《大戴礼记》中阐述"女者，如也，子者，孽也；女子者，言如男子之教而长其义理者也，故谓之妇人"。② 由此可见，妇女完全失去了独立的人格和地位。

这种溺女婴的行为从先秦到清末一直没有杜绝反而愈演愈烈。在一些父母眼中，生的女孩就成了"赔钱货"。于是残害女婴的恶习时有发生。史载在明清时代弃女婴的事非常普遍。这种残酷的事实也正反映了封建礼教对妇女的深重迫害。

（三）制度上对妇女的压迫

1. 封建婚姻家庭制度使妇女和男子婚姻家庭权不平等

婚姻自古以来是社会和谐的重要保障，同时也是封建礼法延伸的重要领域，并配之相应的法律、法规约束。正是法律中的硬性规定才使对妇女的摧残更加地严重，成为社会认可的事情。在封建社会的家庭中，丈夫可以随时休妻以及随意娶妾，妻子必须一生只能侍奉一个丈夫。在汉代，如果发现妻子通奸的情况，将会被处以极其残酷的刑罚。而相对于丈夫而

---

① 《诗经》。

② 《大戴礼记》。

言，如果出现类似的情况，其惩罚的形式是到自家宗祠里砍伐木材作为处罚。从中就可以看出当时男性和女性社会地位的极大差异化体现。唐朝是我国历史上封建王朝中最鼎盛的时期，同时也是我国封建社会中思想最开放的朝代，但是依据其代表性法律《唐律疏议》规定，有十个非常严重的罪过不能够饶恕，其中就包括恶逆、不睦以及不义，其意是妻子殴打丈夫、妻子告发丈夫以及妻子在丈夫去世期丧期未够时改嫁，都要被处以最严厉的刑罚。甚至在丈夫去世时，妻子没有在第一时间"举哀"，或者丈夫孝期间未穿孝服等事宜，均会受到严厉的惩罚，甚至会丧命。反过来，《唐律》斗讼篇规定，如果丈夫打妻子，其处罚力度要比普通伤人案轻两个级别；如果丈夫打妾，则再轻两个级别。由此可以了解到，封建法律对于女性的残酷压迫，使妇女没有得到任何公正的保护，而沦为男权社会的附庸品。

2. 封建宗法制度使妇女丧失了财产所有权和财产继承权

我国古代社会明确地规定妇女没有资格享有独立财产所有权，无论是什么地位的女子，均是如此，包括王公贵族。财产的继承分配资格只有男性成员才可以具备，譬如父亲、丈夫以及儿子，其中还包括兄长和弟弟等。平时生活过程中，女子没有权利擅自使用家里的财产，否则将会是犯罪，受到法律的严惩，甚至连现在我们俗语中所说的"私房钱"均不可具有。《礼记·内则》规定"子女无私货，无私畜，无私器，不敢私假，不敢私与"。① 如果上述规定被破坏，则视为"盗窃"的行为，丈夫更有理由休妻。如果丈夫先逝，则由儿子继承家产，若儿子年幼，母亲只能够代为管理，但无权处分。历代封建法律对礼制的这些基本原则均加以确认，并通过一些权定将其具体化。

我国古代法律中明文规定妇女不具备独立继承权。中国古代宗法社会历来重视宗族的延续，奉行三纲五常、男尊女卑的思想原则，因此，法律不仅明确认定男女继承权的不平等，而且对妇女继承权基本持否定态度。我国古代律法中确立嫡长子继承制，包括以下几个方面的内容：其一是宗亲继承，这种以血缘与辈分关系继承为特点的继承制度从根本上否定了妇女继承权。其二是财产继承，是从继承者在家里的地位进行分析，我国古代律法中对家庭成员中男子的继承权给予肯定，但是反对女子继承权。如

---

① 《礼记·内则》。

果女性拥有继承权，其前提是在户绝的情况下，也就是再也没有任何男性继承人的前提下由女性继承。唐开成元年（836）敕节文中规定："自今后，如百姓及诸色人死绝、无男，空有女已出嫁者，令女合得资产。"《宋刑统·户婚律》规定此种情况："出嫁女者，三分给与一分。"《大明会典》中规定："凡户绝财产，果无同宗应继之者，所生亲女承分，无女者入官。"清朝律法也继承了前朝的内容。其实在考量"立嗣"方式时，如果真的出现"户绝"的状态，可以从同宗亲属家里选择适宜的晚辈作为未来的继承者。正因为有这种现象出现，所以在封建社会的现实运作中，"户绝"的状态几乎没有。因此，这种相对的、受到严格限制的财产继承权也很难实现。只能在某些特殊时刻代管家庭财产，但是没有使用权和所有权。在《大明会典》以及《清条例》中有相关的规定，"妇人夫亡无子守志者，合承夫分，须凭族长择昭穆之子继嗣"。从这个角度可以分析，寡妇不能有财产分配的行为，否则视为犯罪；若要再嫁，不能带走之前家庭的财产。

　　在长达两千多年的封建社会里，妇女作为一个整体并不具有独立的人格，她们受到宗法制度的制约，封建礼教的束缚，贞节观念的迫害以及古代哲学宗教的歧视，在政治经济、文化、教育、婚姻等方面同男子处于不平等的地位，几乎被剥夺了一切权利，完全成为男子的工具和附属品。

二　明末清初士大夫男女平等的呼声

　　明朝中后期，我国出现了资本主义生产关系的萌芽，相应地，在思想文化领域出现一批启蒙思想家，这些启蒙思想家有一个共同的特点，即非常关注封建社会女性的悲惨生活，并且对现实社会里存在的男女不平等以及"男尊女卑"现象强烈不满。并尽自己的力量向社会呼吁，希望改变这种现象，虽然力量微薄，但也起到了积极重要的作用。当时的代表有李贽、唐甄、俞正燮、颜元、李汝珍等，主要表现在以下几个方面。

（一）批判男尊女卑的理论基础，肯定妇女在人伦关系中处于极为重要的地位

　　根据前面的阐述，男尊女卑的思想出现在西周时期，所以从西周时的理论进行探讨。《易经·系辞上》曰："天尊地卑,乾坤定矣。卑高以陈,贵贱位矣。……乾道成男,坤道成女。"① 由自然的阴阳论,到董仲舒的神学化,宋代程朱理学将其发展为哲学的内涵。周敦颐在《太极图说》中说:"乾道成男,坤道成女,二气交感,化生万物。"朱熹附释曰:"阳而健者成男,则父之道也;阴而顺者成女,母之道也。是人物之始,以气化而生者也。气聚成形,则形交气感,遂以形化,而人物生生,变化无穷矣。自男女而观之,则男女各一其性,而男女一太极也。"正是因为这种天理的不可动摇性,其最终成为封建礼教中三纲五常道德理论的核心价值体系。其中有一个细节需要探讨,这就是五伦存在着顺序,为君臣、父子、兄弟以及夫妻。这种排序是有违天理的,同时也是对女性地位的贬低。

有鉴于此,为了突出妇女的社会地位,所以对五伦顺序进行重新的审视。李贽认为,人伦关系中的夫妻关系是最重要的,也是家庭生活中联系最紧密的关系,应该位于五伦顺序中的首位。故此他根据《易·序卦》的内容进行分析,"夫妇,人之始也。有夫妇然后有父子,有父子然后有兄弟,有兄弟然后有上下"。他的观点是和程朱理学截然相反,并在其著作《初潭集》中重新确立五伦顺序。

为了更深入地研究和分析,李贽从哲学本体论上对封建礼教"天理"中的"五伦"进行批驳,认为万物以及生命的构成,是由两个同等重要的要素构成,其本身不存在着尊卑的概念体现。"然则天下万物皆生于两,不生于一,明矣。而又谓一能生二,理能生气,太极能生两仪,何欤?厥初生人,惟是阴阳二气,男女二命耳,初无所谓一与理也,而何太极之有!"② 进而分析,世间万物不存在绝对的"一"以及"理",如果这种观点成立,也从侧面对现有的理论造成一种巨大的冲击力。所以从这个角度反证妇女在人伦中占据着非常重要的位置,也是反驳"三纲"的理论依据。

在李贽的观念中,有了男女平等的最初认知。在论述天地关系和夫妻关系之间的关系时,强调阴阳二气形成的平等性,故与封建儒家思想中的天尊地卑以及男尊女卑思想形成鲜明的对比。他还引用乾坤平等的原始

---

① 《易经·系辞上》。
② 《李贽文集·焚书　续焚书》,北京燕山出版社 1998 年版,第 117 页。

《易》经证明男女的作用和地位同样重要："易曰：'大哉乾元，万物资始。至哉坤元，万物资生。资始资生，变化无穷，保合太和，各正性命。'夫性命之正，正于太和；太和之和。合于乾坤。乾为夫，坤为妇。故性命各正，自无有不正者。然则夫妇之所系为何如，而可以如此也夫！"① 李贽在创作《初潭集·夫妇篇》时，从《世说新语》以及《焦氏类林》里收集很多杰出妇女的故事，对之加以赞扬。他提倡"贤妇"的同时提倡"贤夫"，要求夫妻双方都要贤，表明夫妇是平等的。

俞正燮也以《礼记》"古礼，夫妇合体同尊卑"作为理论依据，认为夫妻应该是平等的，这就是自然天理的表现，进而否定了男尊女卑的封建礼教观念。

唐甄也根据自然原理提出了男女平等的观念。唐甄说："天地之道故平，平则万物各得其所。及其不平也，此厚则彼薄，此乐则彼忧。"② 天地生育万物的道理本来都是公平的，如果不平，就失去了平衡，不平就倾。平等，是世界万事万物的根本性质和规律，只有平等，才能处理好事物之间的关系。根据这一原理，他提出"人之生也，无不同也"③。从人是平等的观点出发，他认为"父母，一也；父之父母，母之父母，亦一也；男女，一也；男之子，女之子，亦一也"。④ 父与母、男与女都是一样的、同等的。既然男女是平等的，唐甄反对只有男子才能继嗣续的宗法制度。封建社会重男轻女，生男则抱入祠堂敬告祖宗，生女则默默无声，之所以如此，就是因为女子没有资格继承香火。他认为：生男生女都是一样的。一次，唐甄问一个朋友："子爱男乎，爱女乎？"朋友答："爱男。"唐甄说："均是子也，乃我之恤女也，则甚于男。"朋友问他是什么缘故，他说："今之暴内者多，故尤恤女。"⑤ 他还以实际行动反对重男轻女，夫人生了女孩，他"必抱而庙见"，这体现了他男女并重的进步思想。

从平等的观念出发，唐甄还提出：女子出嫁后，对自己的父母和公婆要一样的孝顺，同等的尊重。"人之于父母，一也；女子在室于父母，出嫁于父母，岂有异乎！重服于舅姑夫，轻服于父母，非厚其所薄而薄其所

---

① 《李贽文集·焚书 续焚书》，北京燕山出版社1998年版，第118页。
② 唐甄：《大命》，载《潜书》中华书局1963年版，第97页。
③ 同上。
④ 唐甄：《备孝》，载《潜书》中华书局1963年版，第74页。
⑤ 唐甄：《夫妇》，载《潜书》中华书局1963年版，第78页。

厚也"。① 这虽然是在讲孝道，但已超过了封建礼教的范围和限制，要求男女之间的平等。

从平等的观念出发，唐甄认为：夫妻之间更应该是平等的。"盖地之下于天，妻之下于夫者，位也；天之下于地，夫之下于妻者，德也"。② 地在天下，妻在夫下，是地位使然；天应尊重地，夫应尊重妻，这是美德的表现。唐甄把夫妻之间的平等看成是社会一切平等的起点，夫妻关系平，社会上一切关系都会平，否则，一切都不平，"五伦百姓，非恕不行；行之自妻始。不恕于妻而能恕人，吾不信也"。③ 封建专制社会实行"夫为妻纲"，丈夫对妻子任意蹂躏、压制。唐甄揭露说："今人多暴其妻。屈于外而威于内，忍于仆而逞于内，以妻为迁怒之地。不祥如是，何以为家！……人伦不明，莫甚于夫妻矣。人若无妻，子孙何以出？家何以成？"④ 夫和妻对于人类社会有着同样的贡献，夫妻共同担负着人类再生产的重任，在家庭生活和社会劳动中，妇女起着不可缺少的作用。夫妻之间的关系不仅仅牵涉夫妻二人，而且还影响到国和家的存亡。"夫不下于妻，是谓夫亢；夫亢，则门内不和，家道不成。施于国，则国必亡；施于家，则家必丧"。⑤ 可见夫妻之间的关系多么重要。要避免家破国亡，夫妇之间要平等和谐，要情投意合，互敬互爱。唐甄要求男子主动地和妻子建立感情，不要乐意与朋友交往而讨厌和妻子相处，不要在外面遇到不顺心之事回到家中向妻子发泄，夫妻之道应该"以和不以私，和则不失其情，私则不保其终"。⑥ 丈夫不能欺凌妻子，要平等地对待妻子。"敬且和，夫妇之伦乃尽"。⑦ 从以上看出，他大胆地否定夫为妻纲，积极追求夫妻之间的平等。

（二）驳斥女子不如男子的偏见，宣称男女智力相等

李贽向女子不如男子的传统观念说不，并从理论上驳斥了女子见识短的看法。他明确宣布男女智力平等，驳斥了妇女见短、不如男子的偏见。

---

① 唐甄：《备孝》，载《潜书》中华书局1963年版，第74页。
② 唐甄：《内伦》，载《潜书》中华书局1963年版，第77页。
③ 唐甄：《夫妇》，载《潜书》中华书局1963年版，第79页。
④ 唐甄：《内伦》，载《潜书》中华书局1963年版，第77页。
⑤ 同上。
⑥ 唐甄：《居室》，载《潜书》中华书局1963年版，第80页。
⑦ 唐甄：《内伦》，载《潜书》中华书局1963年版，第78页。

他在《答以女人学道为见短书》中说："昨闻大教，谓妇人见短，不堪学道。诚然哉！诚然哉！"① 但是他同时也承认，正是因为在封建社会里，妇女困守闺阁，不像男子那样广泛接触社会，使很多女性的认知远逊于男子。而这种原因的产生不是性别差异造成的，而是思想和行为束缚所造成的。短见者的表现为"所见不出闺阁之间"，"只见得百年之内"，只能够看见自己和家人，或只能够了解"街谈巷议，市井小儿之语"。远见者是"深察乎昭旷之原"，"超于形骸之外，出乎生死之表"，"更不惑于流俗憎爱之口"。如果从见识本身的角度考虑，它不是因为性别差异所导致的，"谓人有男女则可，谓见有男女岂可乎？谓见有长短则可，谓男子之见尽长，女人之见尽短，又岂可乎？"② 正是因为女性被束缚，所以女子见识上普遍不如男子。如果没有外在的束缚，女性享有同等的权利，则将不差于男性。"设使女子其身而男子所见，乐闻正论而知俗语之不足听，乐学出世而知浮世之不足恋，则恐当世男子视之，皆当羞愧流汗，不敢出声矣"。③

同时他举出实际的例子，譬如世人公认的女圣人，连道学家都称赞的女中豪杰。其中一个是诞生周人祖先的邑姜，一个是周文王的妻子，也就是众所周知的远见杰出女性——文母。通过这个例子可以反驳道学家认为女子短见的谬论。这种论证方式是非常巧妙的，以道学家的理论去反驳道学家，进而达到理想的论证效果。

为了更进一步地进行论证，李贽在著作《初潭集》中归纳总结了几十个妇女的杰出事迹。她们的能力远超很多男人，甚至令男人也非常地汗颜。李贽称赞她们是真的汉子。因为她们所做的事情连男人都很难做到。值得注意的是所谓的"真男子"并非指一般的男子，而是指男子中有作为的出类拔萃者。所以在李贽的观点看来，真正杰出的人才是没有性别差异的，相反有很多杰出的女性比男人更具有魅力和实力，是非常值得重视的。李贽对武则天大加赞赏，这是和当时的主流观念相悖的。因为人们认为武则天是国家的祸害，而从历史的角度分析，武则天确实能够算得上是女中豪杰。晚年李贽居住在麻城时，曾对交往甚密的梅家孀居女儿梅澹然

---

① 李贽：《答以女人学道为见短书》，载《焚书续焚书》卷二，中华书局 2011 年版，第131 页。

② 同上。

③ 同上。

以及其他女眷大加赞赏，并且和她们经常进行书信交流，探讨和切磋学问。并且用尊称去称呼她们，认为其才学高深，远超普通男子，值得敬仰和学习。

（三）反对纳妾，主张一夫一妻制

封建社会中对女性的摧残体现之一表现在一夫多妻制，也就是一个男人可以娶妻娶妾，女子一生只能嫁一个丈夫。很多非常勇敢的女性用激烈的行为阻止丈夫娶妾。但是被封建统治者认为这是品行不端的表现，蔑称为"妒妇"以及"泼妇"等。但是从现实的角度分析，女性之所以会有这样的行为，一方面是因为爱丈夫所致，另一方面则是向封建传统礼法中的一夫多妻制抗争，但由于历史社会原因，却未能够受到公平的对待。李贽非常同情，并对某位有类似行为的公主评论，"贤主哉，虽妒色而能好德，过男子远矣"。其著作《初潭集》曾对 6 名"妒妇"评论"此六者，真泼妇也。然亦幸有此好汉矣"。① 李贽本人老年丧子，但是因为反对娶妾，宁可没有后代。

关于女性权益的考量，俞正燮的立场和观点是非常具有时代进步性的，在思考问题的过程中是站在女性的角度进行分析的，进而以此为分析对象，对传统社会男性偏见进行了严厉的批驳。譬如在《妒非女人恶德论》中，他为反封建多妻制度的"妒妇"进行理论上的支持，认为妇女的妒，事出有因，是由于男性多妻造成的，所以不可将妇女的"妒"一律视为恶德。譬如唐贞观时代，桂阳令阮嵩的妻子为"妒妇"，刺史崔邈弹奏，"一妻不能禁止，百姓如何日整肃。妻既礼教不修，夫又神明安在？"② 阮嵩当即被罢免。俞正燮对这种做法是非常厌恶的，认为本身是家务事，就算产生危害性后果，是会有法律制裁的，不必兴师动众地以妒做文章。"妒者，妇人常情，妒而忌，则杀人者死，伤人抵罪，何烦诏表令檄牵妒言之哉！"③ 他认为合理娶妾的前提是在无子的状况下，不过应该有相应的规范，这就是需要 40 岁以上的条件。这样既可以减少"妒妇"出现，同时也容易维持社会稳定、和谐。《后汉书·冯衍传》注中提

---

① 《李贽文集·初潭集》卷一，北京燕山出版社 1998 年版，第 21 页。
② 俞正燮：《妒非女人恶德论》，载《癸巳类稿》，商务印书馆 1957 年版，第 496 页。
③ 同上。

到，冯衍给妻弟写信说自己的妻子是"妒妇"，因为按照礼法，可以纳妾，但是她坚决不同意。俞正燮认为问题在于冯衍自身，随即对其批评"衍以宦匮，贫不具僮，自不能具妾。循衍书意，盖有愧行于其妻矣！"①他认为夫妻生活更要注重对方的感受，如果丈夫纳妾时妻子毫无反应，则说明二者之间的关系很差，本身就是不守妇道的表现。所以从种种方面表明，某些情况下"妒"是有合理性因素存在的，是值得给予支持的。

李汝珍在《镜花缘》中以文学的手法非常生动地描绘了妒妇的故事，很有新意，同时也表达了作者自己的内在思想。其中故事介绍如下：有一个妒妇，她本是大盗的妻子，当丈夫想将抢来的女子纳为妾，这个时候妒妇将筵席打翻，将器皿砸损，又要自杀，逼得她丈夫只得收回成命，于是给夫人下跪、磕头，愿意接受 20 大板的责罚。打过之后，妒妇还不解气，又要求再打 20 大板。这个时候大盗实在是受不了了。此时妒妇借坡下驴，借题发挥，狠狠批评了她丈夫一顿。妒妇讲道，既知如此，为何当初要纳妾？如果我要是找一个男妾，你会有什么想法呢？你们这些男人，贫贱的时候还讲些伦常之道，但是一旦变得富贵，就会产生非分之想，将糟糠之情，置之度外。这本身就是强盗行为，是要被天诛的。怎么可能有不打你的理由呢，不可饶恕。同时妒妇还和丈夫约法三章，遵守同一标准。并说今日已经打过你了，以后就不管你了，如果你要是再敢纳妾，我就先纳一个男妾，这才是道理所现。作为文学著作，读起来非常生动有趣，让人发笑，但是其中却有着深刻的道理，值得人们深思。

（四）驳斥"女祸论"，主张妇女参政

如前所述，荒淫无道的君王玩弄女性，造成国破家亡，人们不去追究他们的责任，反而替他们推卸责任，把罪责推给被他们玩弄的妇女。对于这种颠倒黑白的"理论"，李贽进行了强烈驳斥。他首先指出纵情声色会败国亡家，丧身失志，人们应当有所节制："甚矣，声色之迷人也。破国亡家，丧身失志，伤风败类，无不由此。可不慎欤！"②接着他把话锋一转，把矛头直指"女祸论"的传统见解，指出帝王国破家亡的根本原因不在于声色，对于雄才大略的历史人物比如汉武帝、曹操来说，虽然同样

---

① 俞正燮：《妒非女人恶德论》，载《癸巳类稿》，商务印书馆 1957 年版，第 497 页。

② 《李贽文集·初潭集》卷三，北京燕山出版社 1998 年版，第 37 页。

迷恋声色，但是他们不但没有破国亡家，反倒开疆拓地，称雄一时，"流声后世"，"汉武以雄才而拓地万余里，魏武以英雄而割据有中原，又何尝不自声色中来也。"① 甚至连风流名士之所以能名传后世，也与其不同于常人的情爱生活有关，"嗣宗（阮籍）、仲容（阮咸）流声后世，固以此耳"！② 对于凶残暴戾的君主或昏庸无能的君主来说，即使没有女性的"声色之迷人"，他们也会国破家亡。战国时期的周天子简直与乞丐差不多，连吃饭都不能自给，更没有声色之娱，他们又为什么败亡了呢？可见，历史上帝王国破家亡的根本原因不在于纵情声色，而是另有原因，"吾以是观之，若使夏不妹喜，吴不西施，亦必立而败亡也"。③ 他认为在以男性为中心的社会中，国家兴亡的责任是不能由女性来承担的。男人掌权，国兴，功劳自然不会归于女子；而亡国，责任也不应由女子来负。因此，李贽认为国家是兴盛还是败亡，全看掌权的男人们是否具有英雄的气质："成身之理，其道甚大；建业之由，英雄为本。"④ 那些没有才干卑卑琐琐的人即使不纵情声色也管理不好国家，他们缺乏道德或才识，不是暴虐就是寡断，国家兴亡非听信所宠姬妾的话所造成："琐琐者，非恃才妄作，果于诛戮，则不才无断，威福在下也。此兴亡之所在也，不可不慎也。"⑤ 就男性本身来看，家国败亡的根本上是他们自己的才能和行为造成的，并不是他们所宠爱的妇女造成的。考察国家兴衰应当察其本质，不察其本，而将国家兴衰完全归咎于妇女，这是"俗儒"之见，"夫而不贤，则虽不溺志于声色，有国必亡国，有家必败家，有身必丧身，无惑矣。彼卑卑者乃专咎于好酒及色，而不察其本，此俗儒所以不可议于治钦"。⑥ 从历史唯物主义观点来看，李贽对于君王误国的分析，也是有片面性的。他过分强调了君王的个人才干和个人作用，而对君王所处的历史环境却没有加以考虑，没有脱离"英雄创造历史"的窠臼。

唐甄也批判了"女人皆祸水"的封建说教。针对长期以来封建士大夫把夏、商、周的灭亡归罪于妹喜、妲己、褒姒等妇女的观点，他进行了

① 《李贽文集·初潭集》卷三，北京燕山出版社1998年版，第37页。
② 同上书，第38页。
③ 同上。
④ 同上。
⑤ 同上书，第49页。
⑥ 同上。

驳斥：女子"微也，弱也；可与为善，可与为不善"，关键在于君主的"有德"或"无德"，"君德使然也。君有德，奸化为贤；君无德，贤化为奸"，不能"罪好之者而并罪色"①。内因是变化的根据，外因只是变化的条件。国家的存亡关键在于掌握政权的君主，与女色没有任何的关系。这些言论大胆而激进。

袁枚极力批判了"女人是祸水"的谬论，力图为妇女翻案。对于妲己、褒姒、西施、杨贵妃等在传统观念中被污为"祸水"者，皆予洗冤。袁枚认为"女宠虽自古为患，而地道无成，其过终在男子"②，如果要使妲己、褒姒二人遇上君子，那么都会成为《周南》传里的人。亡国的原因在于掌握国家政权的国君，与妇女没有丝毫关系。

（五）反对妇女片面守贞守志，赞成妇女改嫁

在妇女贞节问题上，李贽强烈反对理学家的"饿死事极小，失节事极大"的谬论，愤怒谴责不准寡妇再嫁，认为是伤天害理。在他看来，妻子死了丈夫之后会在生计上遇到很多困难，改嫁会免受许多困苦。《初潭集》中记载有两则故事：一是庾亮的儿子遇害身死后，他的亲家给他写信要求让自己的女儿改嫁，庾亮回信表示赞成："贤女尚少，故其宜也。"李贽对此举极表赞成，大笔一挥，批了个"好"字；二是王戎的儿子未婚早亡，王戎伤痛欲绝，并且不让儿子的未婚妻出嫁，导致这位女子至老未嫁。李贽对这种残忍行为深恶痛绝，批道："王戎不成人，王戎大不成人。"③ 从以上两则故事的批语可以看出，李贽是明确反对妇女守节、守志的。在封建礼教极盛的明朝末年，妇女改嫁是极不光彩的事情，李贽明确支持寡妇改嫁，反对室女守志，是非常可贵的。

李贽不仅反对妇女片面守节、守志的"吃人"礼教，对道学家提倡节烈的虚伪性也进行了揭露。他在《焚书·唐贵梅传》中记述了唐贵梅之老姑因受富商金帛，逼着唐贵梅与富商私通，唐贵梅忠于"贫且弱"的丈夫而没有听从，唐贵梅之老姑便以"妇不孝讼于官"，买通州官毛玉，毛玉受贿逼淫，"倍加刑焉"，唐贵梅"几死，然终不听也"，最后吊

---

① 唐甄：《女御》，载《潜书》（修订2版），中华书局1963年版，第171页。
② 王英志校点：《随园诗话》卷三，凤凰出版社2004年版，第74页。
③ 《李贽文集·初潭集》卷一，北京燕山出版社1998年版，第19页。

死在"后园古梅树下"。李贽对此评述说:"先王教化,只可行于穷乡下邑,而不可行于冠裳济济之名区;只可行于三家村里不识字之女儿,而不可行于素读书而居民上者之君子……今通判贪贿而死逼孝烈以淫,素读书而沐教化者如此,孝烈唐贵梅宁死而不受辱,未曾读书而沐圣教如彼:则先王之教化亦徒矣。"① 这里李贽对读"圣教"的道学家们进行了辛辣的讽刺。像毛玉这样读书学道接受"先王教化"的人,言行不一,可见所谓"先王教化"那一套儒道全是骗人的、无用的东西。

袁枚坚决反对室女守节,在《子不语·歪嘴先生》的故事中,潘淑聘妻未娶而病危,弥留之际,要求女子为自己守节。后女改嫁,鬼附女身作祟,袁枚通过教读先生之口强烈斥责道:"女虽已嫁,而未庙见,尚归葬于女氏之党,况未嫁之女,有何守志之说。"② 后鬼无话可辩,只能离去。对于已婚夫亡之妇,袁枚亦反对她们守节。宋朝儒者反对把蔡文姬列入《列女传》里,因为她一生三嫁,没有遵循从一而终的礼教。袁枚痛斥"学究条规,令人欲呕","此陋说也"。③ 他提出:给妇女作传,不能以贞烈作为标准,应该以"贤或才或关系国家,皆可列传,犹之传公卿,不必尽死"。④

俞正燮则犀利地指出封建礼教要求妇女片面守节是不合理的。他首先批判封建礼教反对妇女再嫁,认为男女没有遵循同样的标准。他认为古礼提出的"一与之齐,终身不改"、"妇无二适之文"仅仅要求女"终身不改","妇无二适"显然对妇女太不公平,他认为如果"妇无二适之文,固也",那么男子也应该"无再娶之仪";如果要求"终身不改",那么也应该同样要求男子,"终身不改身,则男女同也"。俞正燮还指出虽然古礼主张男女不分贵贱:"古礼,夫妇合体同尊卑。"而且古语所说的终身也是相对男女双方而言"古言终身不改,(言)身,则男女同也"。但是男子总是找出各种理由离婚,几乎不受什么限制:"七事出妻,乃七改矣。妻死再娶,乃八改矣!男子理义无涯矣。"⑤ 却又想方设法蒙蔽女子

---

① 《李贽文集·初潭集》卷一,北京燕山出版社 1998 年版,第 19 页。

② 袁枚著、王英志校点:《袁枚全集》,江苏古籍出版社 1993 年版,卷五,第 16 页。

③ 同上。

④ 同上。

⑤ 俞正燮:《节妇说》,《癸巳类稿》,商务印书馆 1957 年版,第 493 页。

为己守节，实是无耻："深文以罔妇人，是无耻之论也。"① 他列举了一些历史上让妇女改嫁的实例，比如宋仁宗时，濮王允让认为宗妇年轻而丧夫，虽然没有子但不许再嫁太不近人情，于是代为请奏，使她们得以再婚。宋治平中，宗室女祖父有二代任殿直，在州县以上，就可再嫁。宋熙宁十年，诏令宗室女再嫁，"与男再娶者等"。故不应歧视、鄙薄再婚的女性。他还提出寡妇守节还是再嫁，要尊重其自己的选择："其再嫁者，不当非之，不再嫁者，敬礼之斯可矣。"② 这些观点都是极富平等、民主色彩的。

对于灭绝人性的室女守志、殉死，俞正燮尤为反对，认为其极不人道，"其义实有难安"。他还以其人之道还治其人之身，利用古礼来反对室女守志，说："未同衾而同穴，谓之无害，则又何必亲迎，何必庙见，何必为酒食以召乡党僚友，世又何必有男女之分乎。"③ 意思是说按照古代婚仪规定，男女完婚必须经过亲迎、庙见和召请亲友等程序，若男方仅下了聘礼，不算完婚。因而只受过聘的女子，本没有成婚，不应为未婚夫守贞。他还引用一首典型的诗，鞭笞那些不惜以牺牲妇女性命来猎取名利以便提高自己家族地位的男子的丑恶的心理："闽风生女半不举，长大期之作烈女。婿死无端女亦亡，鸩酒在尊绳在梁。女儿贪生奈逼迫，断肠幽怨填胸臆。族人欢笑女儿死，请旌藉以传姓氏，三丈华表朝树门，夜闻新鬼求返魂。"④ 他对此丑恶行径深以为耻："呜呼！男儿以忠义自责则可耳，妇女贞烈，岂是男子荣耀也。"⑤

（六）反对妇女缠足

袁枚反对妇女缠足。有一朋友托他寻找美女为妾，最重要的一条是脚要小，袁枚回信对其痛加驳斥："从古诗书所载美人多矣，未有称及脚者。李后主使睿娘裹足，作新月之形，相传为缠足之滥觞。然后主亡国之君，矫揉造作，何足为典要？……今之习尚，固有火化其父母之骸以为孝

---

① 俞正燮：《节妇说》，《癸巳类稿》，商务印书馆 1957 年版，第 493 页。

② 同上。

③ 同上书，第 494 页。

④ 同上书，第 495 页。

⑤ 同上。

者，遂有裹小其女子之脚以为慈者，败俗伤风，事同一例。"① 袁枚从审美的观念和人道主义精神出发，反对缠足，从而否定了缠足的价值。

俞正燮在《书旧唐书舆服志后》一文里也反对妇女缠足，他说："古有丁男丁女，裹足则失丁女，阴弱则两仪不完。"② 意思是说，在古代男女都是劳动力，现在由于妇女缠足不但使国家失去了一半的劳动力，而且由于失去女子的帮助最后也影响到了男子自身。而且他还认为妇女缠足后穿的弓鞋出自古代的舞屣，而舞屣在从前是贱服，女子穿了下贱的舞屣也就是自贱，男子也必然贱视女子："又出古舞屣贱服，女贱，则男贱女子心不可改者。"③ 妇女也不知道古代妇女大脚时会穿贵重华美之履，所以要让现在的妇女不缠足光讲大道理是没有说服力的，要进行具体的分析："由不知古大足时，有贵重华美之履。徒以理折之，不服也，故具分析言之。"④

李汝珍在《镜花缘》里通过君子国宰辅吴之和之口对缠足穿耳等残害妇女肢体的行为进行了猛烈抨击："吾闻尊处向有缠足之说。始缠之时，其女百般痛苦，抚足哀号，甚至皮腐肉败，鲜血淋漓。当此之际，夜不成寐，食不下咽，种种疾病，由此而生。"⑤ 起初以为女儿可能不孝，其母不忍心把她置于死，所以以这种办法惩罚她。谁知是因为美观而缠足；假如不这样，就不美观！李汝珍借宰相之口愤怒地质问，假如鼻子大的削之使之变小，额高的削之使之变平，人必然称之为残废人；为什么两脚残缺，步履艰难，却认为是美？像西施、王昭君，都是绝世佳人，那时又何尝将其两脚削去一半？况且细推其原因，与造淫具有什么不同？"此圣人之所必诛，贤者之所不取。惟世之君子，尽绝其习，此风自可渐息。"⑥ 李汝珍意犹未尽，又运用"反诸其身"即男女易位的方法，别出心裁地设计了一个让男人缠足穿耳修容的女儿国，让在男性本位的社会里居高临下的男性，在这里成为女子的附属物，受尽传统恶俗对女子的种种摧残。商人林之洋被女儿国选做王妃，先穿耳，痛得他大叫。随后缠足，

① 《答人求娶妾》，见《小仓山房尺牍》下册，大达图书供应社1935年版，第27—28页。
② 《书旧唐书舆服志后》，见《癸巳类稿》卷一三，商务印书馆1957年版，第504页。
③ 同上。
④ 同上。
⑤ 李汝珍：《镜花缘》（上），人民文学出版社1979年版，第78页。
⑥ 同上。

脚痛得像炭火烧的一样，连这个男人也忍不住放声大哭。他私自将缠脚布撕去，又挨了一顿板子。重新缠好后，又强迫他来回走动，痛得他真像没命一样。到了夜间，常常痛醒，导致整夜不能合眼。不到半月，已经将脚面弯曲折作两段，十个脚指头都已腐烂，天天鲜血淋漓。他再次反抗，却被捆住双脚倒吊梁上，忍痛不住，只得任人摆布，林之洋多次要寻自尽，无奈众人日夜提防，真是求生不能、求死不得。到后来，那脚上腐烂的血肉都已经变成脓水，业已流尽，只剩下几根枯骨。这就让男子也亲身体验了"小脚一双，眼泪一缸"的缠足的痛苦，从而对男性的性畸态心理极尽挖苦与反讽。

第三章

清末民初女权的先声：
不同派别的男女平等思想

近代男女平等思想的产生和发展，有一个相当长的孕育阶段。太平天国运动、传教士的东来和早期维新人士的宣传，都在不同程度上起到了除旧布新的作用，尤其是后两者，在推动男女平等思想产生方面的作用，更不容忽视。

一 西方传教士建立在宗教基础上的男女平等思想

鸦片战争以后，随着清政府允许侵入国在通商口岸传教，大批传教士蜂拥来到中国。他们在传播上帝福音的同时，也不同程度地传播了宗教中的男女平等的思想。正如《剑桥晚清中国史》一书中所说："新教徒中，很多人明确信奉男女平等的原则，而且决心投入一场十字军运动，以争取中国妇女的平等权利。"[①] 在传教的同时，他们开始对中国男女极为不平等的状况有了感性认识，并从基督教教义出发，认为"上帝造人，男女平等，乃自然之正理"，对中国传统的重男轻女现象进行了猛烈的抨击，并从禁缠足、兴女学方面进行了实践。

（一）传教士对男女平等思想的介绍与宣传

近代来华的基督教各宗各派不同程度地渗透着资产阶级的自由、平等、博爱等思想，从某种意义上来说，西方传教士带来的基督教，乃是西

---

① ［美］费正清编，中国社会科学院历史研究所编译室译：《剑桥中国晚清史（1800—1911）》上卷，中国社会科学出版社1985年版，第643页。

方资产阶级意识形态的缩影。虽然西方早期的基督教教义里也明显歧视妇女，认为女人乃是为男人而造，女人是人类罪恶的根源。但随着西方文明的发展，特别是启蒙运动以来，西方基督教的教义也发生了很大的变化。在新教的教义中，女性在某些方面取得了与男性平等的地位："幸有大维新之路得，出而改立新教，于是巴巴利诸国，始大变其民俗，既复其婚姻之大礼，复责其男女之忠心，凡著书演说之人，皆以男女同守清节为主，一洗从前厚责女人、薄责男人之积习矣！考新教中人，创复夫妇同节之说，有二意焉，男女平等，当无轻重厚薄之殊。"① 他们认为，女人和男人同样是上帝创造的完美之物："上帝创造女人之时，与男人一体完全粹美……"② 而且在上帝眼里，把女性与男性视为一体，不分轻重。虽然男子主外、女子主内，只是事情分工的不同，但不管男女，其人性是相同的。

19 世纪以来，西方妇女地位已经有所提高，妇女开始受到社会的尊重。"不但女子出门无禁，即赴宴聚会，皆得与焉。且凡有女子同在者，其男子皆肃然起敬，不敢偶涉笑言"。③ "男女聚会，或街上往来，皆相让以为礼，彼此交谈下气柔声，和颜悦色。每见车中让座，男必让与女，长必让与少"。④ 西方传教士把这归功于西方基督教："总而论之，女人之地位，赖基督教道而释放长进，可以二大端括之。一为保全女人之名节。各守一妻，不准外好，妻死之后，始得释放，休妻之案，但有一故，所以保节者至矣！一为振兴女人之才具，凡奉基督教之国，必兴女学以造就之，使女人皆得各就妻质性之所益，成为合用之材，以求胜于男人，表明其为可敬可重之人类，皆教道所结之善果也。"⑤ 在西方传教士的观念中，女性地位的提高与基督教的文明形成一种互相支撑的关系：女俗的文明证明了基督教的文明，基督教的实行才能使女俗文明。这意味着：一方面，西方基督教提高了女性的地位，所以基督教是文明的化身；另一方面，只有基督教是以改善女性的地位为其宗旨的，女俗的文明只能依赖基督教的教化。

---

① ［美］林乐知：《论欧洲古今女人地位》，《万国公报》光绪三十年九月号、十月号。
② ［德］花之安：《自西徂东》（近代文献丛刊），上海书店出版社 2002 年版，第 397 页。
③ ［美］林乐知：《论中国变法之本务（节录）》，《万国公报》光绪二十九年正月号。
④ 得一庸人：《续海外闻见略述》，《万国公报》光绪十四年十一月号。
⑤ ［美］林乐知：《全地五大洲女俗通考序其一》，《万国公报》光绪二十九年八月号。

　　19 世纪末来到中国传教的西方传教士，以基督教中的男女平等思想来审视中国的男女关系时，显然有违基督教这一"真道"："上帝创造人，男女并重，犹慈父母爱怜亲生之儿女，决无厚薄之意也。后世之人，创为重男轻女之说，以男重于女，以女轻于男，并引乾坤、阴阳、刚柔、内外之义以证之，皆于男人之私见，而不知其背道实甚也。凡有道之邦，即信上帝之真道者，其男女无不平等，无道之邦，即不信上帝之真道，而别有所谓一切道者，其男女无一不平等。"① 西方传教士以上帝的名义对女性地位的提升，显然有别于当时中国还流行的"男尊女卑"观念。以基督教中的男女平等思想来审视 19 世纪的中国，当时中国的许多风俗和习惯也有违基督教教义，无疑还处于未教化的阶段："女人为家之本，故论一国之教化，必观其女人之地位，以定其教化之等级，西方文明教化之国，其待女人皆平等，东方半教教化之国，其待女人皆不平等，若在未教化人中，则其待女人，直与奴仆牲畜无异矣！中华为东方有教化之大国，乃一观其看待女人之情形，即可明证其为何等教化之国矣！不释放女人，即为教化不美之见端，永远幽闭女人，亦即为教化永远不长之见端也。"② 显然，在传教士看来，这正从一个侧面证实了中国接受基督教的必要。

　　来华传教士主要通过两种方式来传播他们的男女平等思想：首先是传统的传教方式，即在教堂里宣讲基督教教义的同时，灌输基督教的男女平等思想。其次，清末的来华传教士通过撰写著作、出版报纸宣传他们的男女平等观念。如花之安的《自西徂东》涉及了对妇女问题和妇女观念的探讨，林乐知花费三年时间编著的《全地五大洲女俗通考》则是传播西方妇女观念的专门性著作，新教教会办的《万国公报》、《北华捷报》、《字林西报》等也发表了许多讨论妇女问题的文章，在这些探讨妇女问题和妇女观念的著作和期刊中，涉及了基督教的男女平等思想。

　　而且在中国传教过程中，来华传教士对有悖于基督教教义的男女不平等现象也进行了批判。批判烈妇和"从一而终"，包办婚姻、纳妾和随意去妻等婚姻陋俗，提倡婚姻自主和一夫一妻制。对当时戕害妇女健康权和生命权的缠足和溺女婴也进行了猛烈抨击，同时提出了兴女学的主张。

---

　　① 〔美〕林乐知：《论女俗为教化之标志（录女俗通考之末章）》，《万国公报》光绪二十九年四月号。

　　② 〔美〕林乐知：《论中国变法之本务（节录）》，《万国公报》光绪二十九年正月号。

首先，来华传教士对妇女片面守贞、纳妾、包办婚姻和随意去妻等有违男女平等的婚姻陋俗进行了批判。

来华传教士对片面地强调女性对夫权的依附和忠诚的传统女性贞节观表示反对："即以女子而论，固尚节烈，如韩凭之妻，坠台以殉夫难，绿珠坠搂，以避赵王，虽死不夺其志，至今咸称羡不衰，然苟非大故，则不必轻于一死。夫女子事夫，不幸而夫死，有舅姑子女者固不当死，宜留其身以待奉舅姑，而终天年，抚养子女，教育成人，便可完其贞节。倘夫死无舅姑子女，或设法以续夫嗣，或归宁以事父母，各从其志，不必徒以身殉为节烈也。若夫室女许字于人，未嫁而夫死，舅姑无人侍奉，于归守节，代夫之劳，洵堪嘉善，或在母家以守贞，亦属可许。即父母欲夺其志，宜婉词以却之，不失为贞洁之人，其志虽苦，其心愈可嘉，即顺父母志命再许字于人，亦未尝不可，盖身虽许字，尚未于归，较之已成妇者有别，更不必轻于一死也。"① 在这里，花之安反对女子以死殉节，赞成寡妇再嫁，这些观点都完全与中国传统贞节观念相左。

另外，在西方基督教教义中，女性贞洁观念倡导夫妇双方之间的忠诚应该是对等的，除了女性对男性的忠诚之外，它同样强调男性对妻子的忠诚："有大维新之路得，出而改立新教，于是巴巴利诸国，始大变其民俗，既复其婚姻之大礼，复责其男女之忠心，凡著书演说之人，皆以男女同守清节为主，一洗从前厚责女人、薄责男人之积习矣！考新教中人，创复夫妇同节之说，有二意焉，男女平等，当无轻重厚薄之殊。……如能一夫一妇，同心偕老，家室之福乐孔多，男女之德行日长，不但及身有益，即后日之盼望，亦无穷矣！"② 可见，贞洁是男女双方都应该遵守的德性："溯夫开辟之初，上帝造一男一女，置为夫妇，是既示以夫妇之正道，匹藕之正理矣。修身者果能准上帝立夫妇之义，则修之于家而夫义妇顺，行之于身而夫唱妇随，天伦真乐，甘苦同之，不亦于夫妇之论两得之哉？是故夫妇为体之敌，为身之对，古人云：'妻者齐也。'思其义，察其理，则男之不当有二色，亦犹女子不当有二夫，其义本自昭然矣。"③ 毫无疑问，基督教宣扬的贞节观念，透露出男女平等的气息。

---

①　［德］花之安：《自西徂东》（近代文献丛刊），上海书店出版社 2002 年版，第 135 页。

②　［美］林乐知：《论欧洲古今女人地位》，《万国公报》光绪三十年九月号、十月号。

③　［德］花之安：《自西徂东》（近代文献丛刊），上海书店出版社 2002 年版，第 128 页。

来华传教士对中国的纳妾的批判主要是从纳妾的危害来说的，他们认为纳妾使家庭不和，不利于男子节欲，而且有悖基督教教义。比如登载在《万国公报》上的一篇问答《圣教问答》就认为纳妾使妻妾相妒，进而使家庭失和，并且违背了一夫一妇之教义："娶妾是行淫之事，不过借孟子之言遮饰耳。……夫夫妇和而后家道成，有妾则相争相妒。争妒之极必致相害。有妻害其妾之子，有妾害其妻之子，以至有子反为无子者。有因妻妾相争，其妾将金银衣服席卷而逃，跟从奸夫，后成官讼以致财散人亡者。有因妻无子而娶多妾，各居一方，欲他人同其生子，即使有子亦是他人之子，是名为有子其实无子者。即或不然，妻妾皆有子，母与母相争，嫡与庶相争，一家竟成秦越，为夫者入门交适，兄弟阋墙，曾无一日之安者。贪一夕之欢，致百端之害，岂非自贻伊威耶？原夫上帝初造人，一男一女配合夫妇，成为一体，相助为理，此上帝之定命也。知命者乐天，一夫一妇家室和平，有子无子各安天命，奚至贪淫好色。"[1] 德国传教土花之安在《齐家在修身》一文中，认为纳妾一是使家庭失和，二是不利于修身齐家，三是有悖基督教教义："故有妻妾满门，或因宠而生骄，或因愤而成妒，甚至听妇言而乖骨肉，厚妻子而薄父母，种种弊端，不堪言说，为家之索，缘此妇人，而其尤甚者，则自诟谇争端以至于杀身之祸，亦召以此。"[2] "始则床笫交欢，周旋未遍，难免怨詈之时闻，继则枕襦抱怨，嫉毒横生，积怨成仇，遂起谋弑之恶念者有之。尝见多妾之家，鲜得雍睦，职是之故，矧异日子女成行，而各庇所生，未易和衷共济，甚至务荣树党，祸起萧墙，恃宠生骄，衅兴尔室，终日语四言三，嗫嗫不止，此时虽有义方之训，亦无所施其技矣。可知夫妇之道不正，即家道之所以不宁，遑问其能齐否耶？"[3]《万国公报》上的一篇文章甚至认为纳妾不利于国家强大："且五伦最大之谬，莫如娶妾。不但违上帝之命，实为有国有家者，隐伏之害也。考之史书所载，历代宫中之祸，可为殷鉴。盖姬妾众多，必致伤财劳力，口角纷争。试观五大洲之内，凡有准行此例之国无不日就衰

---

[1]　香港杖国老人：《圣教问答》，《万国公报》卷五六四，光绪五年十月二日。

[2]　［德］花之安：《自西徂东·齐家在修身》，《万国公报》卷七四九（1883 年 7 月 21 日），第 15 本，第 10073 页。

[3]　同上。

微，愈趋愈下，如今之突厥、波斯等国皆是。"①

对于中国男子的随便休妻，来华传教士指出这有违男女平等："是夫之不可去妇，犹妇之不可去夫也。设妻而去夫，则人必詈之诉之矣；若夫而去妻，何以独无诉詈乎?"②"儒教又许丈夫轻易休妻，如云妇有七出，不顺父母者、无子者、淫僻者、嫉妒者、恶疾者、多口舌者、窃盗者，皆可出（家语）。其轻易离弃其妻，总而言之曰：刻于妇人，宽于丈夫耳。救世教虽云：妇当从夫，而教为丈夫者亦当重视妇人，厚情以待之，因上帝亦赐妇人享永生之恩。且此时之妇道，亦他时之母道，母训子女于家庭，最为急要。若以妇女为不足受教，则他日为人之母何以教其子孙? 不能教其子孙，即不能为国家培养贤才，国家之隐受其损，岂浅鲜哉!"③

西方传教士反对中国封建时代实行的一夫多妻婚姻制度，而倡导新教确立的一夫一妻婚姻制度。在西方传教士看来，多妻是好色逞欲之心所发，非常可耻! 而且一夫多妻带来的后果是色欲的泛滥和身体的亏损，因为只是一夫一妻的话，假如不节制色欲，尚且还损害身体，更何况妻妾动以数房计? 在传教士看来，一夫一妻的婚姻制度才是大自然的安排：看天地生人，男男女女，好像没有安排，但是统计各国的男女人口数，大体相等，既不多生男也不多生女，岂不妙乎? 同时一夫一妻也是人类社会最好的选择：男治外，女治内，各司其职，互相帮助，以之齐家则家齐，以之治国则国治，以之治天下则天下太平。而且只有这种自然的安排才能保证贞洁观念的实行和人伦的敦和："考其所以定例之由，有三大宗旨：一人生自然之理，以为一夫一妇，理当如此。二夫妇一心好合，可以保全贞节。三夫妇之道既正，可望人伦之永敦。"④

传教士也对包办婚姻进行了批判，认为其是造成中国婚制弊端的罪魁祸首："中国婚嫁全凭父母主持，又每多出童年定聘，而男女两人素不谋

---

① 安保罗：《救世救成全儒教说三》，《万国公报》第96册（1897年1月），第26本，第16558页。

② 知非子：《儒教辩谬论去妻》，《万国公报》卷510（1878年10月19日），第9本，第5562页。

③ 安保罗：《救世救成全儒教说三》，《万国公报》第96册（1897年1月），第26本，第6558页。

④ ［美］林乐知：《论欧洲古今女人地位》，《女俗通考》第六集，《万国公报》光绪三十年九月号、十月号。

面，难免家道之乖者。"①

其次，来华传教士对妇女缠足、溺女婴等残害妇女人身权的行为进行了批判。

从19世纪六七十年代起，来华传教士采用散发传单、小册子的方式，尤其是注意利用教会办的报纸杂志进行反缠足的舆论宣传。美国传教士林乐知创办的《万国公报》上刊登了《卫足论》、《劝释缠足论》、《劝戒缠足》、《缠足论衍义》等由西方传教士和中国基督徒撰写的一系列反缠足的文章，对缠足进行了多方面的抨击。厦门的一位牧师在《劝戒缠足》一文中痛陈缠足对妇女身体的危害，文章指出，父母在女儿五六岁时，"以布条紧扎，使其肉糜骨折，痛楚难堪，致生成之善足，变为残跛之废人，毕生艰难，趋步不便，欲求其小，不顾其苦，贪其美，不计其害"。②"皮肉溃烂，疼痛号泣，艰于步履，忍受终身之苦厄"。③缠足不仅害人生理，而且违背人性，"观缠足之时，紧扎呼痛，母即酷打其女，强使之痛楚难堪，旁观之人，每为伤心，其父母反铁石心肠，绝无恻隐。呜呼！残忍若是"。④缠足实为"无故而加以荆刖之刑也"。⑤世界各国，风俗虽不同，但妇女的脚都能自由自在地走动，从未受此折磨，缠足遍地球不见于他国，唯独中国而已。

缠足不仅从身体上摧残妇女，而且对妇女精神上、智力上、心理上也是极大的伤害和麻痹。卜舫济撰写的文章《去恶俗说》里就指出了这种危害："既缠其足，必累其脑，两足纤削，终身不越闺门，亦何能仰观俯察，远瞩高瞻？讵知生人之知识，大半从见闻阅历而来，故耳目实为引进知识之门，苟因足小而不出户庭，则于一切世故，直皆懵无见闻，妇女之知识，每多浅陋，坐此弊也。夫脑既受损，必害及胆力……故妇人于凡事，每存一依傍他人之心，其胆量已消归乌有，仅剩一团柔靡之气而已。此等妇女，自外视之，则为美色，然实言之，不过男子之玩物已耳。"⑥

---

① ［德］花之安：《自西徂东·礼第十·齐家在修身》卷749（1883年7月21日），第15本，第10074页。

② 抱拙子：《劝戒缠足》，《万国公报》光绪七年十月号。

③ 同上。

④ 同上。

⑤ 《革裹足敝俗论》，《万国公报》光绪二十五年二月号。

⑥ ［美］卜舫济：《去恶俗说》，《万国公报》，光绪二十五年十一月号。

缠足不仅危害妇女，而且还严重影响后代的健康。传教士用遗传学的理论说明，妇女因缠足，身体衰弱，脑子萎缩，胆量怯弱，生下来的后代不仅身体单薄，而且智力低下，这样怎能成为有用之才？所以"今欲复兴中国，必当修葺其种类；欲善其种，必先去诸般恶俗"。①

缠足不仅违背平等自由之理，而且还直接和国家的强弱息息相关。传教士认为：哪个国家轻视妇女，蔑视妇女，其国必败，如亚洲各国就是如此；重视妇女，其国必强，如欧美各国就是如此。妇女缠足，"矫揉造作，强彼为男子赏心悦目之物"，② 从而使国家丧失了一半的人口，国怎能不弱？总之，缠足"违天意、蔑古制、招痼疾、戕生命、妨生计、废人伦和坏心术"。③ 传教士对于妇女的缠足，从不同角度多方位揭露批判，个人的、后代的，家庭的、国家的，身体的、智力的，不仅具体全面而且广泛深刻。

对于溺婴这一违背人性的恶陋之习俗，传教士们在震惊之余无不对之表示愤慨和批判。他们用残忍、野蛮、异教、非人道等词汇，似乎用再激烈的字眼来形容也不为过。不仅如此，他们还往往从精神和道德层面对溺婴进行控诉，最终将根除溺婴行为的"药方"归于基督教代表的西方文明的精神洗礼，从而劝导人们皈依主耶稣。

美归正会传教士雅裨理对溺婴批判道："一个对自己与真神的关系、自己对真神的义务全然无知，缺少自然的情感，只知道自己世俗利益的心灵，是难以抵挡杀婴的诱惑力的。它没有受到惩罚性的法律的认可，社会也不强加制止……这一行为流行在健康社会中的无知和堕落之中，特别是在金钱利益的笼罩下。"④ 德国传教士花之安则从天理与人伦观两方面展开了更为深入的批判："……竟有生女即溺杀之者，上既负天地好生之德，下并没父母慈爱之怀，害理忍心，殊堪浩叹。夫赤子何辜，甫投生而被淹杀，果上古已成风俗，人类几何不早绝也？曾亦思乎虎狼恶毒，尤知养儿，鹰鹯残暴，亦且育子。人反忍于溺女，真禽兽之不若矣。"⑤

再次，传教士提出兴办女学的主张。1877 年，上海《申报》就发表

---

① ［美］卜舫济：《去恶俗说》，《万国公报》，光绪二十五年十一月号。

② 同上。

③ 《缠足两说》，《万国公报》，光绪二十五年十一月号。

④ Chinese Repository ［J］. Vol. 12：（584）.

⑤ ［德］花之安：《自西徂东》（近代文献丛刊），上海书店出版社 2002 年版，第 78 页。

了主张兴女学的文章。同年 6 月，《益智新报》上发表了迪谨氏《劝设女学》一文，大肆赞扬教会女学堂："今我教中所设女学，择师品行端方，老成凤儒，课读勤慎，其为师者既不愧为师，而其为生者亦不愧为生也。"教会女学的创办对中国妇女意义重大："将见女才迭兴，圣道日隆，夫岂寻常之盛事，可同日语哉。"① 他呼吁妇女进教会女学学习，希望中国女学日盛。1878 年 8 月，《万国公报》上发表了《中国女学》一文，对英国、美国、德国女学堂的发展情况作了介绍："在英伦女学生可进宫读书，所得益处甚大；在美国女学生约三百万余，德国女孩八岁必入学，所读之书，一切全备。"② 文章也鼓吹在中国创办女学堂，鼓励中国女子入学受教育："女子居万民之半，男女各半，均应受学。"1895 年林乐知翻译的《基督教有益于欧洲说》也介绍了欧洲女子教育的情况："欧洲古时，女学无闻，妇教不讲，与今日东方诸国情形无异。基督教男女并重，女孩入塾读书与男孩同。泰西最华美之大学堂，即为女子读书之所。"③

（二）传教士在实践上对男女平等的倡导与示范

传教士在实践和行动上提倡男女平等，其影响绝不亚于单纯的舆论宣传。首先从 19 世纪 40 年代起，传教士就积极开展兴女学的实践活动。1844 年，英国传教士阿尔德赛夫人奉英国"东方女子教育协进会"之命在宁波创办了中国第一所教会女子学校，这也是近代中国最早设立的女子学校。1850 年，美国圣公会派传教士裨治文夫人在上海创办裨治文女塾；1851 年，美国圣公会派传教士琼司女士又在上海设立文经女塾；1853 年，天津设立了淑贞女子小学，福州设立了福州女书院；1859 年，福州设立了育英女书院；1864 年，美国传教士在北京设立了贝满女学堂；1867 年，法国传教士在上海设立经言女校（1898 年更名崇德女校）。女学堂在通商口岸及其他城市陆续开办，出现了"教会所至，女塾接轨"的局面。④ 据在华基督教会传教士 1877 年大会的记录，到该年为止，基督教在华设立

---

① ［英］迪谨氏：《劝设女学》，《益智新报》第 1 卷，1877 年 6 月。

② 《中国女学》，《万国公报》第 10 年第 500 卷。

③ ［美］林乐知：《基督教有益于欧洲说》，《万国公报》，光绪二十一年十月号。

④ 梁启超：《倡设女学堂启》，《饮冰室合集·文集》第一册第二卷，中华书局 1989 年版，第 20 页。

女日校82所，女寄宿学校29所，共招收女学生2101人。① 另据统计，到1879年止，天主教教会在江南一带建女校213所，招收女学生2719人。东正教在东北、北京也创办了一批女子学校。这些教会办的学校以小学居多，中学较少，而且至戊戌变法前尚无女子大学，仅有个别女学生入教会大学学医。此外，教会还向国外派遣了少数女留学生。②

西方传教士创办的女学中，美国基督教监理会1890年（光绪十六年）在上海创办的中西女塾最为著名。在华的美国基督教监理会因受林乐知的影响，历来重视妇女工作。从1882年起，监理会年会又决定委任蓝惠廉夫人任管理女塾及女教职工友事务一职。监理会的女传教士本来就多于其他布道会，而1882—1889年来华的16名传教士中，又有一半是女性。其中女教士海淑德因为倡立女学多有建树而深孚众望。故1892年3月，中西女塾落成后，林乐知聘请其主理学校，林的女儿林梅蕊也在校任教习。该校规制仿效中西书院。以期"由沪上推之行省，以及乎四海九洲"。③ 中西女塾对中国近代教育贡献较大，对于倡导女权，也有一定的影响。

教会女校一般开设三类课程：宗教、自然科学常识、中国传统经书。如1844年设立的宁波女塾便开设了圣经、国文、算术、缝纫、刺绣等课程。1864年创办的贝满女学堂开设的课程中，圣经是中心科目，其余有四书、女儿经、算术、地理、历史、科学初步、生物、生理学等。

教会女校发展缓慢，成效不大。但它毕竟为中国女子接受正式教育开了先河，对中国"女子无才便是德"的传统价值观和重男轻女的教育性别歧视形成了一定的冲击；它对中国女性进行了资产阶级的自由、平等、博爱等思想的灌输，推动了中国近代妇女的启蒙，产生了一定的积极影响，培养了一些妇女人才。

除了兴办女学外，西方传教士还开展了组织天足会的实践活动。1874年，伦敦传教会的牧师约翰·麦克高望会同一些在厦门的传教士，在信徒中组织了第一个"天足会"，凡不愿为女儿缠足者，均可入会；入会者要签约画押，保证履行公约。该会举办了3年，入会者达80余家。"致力于

① 陈学恂：《中国近代教育大事记》，上海教育出版社1981年版。第4—27页。

② 吕美颐、郑永福：《中国妇女运动（1840—1921）》，河南人民出版社1990年版，第38页。

③ 沈毓桂：《中西女塾记》，《匏隐庐文稿》，第91页。

废除缠足的最重要外国组织是 1895 年在上海建立的，由李德夫人（她不是传教士）任会长的天足会；此会广泛地写作和出版时文小册子，而李德夫人还作了种种努力来影响上层中国人"。① 英国李德夫人（一译立德夫人），上海天足会是她为首号召西方女传教士、女善士筹集捐款成立的。该会的宗旨为："专司劝戒缠足，著书作论，印送于世，期于家喻户晓。在会诸友，皆有同心，体救世教爱人之心，务欲提拔中华女人而造就之。先以释放其足为起点，除其终身之苦，然后进谋其教导之法。"该会规定，凡入会者，必须首先释放其家中女人之足，以后永不再裹女子之足，而且不娶缠足之女为儿媳。该会除了书面宣传外，也注重口头宣传："且常到处演说，并劝令官长出告示，绅士做榜样。"② 该会活动较多，延续时间也较长。虽然西方传教士倡导不缠足，组织天足会，主要在教徒范围内，影响有限。但客观上仍对改革缠足陋习起了推动和某种示范作用。

二　太平天国农民起义军男女平等的理论与实践

太平天国运动是中国历史上最后一次大规模农民起义，对社会产生深远影响，也给予清王朝统治者以最沉重的打击，为后来的反封建营造了良好的契机。太平天国运动对于当时我国封建社会人们传统观念的影响是不容置疑的，其中有一个侧面是体现在妇女运动上。

（一）洪秀全的男女平等观

在当时的时代背景下，太平天国运动思想领域中既有传统中国农民的革命意识，同时客观上受到西方文化思想的影响，而作为太平天国的领袖，洪秀全个人思想领域中也存在着潜意识的男女平等思想。在洪秀全最初的重要著作《原道觉世训》中阐述"皇上帝天下凡间大共之父"，洪秀全的观念中，认为在世界上存在着一个无上的精神之神，称之为"皇上帝"，这世间所有的人们均是他的子女，没有高低贵贱之分，创造一种博

---

① ［美］费正清编，中国社会科学院历史研究所编译室译：《剑桥中国晚清史（1800—1911）》上卷，中国社会科学出版社 1985 年版，第 643 页。

② 《天足会兴盛述闻》，《万国公报》，光绪三十年四月。

爱的社会环境。所以是没有性别之分的，男人和女人的关系，就相当于兄弟姊妹之间的关系，是一个大家庭的成员。产生此理论的根本任务是反清，之后建立新式的和谐社会，"天下多男人，尽是兄弟之辈，天下多女子，尽是姊妹之群。何得存此疆彼界之私，何可起尔吞我并之念？""惟愿天下凡间我们兄弟姊妹……相与作中流之底（砥）柱，相与挽已倒之狂澜"。① 在很多的理论著作中均会阐述相关的观点，主要有：《天情道理书》："兄弟姐妹，皆是同胞，共一魂爷所生，何分尔我，何分异同！"②而且洪秀全建议在太平天国的管辖范围内做到"男呼兄弟，女呼姐妹，不列尊卑，不分贵贱"。《幼学诗》中首诗为："世上多男女，朝朝夕拜同。"③

通过上面的分析可以了解，太平天国中男女平等的思想和西方世界的理论存在着很大的差异。西方平等的概念是建立在"天赋人权"以及近代资本主义发展的社会思想浪潮中的，其理论价值核心体现在社会财富的平等分配，主要是资本主义发展的内在需求。太平天国运动的平等理念主要表现在两点，首先是体现在反封建贵族强权，其次是表现在宗教思想的延伸和发展。它本质上是表现出对于权力的追求，目的不是达到男女平等的社会愿景，但是从客观上确实对封建传统的伦理道德产生深远的影响。但是也有很多人对此持反对的观点，如湘军将领张德坚"父子亦称兄弟，姑媳亦称姊妹……可谓五伦俱绝"。④ 故此，曾国藩观点："自唐虞三代以来，历世圣人，扶持名教，敦叙人伦，君臣父子，上下尊卑，秩然如冠履之不可倒置。粤匪……自其伪君伪相，下逮兵卒贱役，皆以兄弟称之，谓惟天可称父，此外凡民之父，皆兄弟也，凡民之母，皆姊妹也……举中国数千年礼义人伦，诗书典则，一旦扫地荡尽。"⑤

（二）太平天国男女平等的实践

太平天国运动在实践过程中很大程度上实现了男女平等的社会氛围，

①　《中国近代史资料丛刊·太平天国》（一），神州国光社 1953 年版，第 92 页。

②　《紫萃馆诗抄》，《太平天国史料丛编简辑》第 6 册，中华书局 1963 年版，第 393 页。

③　《幼学诗》，《中国近代史资料丛刊·太平天国》（一），神州国光社 1953 年版，第 231页。

④　《贼情汇纂》卷 11，台北文海出版社，第 894 页；又参见郦纯《太平天国制度初探》，第 201—202 页。

⑤　曾国藩：《讨粤匪檄》，《曾文正公全集·文集》卷 3。

主要的表现为从以下六点进行分析。

1. 男女分田平等

在太平运动初期，1853 年颁发的政治纲领《天朝田亩制度》里明确地规定"凡分田照人口，不论男妇"①，即在土地分配权上男女享有平等的地位。对于土地分配的条件只有一个，即为年满 16 岁太平天国管辖内的子民。这也是男女经济平等的重要体现。

2. 设立女营和女馆，允许妇女参军

纵观中国古代史，军人清一色均是男子，不仅是因为实际作战的需要，同时也有道德上的规范。传统的儒家道德理论对女性的约束极大，所以，女人是不允许当兵的。而太平天国打破这一传统。从最初的金田起义到后来的南京作战，均有女军的身影。女兵被安排在女营之中，共创立 40 个军，按照前后左右中进行分配，每个为 8 军，每个军有一个最高指挥官，称之为帅，并设有 25 个卒长，每个卒长带领 4 个两司马，每个两司马管理 25 个女兵，和现在的兵制相似。女军主要负责作战和后勤工作。天王的诏令总是将女兵、女将与男兵、男将并列，"通军大小男女兵将"，"通军男将女将"，"男将女将尽持刀……同心放胆同杀妖"。② 从客观的角度可以了解到女兵战斗力不俗，并且过着统一化军旅生活，25 个女兵为一个集体。并负责日常性的生产，深入到种地的各个环节。在管理大城市武昌以及南京时，采用的是男馆、女馆分管的制度。通过女营、女馆的建立，女性的社会价值被重新发掘出来，渐渐地被社会所认同。从实际的情况证明了女性的巨大能量和内在动力，这种方式是展示女性价值的最佳途径，进而能够体现出男女平等的道德观念。

3. 建立女官制度、开女特科

纵观我国封建社会发展历程，以汉儒思想的确立标志着中国男女地位的悬殊性。只有在唐朝前中期思想的开放，可以在某种程度上缓解男女社会地位不平等的现象。而封建王朝为了自身政治统治的需求，强加男权的无上权威，这种思想上的作用日益深远地影响着人们的道德文化观念，并且从政治层面加以限制和束缚，譬如女子不能参加科举，不设立女官。历

---

① 《天朝田亩制度》，《中国近代史资料丛刊·太平天国》（一），神州国光社 1953 年版，第 321 页。

② 《天命诏旨书》，《中国近代史资料丛刊·太平天国》（一），神州国光社 1953 年版，第 68 页。

史上曾经有女性官职，但是不具备行政形式的权力，基本上是管理后宫事物，女官即为嫔妃。而太平天国的政治制度中，一视同仁，女人可享有同样的官职待遇，并且制定完整的女官制度，这是一次封建官职革新中的历史性飞跃。太平天国女官的类型分为三种，分别是朝内女官、军中女官以及职同女官。朝内女官的职位集中在王府中，包括丞相、军师、将军、指挥以及检点（类似于都察院）。军中女官是军队中的职务，主要负责作战、后勤工作，职位分别是殿前女绣锦指挥、女绣锦总制、女绣锦将军以及女绣锦监军。据相关史料研究成果表明，有记载的明确官职女官数量多达6584人以上。① 虽然从官职任免角度分析，最高层领导机构中没有女官的身影。但是如此详细地划分女官的职务，并且在实际操作过程中确实发挥了独特的效果，单凭这一点，就足以表明其女性地位得到了实质性的提升，这是包括清朝在内的所有封建王朝无法比拟的。

　　太平天国在1853年定都南京之后，开展科举制度选拔人才，特地设有女科。从隋文帝开创科举制度的千年封建历史中，没有任何一个朝代开设女科。这是中国历史上科举制度的一次伟大创举。东王杨秀清用军令使女将领参加考试，"令女百长逐馆搜查，凡识字女人，概令考试"。② 如果选拔出女性的人才，则可以去各王府内任命"内簿书"，其中有一位女状元傅善祥为东王杨秀清的"内簿书"，李汝珍在《镜花缘》的梦想终于在此时实现了。

　　4. 男女教育平等

　　平等的概念也体现在教育的领域。中国自古以来崇尚读书，之后走向仕途道路，所以《天朝田亩制度》规定，无论男童或者女童，每天均可以去指定场所学习《真（天）命诏旨书》。"凡礼拜日，伍长各率男妇至礼拜堂，分别男行女行，听讲道理"。③ 这种宗教知识的普及，既是政治需求，同时有客观的现实必要。英国人呤唎认为："太平天国尊重妇女地位，认为妇女为男子的伴侣，在教育上她们受到了同等的注意，在宗教上她们受到了谆谆的教诲，在宗教礼拜中她们也享有适当的位置。"④

---

　　① 《贼情汇纂》卷12，台北文海出版社，第899—900页；又参见郦纯《太平天国制度初探》，第201—202页。

　　② 汪望：《盾鼻随闻录》卷5，《中国近代史资料丛刊·太平天国》（四），第397页。

　　③ 《中国近代史资料丛刊·太平天国》（一），神州国光社1953年版，第326页。

　　④ ［英］呤唎：《太平天国革命亲历记》上册，上海古籍出版社1985年版，第233页。

5. 改革传统婚姻制度，主张结婚自由、一夫一妻和改嫁

中国封建社会中儒家伦理道德影响非常深远，经过不断的发展演变，使各方面的道德束缚性更加强烈。不允许自由恋爱，父母包办婚姻。太平天国运动因为要反封建，所以也潜移默化地体现在此方面，虽然并未完全打破这一观念，但是从某种程度上弱化了"父母之命，媒妁之言"。英人呤唎的著作中《太平天国革命亲历记》讲述忠王李秀成知道自己女儿喜欢上外国人埃尔后，同意其交往，并且为他们举办了隆重的婚礼，穿官服正式参加其婚礼。呤唎高度赞扬"太平天国的妇女摆脱了束缚，享有社会地位，从而他们的结婚也就成了爱情的结合。甚至当官长的女儿跟有权力的首领结亲的时候，也从未采用过强迫方式，而是使男女双方首先有各种机会互相熟识起来"。① 其中有一次外国友人宴会，真王带着女儿出席，让外国人颇为震惊，"因为这跟中国妇女深居闺中的风俗是恰恰相反的"。呤唎评价"太平天国的妇女可以自由交际，她们的地位被大大提高"。②

太平天国的政治纲领《天朝田亩制度》中阐述"凡天下婚姻不论财"，可能人们不了解它的重要作用。这个规定的出现，直接否定了封建社会存在的买卖婚姻。相较于包办婚姻，买卖婚姻对女性的摧残程度更深。太平军人的婚姻是在自愿的前提下，或者是在女方自愿的情况下才可以缔结婚姻。如果有结婚的意愿，需要由队长申报主管结婚事务的官员，经该官批准发给印有龙凤图记，注明男女姓名、年龄、籍贯等项目，盖有官印的结婚证书，婚姻才开始生效。在太平天国政权中，男女双方可自愿结婚，这比起封建包办婚姻来是一个进步。

我国封建婚姻提倡一夫多妻制，而在此过程中，男权体现出威严性，男人可以休妻，将会对女性判成社会道德死刑。而太平天国在婚姻管制的过程中，多次倡导"一夫一妇，理所当然"，③ 不建议纳妾。但是在此过程中进行得不彻底，高级将领和领导层没有限制，这是其问题存在的根源。

婚姻是综合因素共同作用的结果，无论什么形式的婚姻，其婚礼的举

---

① ［英］呤唎：《太平天国革命亲历记》上册，上海古籍出版社 1985 年版，第 253 页。

② 同上书，第 185—186 页。

③ 《太平天国起义调查报告》，第 224、225 页。

办是重点的关键因素。太平天国政权对于婚礼举办也提出新的要求，进行相应的改革，"男女从未谋面即行结婚的旧俗，选择吉日的迷信，以及致送聘金等等全被革除净尽"。① 只要"祭告天父上主皇上帝"就完成婚礼的主要内容，一切从简，进而将"一切旧时歪例尽除"。

与结婚相对应的是离婚，在此，太平天国强制不许离婚，但是允许寡妇改嫁。对此，吟唎书中写道："太平天国和清政府相反，婚姻一旦缔结之后就永远不能解除，因此，中国所常有的任意出妻鬻妻的风俗或英国离婚法庭所常有的任意离异的风俗，在太平天国则是不被准许的。"② 之前的封建社会只有男人"出妻"，但是不允许女人"休夫"。太平天国禁止"出妻"，其本身是对女性的一种保护，也是反封建"从一而终"的社会道德约束。吟唎认为这和中国传统文化差异很大："我曾见到一些妇女一听到她们的丈夫被'满妖'所杀的消息，就立刻跑到街上去找新的丈夫。""因为中国妇女扇干了丈夫的坟土以后再醮，才是合于礼节的，才是可以获得谅解的"。③ 可见，其对中国传统道德的冲击。

6. 革除各种残害、歧视妇女的陋俗

从历史的角度分析，封建文化是有好的一面，但是不可否认其中出现了很多文化层次上以及道德领域中的陋习。太平天国对传统陋习也是采取相应的措施予以解决。主要表现在禁娼妓、禁缠足、禁买卖奴婢、禁民人纳妾等。这和太平天国势力发展有着密切的联系，当太平军攻克湖北之后，妇女的人数突增，遂"悉迫令解足"。④ 当定都天京之后，太平女军的数量激增至十几万人，所以考虑其重要的作用，太平天国政权颁布法令，强制执行放足的政策，曾有相关的法令"妇女不准缠足，违者斩首"，⑤"令女馆妇女悉去脚缠"。有相关文献记载，"夜间女百长逐一查看，有未去脚缠者，轻则责打，重则斩脚"。⑥ 使江苏江西一带的女性不再缠足。吟唎感叹"妇女摆脱了缠足的恶俗，男子摆脱了剃发垂辫的奴隶标记，这是太平天国最显著、最富有特色的两大改革，使他们的外貌大

① ［英］吟唎：《太平天国革命亲历记》上册，上海古籍出版社1985年版，第253页。
② 同上书，第240页。
③ 同上书，第241页。
④ 《贼情汇纂》卷3，台北文海出版社，（一），第319页。
⑤ 《中国近代史资料丛刊·太平天国》（三），神州国光社1953年版，第316页。
⑥ 汪堃：《盾鼻随闻录》卷5，《中国近代史资料丛刊·太平天国》（四），第395页。

为改善"。太平天国女性不缠足和清朝的缠足政策相比较,"外貌显出了巨大的区别,并表现了巨大的改进"。①

我国的娼妓现象有悠久的历史,在春秋时代就有其雏形,主要体现在两个方面,首先是政府筹资行为,其次是对多妻制的一种补充方式。太平天国定都天京后规定:"娼妓最宜禁绝也……一夫一妇,理之当然。倘有习于邪行,官兵民人私行宿娼,不遵条规,当娼者,合家剿洗,邻右擒送者有赏,知情故纵者,一体治罪,明知故犯者,斩首不留。"② 并补充规定,"妇女或结婚成为家庭一员,或入姊妹馆,而不准单身妇女有其他生活方式"。③ 进而从政策层面上保障女性的合法权益。呤唎认为"在太平天国所有城市中,娼妓是完全绝迹的"。④ 当时社会知识分子也认为"莫道桑间旧染渐,烟花禁令却森严"。⑤

在传统的封建社会中,生活在最底层的人们,往往有时因为生活的极度贫困潦倒,为谋生计,会出卖自己的女儿当富人或者有权势人家的奴隶或者作妾,生活状况自然是可想而知。但是太平天国政府颁布法令"可恶可恨的奴隶制度,天朝完全废止之。偶犯者,不论男女,皆斩无赦。是故废除此制度之法令致为有效"。⑥ "这个禁令是严厉执行的,违者不论男女一概斩首论处"。呤唎也认为"对于或多或少都是奴隶的妇女来说,这样一种重大的革新措施,就是完全必要的"。"太平天国是严厉取缔这类事件(指买卖妇女——引者)的,如果没有外国人的干涉,他们就可以教导全国人民唾弃这类事件了"。⑦

太平天国对妇女权益的解放不仅是在政策上,并且进行深入贯彻,使太平天国领域中妇女展现出别样的风貌。呤唎对此深有体会:"太平天国妇女的社会地位大大地超越了她们的姊妹,那些束缚在清朝的家庭制度中的妇女的社会地位,这是太平天国的辉煌标志之一。""据我看来,太平天国社会制度中最值得称赞的就是妇女地位的改善,她们已经由亚洲国家

---

① [英]呤唎:《太平天国革命亲历记》上册,上海古籍出版社 1985 年版,第 240 页。

② 《中国近代史资料丛刊·太平天国》(三),神州国光社 1953 年版,第 225 页。

③ [英]呤唎:《太平天国革命亲历记》上册,上海古籍出版社 1985 年版,第 240 页。

④ 同上书,第 241 页。

⑤ 《太平天国资料汇编》(一),序言第 6 页。

⑥ 简又文:《太平天国典制通考》,香港简氏猛进书屋 1958 年版,第 1192 页。

⑦ [英]呤唎:《太平天国革命亲历记》上册,上海古籍出版社 1985 年版,第 242 页。

妇女所处的卑贱地位提高到文明国家妇女所处的地位了。太平天国革除了两千年来妇女所受到的被愚昧和被玩弄的待遇，充分地证明了他们的道德品质的进步性"。就连敌对的清军也承认"战时俘虏的许多太平天国妇女非常美丽，和清朝妇女适成鲜明的对照"。①

1861年春天，外国传教士缪维廉在天京暂居一个月，他对此也深有体会，"我在路上行走时所见到的许多妇女，的确是一件新奇的事。她们全都穿着很好的衣服，态度庄重。许多妇女骑马，也有许多妇女步行，大多数都是天足。不少妇女停下来听我们讲道，她们的举止总是极有礼貌。这是前所未见的新现象，使我们想起了国内的生活情景。如果此次革命可以打破迄今一直遵行的妇女不出闺门的制度，那将是一件值得庆幸的事"。②

太平天国革命正是通过具有强制性的社会立法实践，推行了一系列男女平等政策，使太平天国域内的妇女在经济、教育、军事、婚姻、职业等方面获得了一定程度的解放。在实践上对传统社会性别制度形成了巨大震撼。所以在社会实践意义上，太平天国革命一系列解放妇女的举措，是开天辟地的、划时代的。

太平天国妇女运动的规模和影响之广虽然在中国历史上是空前的，在世界历史上也是罕见的，其理论、社会理想中都含有男女平等思想的胚芽，在某些具体政策上体现了一定程度的男女平等，在革命实践中确也在不少方面冲破了封建礼教的桎梏，体现了某些民主精神和平等观念。太平天国域内的妇女在一些方面获得了一定程度的解放。但是，由于农民不是新的生产力的代表，农民革命自身有着不可克服的弱点，使太平天国在冲破封建等级制、特权制的同时，又不自觉地在自己的队伍中制造了新的等级制、特权制，在施行某些解放妇女的政策的同时，又利用旧传统来束缚甚至禁锢妇女。这种不可克服的矛盾致使他们的妇女运动十分不彻底，是自发的、盲目的妇女运动，而且带有浓厚的封建色彩。

太平天国天王及其他各王以及太平军的将领，按等级实行多妻制，将大量妇女按等级加封，同时用清规戒律将受封妇女重新束缚起来，禁锢起

① ［英］呤唎：《太平天国革命亲历记》上册，上海古籍出版社1985年版，第239、240、241页。

② 同上书，第369页。

来。妇女的级位愈高愈尊，受束缚也愈严愈紧。刚刚从封建礼教禁锢的铁笼中冲出的妇女又进入太平天国领导者自己制造的木笼之中。1851 年发刊的《太平礼制》在太平军内部划分了不少等级，制定了许多清规戒律。1852 年又将"男道"、"女道"、"妇道"、"妻道" 等抛了出来。《幼学诗》提倡 "男道""乾刚严位外"，"女道""幽闲端位内"，"妻道在三从，无违尔夫主，牝鸡若司晨，自求家道苦"，"子道刑于妻，顺亲分本宜，妇言终莫听，骨肉自无离"。① 把歧视、压迫妇女的封建妇德几乎全部拾了起来。于是，妇女又成了男子的附属品。

太平天国分别男女营的制度，虽然起了维护军纪的积极作用，但它也含有封建主义的男女有别、授受不亲的毒素。《幼主诏书》中有妈别崽、姊别弟、哥别妹、嫂别叔、哥别婶、爹别媳、孙别婆、男别女等隔离男女的诗，男女之间除了夫妇之外都要隔离，母子、兄妹都不让见面。幼天王要去看看他的母亲，也只能偷着去看。这比起封建礼教的 "男女有别" 来有过之无不及。太平天国的妇女运动尽管在理论上是朦胧的，在实践上是自发的，但它的规模之大、参加人数之多、活动范围之广都是空前的，而且是后来的资产阶级改良派、革命派的妇女运动所望尘莫及的。

三　早期维新派萌发的男女平等思想

19 世纪 70—90 年代，随着民族资产阶级的产生，在中国思想界出现了一股要求广泛地学习西方，对现行经济、政治、文化进行资本主义性质改革的早期改良主义思潮。郑观应、王韬、薛福成、宋恕、马建忠、陈虬、陈炽等是这种思想的代表人物，他们被称为早期维新派。早期维新派是正在形成的新兴资产阶级利益的代表，是中国近代知识分子的先驱。尽管出身、经历各不相同，政治见解有所差异，但在时局的压迫下，他们有着共同的政治倾向，即从爱国、抗争的立场去探求救国救民的道路。他们留心西方社会上的各种事物，并与中国的传统作初步的感性的比较，在鼓吹经济、政治、文化教育改革的同时，也关注妇女问题。早期维新派中的不少人，均直接或间接从事洋务运动，接触外国人，最先感受到西方男女

---

① 《中国近代史资料丛刊·太平天国》（一），神州国光社 1953 年版，第 225 页。

平等观念。他们以"天地生人男女并重之说"为根据，抨击礼教，倡言女教，反对缠足，批判旧的婚姻制度，萌生了男女平等思想。

（一）抨击封建礼教，主张男女并重

早期维新派认为，受封建礼教毒害最深的是妇女，于是他们封建理论的基本原则"三纲"进行了揭露和批判："君臣不言义而言纲，则君可以无罪而杀其臣，而直言敢谏之风绝矣。父子不言亲而言纲，则父可以无罪而杀其子，而克谐嫉若之风绝矣。夫妇不言爱而言纲，则夫可以无罪而杀其妇，而伉俪相庄之风绝矣。"① 虽然这种批判不具体、不深入，但是他们把三纲作为一个整体进行批判，把妇女问题与整个封建制度联系起来，可以说找到了中国妇女问题的关键所在。后来资产阶级知识分子都是沿着这一思路，来批判封建伦理纲常，挖掘男女不平等的根源。

（二）反对传统性别歧视制度，主张妇女权利

1. 主张妇女受教育

与封建传统的妇女教育仅限于深居闺阁不同，早期维新派认为妇女应该和男子一样接受学校教育。他们都主张各省应广设女子学校，让女子能进入学校读书。宋恕指出："令民男女 6 岁至 13 岁皆须入学，不者罚其父母。"② 每县、乡、聚、连均置男、女校各一，经费由本县、乡、聚、连集资。毕业后女子和男子同样可以授予学士和博士学位，实行男女同等的教育。鉴于女学刚刚创办、女教师缺少的情况，宋恕又提出"女校暂许延男师"，③ 打破了"男女授受不亲"的界限。还提出男女都可以立会讲学，"许官民男女创立各种学会"。④ 郑观应建议在中国要广设女学，使女子都能进学校学习："诚能广筹经费，增设女塾，参仿西法……富者出资，贫者就学，由地方官吏命妇，岁月稽查，奖其勤而惩其惰。"⑤ 陈炽也提出类似主张，建议各省郡县就近筹捐，广增女子学校，分门别类，延

---

① 何启、胡礼垣：《新政真诠》，辽宁出版社 1994 年版，第 353 页。

② 宋恕：《六字课卑议·开化章》，载胡珠生编《宋恕集》上册，中华书局 1993 年版，第 135 页。

③ 同上书，第 136 页。

④ 同上。

⑤ 郑观应：《女教》，载夏东元编《郑观应集》上册，上海人民出版社 1982 年版，第 288 页。

聘女师，对女子进行教育。4 岁到 12 岁的女子，必须到学校读书。为了
鼓励女子上学，陈炽还建议：对于那些接受教育的妇女，要进行奖励。
"才而贤者，立法赐物，准终身佩服以旌之，贫者为择贤配以奖之"。① 使
朝野上下在兴女学方面蔚然成风，从而为"正本清源"、"久安长治"奠
定了基础。提出类似主张的还有王韬等。基于这种认识，郑观应等一些早
期维新派还参加实际教育活动。兴办女子学校是中国女子走出家门，迈向
社会的第一步。

2. 反对妇女缠足

早期维新派认为缠足首先对妇女的生命健康造成了伤害。郑观应痛斥
缠足"酷虐残忍，殆无人理"。② 它不仅残酷地摧残了妇女，"戕贼肢体，
迫束筋骸，血肉淋漓，如膺大戮，如负重疾，如觏沈灾，稚年罹剥肤之
凶，毕世婴刖足之罪。气质虚弱者，因以伤生。虽父母爱怜，而死者不可
复生，断者不可复续矣"，③ 而且又使妇女难以操劳家务，遇到水火盗贼
只能坐以待毙，无法逃生。对于妇女的这种处境，郑观应特别同情，发出
"人生不幸作女子身，更不幸而为中国女子"④ 的感叹。宋恕也认为缠足
一事伤害了妇女的生命健康："裹足一事，为汉人妇女通苦，致死者十之
一二，致伤者十之七八，非但古时所无，且又显背皇朝制度，急宜申明禁
令，以救恒沙之惨。"⑤

宋恕还分析了汉族妇女痴迷于缠足的原因，他认为原因有二：一是
"闻见之虚影，迷误其羞慕"，即汉族男女在听歌和观剧时，所闻所见到
的才女、贵女均为"三寸之足"，而蠢女、贱女都是"盈尺之足"。天长
日久，这些歌词、剧相中的虚影误导了汉族男女的审美观，以小足为美，
大足为丑，妇女相互仿效，使得缠足之风日盛。二是因为"古今之实形，
隔绝于耳目"。即由于妇女未受教育，不知道古代美女、才女皆不缠足，
历朝历代皆无缠足之令，儒墨诸教皆无缠足之训。又由于旗汉不杂处，汉
族妇女不知道旗籍命妇皆不缠足，皇太后、皇后、公主皆不缠足。另外宋

---

① 陈炽：《妇学》，载赵树贵等编《陈炽集》，中华书局 1997 年版，第 129 页。

② 郑观应：《女教》，载夏东元编《郑观应集》上册，上海人民出版社 1982 年版，第 288 页。

③ 同上。

④ 同上。

⑤ 宋恕：《六字课卑议·救惨章》，载胡珠生编《宋恕集》上册，中华书局 1993 年版，第
152 页。

恕还提出了革除缠足陋习的上下两策，上策是让女性从小与男性一样接受教育，使其明白缠足并非古训："追三代之典，师东邻之制，下教育令：令民男女六岁皆入学。"下策是在宣传方面进行正确引导和实行旗汉杂处，"整饬乐部，增立新令：嗣后演剧惟娼妓许状缠足，自非娼妓概不许状缠足，犯者重惩，剧者革"，"又请变通旗籍旧章：凡旗人之贫而愿致力于农工商者许其出外与汉民杂处，一体归州县辖治"。① 郑观应要求政府发布禁缠足的命令，一年后一律禁止，违者罪其家长，富贵者停给诰封。他还要求妇女把缠足的时间用来学习，十年以后，"则天下女子之才力聪明，岂果出男子下哉"。②

3. 反对溺杀女婴

郑观应痛斥"溺女一事，罪孽甚大"。他借文昌帝之口对这种行为进行了猛烈抨击，他说："淋淋血胞，欲语何能，母魂甫续，子命旋倾，天乎人乎？天欲生之，人欲杀之。逆天者亡，杀人者死。得不于其身而速报耶！"③ 郑观应还指出溺女婴在当时是个普遍现象，他说："溺女之风，近世各直省所在多有，相习成风，恬不为怪。……约计每年每邑溺死女孩，少则数千，多且数万。此天下古今第一痛心事。"④ 他对溺女的父母也极为愤慨，认为是"毒妇无知，丈夫不加劝戒"。⑤ 他还分析了溺女的原因："或以为生女孩太多，忿而溺之；或以为生女需乳，不利速孕，急而溺之；或婢女所生，妻不能容，迫而溺之；或偷生诚恐露丑，恶而溺之。"⑥

4. 反对传统婚姻制度，主张婚姻自主和一夫一妻制

在批判传统婚姻制度上，早期维新派有三个重点。首先，他们否定了"父母之命"、"媒妁之言"的传统婚姻观和习俗，而提倡自由婚姻。宋恕反对婚姻由父母代择，他认为，夫妇为人伦之始，若善男娶恶女，善女嫁恶男，会使彼此终身受累，而女性尤为痛苦。即使夫妻都是善良之人，如

---

① 宋恕：《六字课卑议·救惨章》，载胡珠生编《宋恕集》上册，中华书局 1993 年版，第 152 页。

② 郑观应：《女教》，载夏东元编《郑观应集》上册，上海人民出版社 1982 年版，第 288 页。

③ 郑观应：《劝戒溺女》，载夏东元编《郑观应集》上册，上海人民出版社 1982 年版，第 36 页。

④ 同上书，第 38 页。

⑤ 同上书，第 36 页。

⑥ 郑观应：《劝戒溺女》，载夏东元编《郑观应集》上册，上海人民出版社 1982 年版，第 36 页。

果性情不合，生活亦不幸福。他对这种情况非常不满，认为即使是"一衣一器、一仆一婢或必使自择焉"，而"夫妇为终身相依之人，苟两不适，永无生趣，视衣、器、仆婢何可同年语，乃至不使自择。致贤明之女每遭残虐之夫，仁孝之男恒得悍忍之妇，男或可离，女必惨死。即夫妇均善，而志趣或异，家道之苦亦难名言。耳闻目见，岂胜痛哭"！① 有鉴于此，他主张改革这种传统的婚姻制度，并提出了具体的改革方案："男女年未十六，不许家长订婚；犯者，官、绅、衿、兵俱革；平民杖一百，毁其婚书，离其男女。……及年订婚，婚书须本男女亲填甘结；如本男女不能作字，许家长或亲戚代填，令本男女画押。无两边甘结，及有甘结而无押之婚书，倘涉讼呈官，以废纸论；该家长以诬指订婚论。若家长背行代填、代押，非真出本男女者，以未及年订婚例惩治，毁书离婚。男女许自相择偶：已俩属意者，家长不得阻挠、另订；违者，许本男女状求保正、甲首反复开导。……倘因阻挠、另订而致毙其女者，该家长依未及年订婚例惩治外，发惩罪所十年。"② 宋恕所要求的婚姻自由，是折中于自由婚姻和父母婚姻之间的，还不算真正的婚姻自由，但比起封建婚姻来是一大进步。

其次，他们认为男女均有权离婚并向女性倾斜。宋恕主张重新制定"三出"、"五去"之礼，以纠正古人制定的"七出"之礼的对女性的不公平。其"三出"的内容是"舅姑不合，出；夫不合，出；前妻男女不合，出；皆由夫作主"。"五去"的前"三去"与"三出"相同，另两去是"一为妻妾不和，一为父母无子，归养"，而"五去"皆由妻妾作主。宋恕更重视和强调"五去"礼，因为"盖不设'五去礼'，则为妇女者，不幸而遇盗贼、灭伦之夫，惟有身与之俱死，名与之俱臭，斯乃数千年来第一惨政也"。③ 可见宋恕设计的"三出"、"五去"之礼，目的是使妻子与丈夫一样享有主动离婚的权利，而且明显地向女性倾斜。这不仅否定了自古以来被视为天经地义的离婚完全由男子做主的"七出"之礼，更重要的是否定了夫为妻纲这一封建伦常的基础。考虑到当时"从一而终"的封建贞节观念根深蒂固，离婚的妇女改嫁会受到极大的社会压力，宋恕

---

① 宋恕：《六字课斋津谈·政要类第九》，载《宋恕集》上册，中华书局1993年版，第74页。

② 宋恕：《六字课斋卑议·变通篇·婚嫁章第三十》，载《宋恕集》上册，中华书局1993年版，第31页。

③ 同上书，第32页。

还提议"永停旌表夫亡守志贞女、节妇，夫亡自尽烈女、妇例，并除再适妇女不行封赠例"。① 这就使得离婚的妇女易于改嫁，重新寻找自己的幸福。

最后，从男女并重的思想出发，他们主张实行一夫一妇制。王韬对封建统治阶级荒淫无耻的一夫多妻制进行了尖锐的揭露和批判。王韬引用《大学》一篇说："治国、平天下，而必本之于修身、齐家，此盖以身作则，实有见夫平治之端必自齐家始。欲家之齐，则妇惟一夫，夫惟一妇，所谓夫夫妇妇而家道正矣。天之道一阴而一阳，人之道一男而一女。"② 理虽如此，但是现实生活中自古以来中国一夫多妻制度却盛行不衰："自天子以至于士，正嫡而外，无不有陪贰。爵位愈崇，妾媵愈众。天子有则有三宫、九嫔、二十一御妻、八十一元士……极欲穷奢，不可致诘……呜呼！以此观之，几等妇女为玩好之物，其于天地生人、男女并重之说，不大相刺谬哉？"③ 这种一夫多妻制度会造成家庭失和，国家因此也不会太平，因为一男而有二女，丈夫爱憎必有所偏，"其不至于离心离德者几希矣"！④ 家庭矛盾，必自此始，一家如此，一国可知。所以要想齐家、治国、平天下，"则先自一夫一妇始"。"一夫一妇，实天之经也，地之义也。无论贫富，悉当如是"。⑤ 这种否定纳妾、一夫多妻的恶俗，主张一夫一妇制，认为这是天经地义，反映了早期维新派"男女并重"、尊重妇女的思想。

（三）把兴女学和禁缠足与国富民强联系起来

1. 妇女教育关系到国家的盛衰、关乎家庭兴旺

（1）妇女教育关系到国家的盛衰

早期维新派把谋求国家富强作为立足点，强调妇女教育的重要性和必要性。他们在分析先进国家实现富强的经验时，指出人才就是国家富强的根本所在。郑观应指出，"拘于无才便是德之俗谚，女子独不就学"，此

---

① 宋恕：《六字课斋卑议·变通篇·婚嫁章第三十》，载《宋恕集》上册，中华书局1993年版，第33页。

② 王韬：《原人》，载《弢园文录外编》，中州古籍出版社1998年版，第41页。

③ 同上。

④ 同上书，第42页。

⑤ 同上。

乃"政化之所由日衰"的症结所在。西方为何强大？就在于妇女与男子享受同等教育。他比较详细地介绍了西方国家的妇女教育情况，"泰西女学与男丁并重。人生八岁，无分男女，皆须入塾，训以读书、识字、算数等事。塾规与男塾略同"。① 妇女们可以学习各种专业，还可以入大学院深造，即使是平民妇女，也要受普及教育。女学和男学开设的课程一样，将来从事相同的职业，"国人无男女，皆可各执一业以自养，而无或能或不能之别。故女学与男学必相合"。② 郑观应指出了中国历来朝野上下不重视妇女教育的状况，并认为不讲女教是造成政治和教化日益衰落的原因之一。"世人只知男子不读书吃亏，不知妇女不读书，孤陋寡闻，吃亏更大"。③ 由于妇女不读书，不晓人情世故，不知稼穑艰难，缺乏谋生的本领，没有管理家庭的能力，整日抹牌、拜佛、看戏。丈夫和儿子在外辛辛苦苦挣的钱寄回家，全部被她们挥霍掉，为此，"憾恨致病身亡者颇多"，这是"丈夫无内助所累之明证也"。④ 如果妇女知书明理，量力而出，料理好家务，教育孩子，辅助丈夫，那么家庭就稳定，丈夫就无后顾之忧。郑观应从而得出结论："女学最盛者其国最强，不战而屈人之兵，美是也。女学次盛者，其国次盛，英、法、德、日本是也。女学衰，母教失，愚民多，智民少，如是国之所存者幸矣。"⑤ 所以，兴女学是当今救国之根本。这样，他就把妇女教育提高到事关国家安危、社稷存亡的重要地位。

陈炽也认为女学"是富国强兵之本计"。中国四万万人，妇女约居其半，女子接受教育后，就能用学到的知识相夫教子，齐家治国，"此正本清源之要术，久安长治之初基"，对于国家的富强有很大的意义。妇女若不受教育，就等于让一半人口安居饱食，无所用心，即一家论之，不仅一半为弃民，而且"夫承其弊，子效其尤，

---

① 郑观应：《女教》，载夏东元编《郑观应集》上册，上海人民出版社 1982 年版，第 287 页。

② 郑观应：《致居易斋主人论谈女学校书》，载中华全国妇女运动历史研究室编《中国妇女运动历史资料》（1840—1918），中国妇女出版社 1991 年版，第 83 页。

③ 郑观应：《复蔡毅若观察书》，载夏东元编《郑观应集》下册，上海人民出版社 1982 年版，第 201 页。

④ 同上书，第 202 页。

⑤ 郑观应：《致居易斋主人论谈女学校书》，载夏东元编《郑观应集》下册，上海人民出版社 1982 年版，第 264 页。

人心日漓，风俗日坏"，① 这样下去，永无底止。陈炽在《庸书·妇学》篇中十分欣赏西方国家重视女子教育，并认为兴办女教有利于富国强兵。他认为外国的风俗，不管女子从事何种工作，都有女学校，和男子大体相同。所以女子出嫁之后，都能相夫佐子，以治国而齐家，是富国强兵之根本也。一个国家要富强，必须人人都能靠自己生活。但中国妇女占中国四万万人口的一半，妇女不读书，不能参加生产活动，没有一个能自己养活自己，而全靠别人养活。况且如果女子"弱龄失教，习与性成，始以淫贱妖蛊为长，终以暴戾奸食为事，夫承其弊，子效其尤，人心日漓，风俗日坏，其害之中于深微隐暗之间者，永无底止也"。② 在这种情况下，中国怎么能富强呢？基于这种认识，早期维新派把妇女失教视为导致国家衰弱的重要因素之一，所以他们得出这样一个结论：要国家富强，就必须兴女学。

（2）妇女教育与子女教育密切相关

早期维新派认为，对一般平民的教育应当从孩时抓起，因而必须重视母教。在中国传统家庭里，母亲对子女的教育成长所负责任比父亲大，影响也深。郑观应认为母亲担负着培养人才的首要任务，家庭教育最关紧要，"母教之如种花莳果，灌溉栽培，先养其根本"。③ 襁褓之婴，孩提之童，亲母之日多，六七岁至十二三岁仍旧如此，衣服饮食，嬉戏步趋，都需母亲的引导。母亲失教，不知书理，其所生子女，故不知教育之法，富家子多是纨绔，贫家子鲜知礼貌。历史上有名的孟母三迁，以训其子，孟子遂成大贤。所以"母之教而善，则其子成立也易；母之教而不善，则其子之成立也难"。④ 中国的妇女，以无才是德，文字不识，大义不谙，教子无术，训女无方，只知刺绣女红，真是可悲可叹。中国如"欲富强，必须广育人才；如广育人才，必自蒙养始；蒙养之本，必自母教始；母教之本，必自学校始。推女学之源，国家之兴衰存亡系焉"！⑤ "女学校乃当

---

① 陈炽：《妇学》，载赵树贵等编《陈炽集》，中华书局1997年版，第129页。

② 同上。

③ 宋恕：《六字课斋卑议·开化章》，载胡珠生编《宋恕集》上册，中华书局1993年版，第136页。

④ 同上。

⑤ 同上。

今急务救本之始基"。① 宋恕说："人之生也得母气居多，其幼也在母侧居多，故使女人皆读书明理，则人才、风俗必有大转机。"② 可以看出，早期维新派认为母亲对子女的启蒙教育至关重要，那么母亲就不能是文盲，母亲就必须具有担负启蒙教育的能力，而要使母亲具有这种能力，就必须得让母亲先接受教育。因此，为了子女的未来也应该让妇女接受教育。

（3）女子接受教育对家庭也很有好处

早期维新派认为一方面如果女子不读书，她就不懂得三从四德，不了解人情世故，那么她就做不到上事尊长、下谐姑嫂。另一方面，如果女子不读书，她就不会料理钱财。在当时的社会，男子在外挣钱，女子在家管钱，而女子不读书就不知量入为出，反而会把钱财浪费掉。总之，这些都是"妇女自少失教，丈夫无内助所累之明证也"。因此，让女子接受教育，对家庭、对丈夫都有好处。

2. 妇女缠足是国家衰弱的根源之一

早期维新派认为妇女缠足是国家衰弱的根源之一。郑观应认为："妇女裹足，则两仪不完；两仪不完，则所生男女必柔弱；男女一柔弱，而万事隳矣！"③ 总之，缠足的流弊，"难罄形容"。④ 陈虬1892年撰《治平通议》，专门写下《弛女足》一文。文中他指出缠足不仅使妇女无法读书和参加生产劳动："泰西男女人学，故材亦相等，山乡女多大足，故可代工作。"⑤ 而且是与国家的富强紧密相联系的："渐遏其生机，乱离之秋，无异坑之死地，中国丁口约五万万，今无故自弃其半于无用，欲求争雄于泰西，其可得乎？"⑥ 他提出"严禁裹足。又设女学，以拔取其材，分等录用"⑦ 的建议，认为这是向泰西各国学习自强之道的好方法。陈虬的同

---

① 宋恕：《六字课斋卑议·开化章》，载胡珠生编《宋恕集》上册，中华书局1993年版，第136页。

② 同上。

③ 郑观应：《女教》，载夏东元主编《郑观应全集》上册，上海人民出版社1982年版，第289页。

④ 郑观应：《论裹足》，载夏东元编《郑观应全集》上册，上海人民出版社1982年版，第164页。

⑤ 陈虬：《治平通议》，载中国史学会主编《戊戌变法》第1册，国光神舟社1953年版，第228页。

⑥ 同上。

⑦ 同上。

乡、终生不渝的好友陈黻宸看到这篇文章后，写下了《书〈治平通议〉弛女足章后》一文，又进一步强调，中国"衰弱之运，祸乱之接踵，受侮于夷狄"，[①] 都是妇女缠足造成的。"一阳一阴，天之道也，顺之则和，逆之则戾。女足不弛，中国必不强，人才必不盛，白种必不可胜，升平必不可至"。[②] 陈虬虽然用的是"弛女足"，词句很温和，但却把它提高到能使国家强盛的地位。

可见，在早期维新派中有相当一批自觉或不自觉地注意到男女不平等问题。其兴女学、禁溺女、废缠足的主张，对封建社会造成了相当的冲击。这种冲击为近代男女平等思想的形成奠定了基础。但是，他们对于妇女问题的认识，尚处于感性阶段。严格来说，其思想尚不能称为男女平等思想。他们所提倡的女子教育，并不是出于女子切身利益考虑。废缠足、禁溺女的主张，是在看到西方文明和中国落后时激于民族感情时提出的，并没有看到封建专制主义礼教是缠足、溺女的根源。这种状况的出现，是和不成熟的资本主义生产状况、不成熟的阶级状况相适应的。

---

① 陈黻宸：《书〈治平通议〉弛女足章后》，载陈德溥《陈黻宸集》上，中华书局 1995 年版，第 512 页。

② 同上书，第 513 页。

第四章

戊戌维新时期女权思想的形成：
人权基础上的男女平等

甲午中日战争前后，中国面临亡国灭种的紧要关头，救亡图存、强国保种成为当务之急。资产阶级维新派奋起自救，为壮大力量，把占人口半数的妇女动员到这场挽救民族危亡的斗争之中来，他们一方面以天赋人权为武器，对封建社会从制度上、观念上以及风俗上对妇女的压迫进行了批判，力主男女平等，另一方面他们又把男女平等和国家强弱联系起来，使中国女权思想的产生带有明显的国家主义色彩。

一　以西方"天赋人权"理论为指导，批判
传统性别观念及制度，主张男女平等

（一）以西方"天赋人权"为理论武器论证男女平等

与戊戌维新以前来华传教士、太平天国起义者与早期维新派男女平等思想不同的是，戊戌维新人士开始以天赋人权武器来论证男女平等，这也可以说是女权思想形成的标志。虽然来华传教士基于传教的目的，并没有把沃斯通克拉夫特的女权著作翻译到中国来，但戊戌维新人士却和沃斯通克拉夫特一样，创造性地以人权思想为武器，尖锐地批判男性中心的社会性别制度剥夺女性权利有违人权，要求恢复妇女的各项自然权利，在中国首次从理论上向传统的社会性别制度证伪和明确提出恢复女权的要求。而且在批判时，他们还注意灵活地运用中国古代的朴素系统论——阴阳互补学说、儒家经典以及佛经对"天赋人权"学说加以中国化的诠释，加强了中国民众的接受程度，产生了近代中国初具理性色彩的男女平等的思想。

其中最著名的代表为康有为，他正是以"天赋人权"的理论武器，进而论证男女权利平等。在《大同书》中写道："人者天所生也，有是身体即有其权利，侵权者谓之侵天权，让权者谓之失天职。男与女虽异形，其为天民而共受天权一也；人之男身，既知天与人权所在而求与闻国政，亦何抑女子攘其权哉，女子亦何得听男子独擅其权而不任其天职哉！……以公共平等论，则君与民且当平，况男子之与女子乎！"① 在康有为的意识观念中，认为人的权利是天赋的，当人降生时起，他就应当享有平等的权利，包括女性。

康有为认为男女不平等也违背了自然规律。他指出：大自然中有奇偶、阴阳，也有雌雄、牝牡。男女之间的差异也像自然界的许多对立面一样，是自然形成的，男女之间没有本质上的差别，在行为举止、思维方式、品行欲求方面有同一性表现："既得为人，其聪明睿哲同，其性情气质同，其德义嗜欲同，其身首手足同，其耳目口鼻同，其能行坐执持同，其能试听语默同，其能饮食衣服同，其能游观作止同，其能执事穷理同，女子未有异于男子也，男子未有异于女子也。"② 所以男女应该平等。

谭嗣同从佛学角度进行释义，以"天赋人权"理论为立论依据，鞭笞男女不平等现象："佛书虽有'女转男身'之说，惟小乘法尔；若夫《华严》、《维摩诘》诸大经，女身自女身，无取乎转，自绝无重男轻女之意也……男女同为天地之菁英，同有无量之盛德大业"，理应"平等相均"，"故重男轻女者，至暴乱无礼之法也"。③ 谭嗣同认为人的天性之中显现出平等的自然原理，如果出现歧视或者压抑女性的行为，均是有违自然人性规律的，所以从社会各个层面进行分析，男女都应该有平等权利。

梁启超认为男女天生具备平等的权利："男女中分，人数之半，受生于天，受爱于父母，匪有异矣。"④ 从历史发展进程分析，其统治阶级均由男性组成，纵是出现女性统治者，其代表的利益也是以男性为主，所以从政治学角度分析，女性是处于弱者："男子之强悍者，相率而倡扶阳抑

---

① 康有为：《大同书》，中州古籍出版社 1988 年版，第 169 页。

② 同上书，第 166 页。

③ 谭嗣同：《仁学》，见周振甫选注《谭嗣同文选注》，中华书局出版社 1981 年版，第 115—116 页。

④ 梁启超：《戒缠足会叙》，《饮冰室合集·文集》第一册第一卷，中华书局 1989 年版，第 120 页。

阴之说，尽普天下之女子而不以同类相待。是故尘尘五洲，莽莽万古，贤哲如鲫，政教如海，无一言一事为女子计。"① 所以，他在《上海新设中国女学堂章程》中主张女子"各得其自有之权"，并规定女学堂由女子自己掌握管理权："欲复三代妇学宏规，为大开民智张本，必使妇人各得其自有之权，然后风气可开，名实相符。故堂中一切捐助创始，及提调、教习，皆用妇女为之。"②

康同薇（康有为爱女）遵循中国的阴阳古学研究，从"自然"的角度分析万物成双相辅相成的状态，以此为理论点认为众生平等。"凡物无能外阴阳者矣，光有黑白，形有方圆，质有流凝，力有吸拒，数有奇偶，物有雌雄，人有男女，未有轩轾者也。形质不同，而为道则一也"。根据我国重要古典文学著作《诗经》内容分析，其首篇《关雎》的是描述男女之间的自由恋爱，自由则体现在平等含义之中。《礼记》对夫妻生活中的相互尊重也有相应的表述。进而从孔子学说或者佛经中找寻男女平等的理论依据："孔佛之道，男女平等，孔子编诗，则首关雎，传礼则详内则，大义昭然，至可信据。"③

刘纫兰对此的观点是，从生理学角度分析确实男女有别。但是精神领域中的差异不是非常明显，故没有尊卑差异："天有日星，气有阴阳，时有春秋，理有内外，人有男女，伊古以来，未有能改者也。女之与男，形质虽殊，姿禀无异，岂容轩轾于其间哉？"④

王春林的《男女平等论》是中国近代史中最先以公开形式阐述男女平等的文章，它从中国传统的阴阳理论出发，论证男女需和谐共存："盖闻阴阳之为道也，孤阴不生，独阳不长，阴盛则阳衰，阳亢则阴竭。故燮理之首，在乎剂其平已……鸟有雌雄，兽有牝牡，人有男女，无不各具阴阳之理，既无不有相资相济之道也。"⑤ 先哲们创作的"《六经》"中未出现男女不平等的理论，所以自古男女就平等："在昔圣人作六经，于《易》顺阴阳之序，于《诗》叙室家之情，于《礼》著婚姻之义，未尝

---

① 梁启超：《戒缠足会叙》，《饮冰室合集·文集》第一册第一卷，中华书局1989年版，第120页。

② 《上海新设中国女学堂章程》，《时务报》第47册，1987年12月4日。

③ 康同薇：《女学利弊说》，《知新报》第52册，1989年5月11日。

④ 刘纫兰：《劝兴女学启》，《女学报》第4期，1898年8月20日。

⑤ 王春林：《男女平等论》，《女学报》第5期，1898年8月27日。

有所偏重也。”重男轻女是后人出于私欲造成的：“降及后世，古意寝亡，人怀私智，于是重男轻女之习成，而夫妇之道遂苦焉！”①

潘道芳以《易经》理论为研究的侧重点，以首卦中的乾、坤作为分析的内涵，从《礼记》中探讨古代男女平等理论：“中国男女并重，易经象首乾坤，夫妇礼称敌体。”②

王春林从《说文解字》中分析“妻”字的含义，认为其包含着妻子与丈夫平等之意：“许氏《说文》，纲罗古义，而曰妻，齐也；夫妻牉合也（言各以半相合也），以是观之，恶有尊卑贵贱之殊哉！”古代的男女都可自由生存，而今天的女子为习俗所困，无法自由发展：“吾闻圣王之世，人人各遂其生，暨鸟兽鱼鳖咸若。若以今日之女子，厄于今日之风俗，可以遂其生乎？”③

（二）批判男尊女卑观念，主张男女平等

1. 批判男女贡献不平等的观念，提出女子最有功于人道

人类社会是由男女两性组成的，人类社会文明的进步自然也是由男女两性共同推动的，只是在男权思想家看来，男子才是人类文明的主要缔造者，女性只不过起一些辅助的作用，男女在创造人类文明的过程中所起的作用和所占的地位存在着差异。针对这一观点，康有为进行了有理有据的批驳。

康有为认为，在早期人类社会阶段，男子对人类的生存和延续起着重大作用；女子则在“人道文明”方面，作出了远远超过男子的贡献。康有为得出如此结论的原因是：第一，根据“男主外，女主内”的社会传统，女子主要负责“室内”之事，既然女子长期负责家务，那么，与家庭生活相关的烹饪、织缝、染色、桑蚕、筑屋这些文明现象，都应该是女子的创造。第二，由于女性天性安静、细腻，而男子天性粗狂、暴躁，因此诸如文字、音乐、美术、礼制这些文明事物，是不可能出自男性之手的。第三，从历史角度来说，以野蛮武力著称的国家，例如匈奴、蒙古这些民族，虽然在军事上能够占领全国，但是在文明方面却毫无建树；而偏

---

① 王春林：《男女平等论》，《女学报》第 5 期，1898 年 8 月 27 日。
② 《女士潘道芳论中国宜创设女义学》，《中国女学集议初编》，第 36 页。
③ 王春林：《男女平等论》，《女学报》第 5 期，1898 年 8 月 27 日。

安一隅的六朝、南宋却创造出了灿烂的人类文明。

按照这个逻辑推理，以蛮力著称的男子在创造文明方面，自然要弱于比较柔弱却安静的女子。

康有为在论证完女性创造人类文明的合理性之后，指出："尝原人类得存之功，男子之力为大，而人道文明之事，借女子之功最多。"① 康有为更进一步将人类诞生以来的社会发展历程作了分析，最后得出结论："今世界进化，日趋文明，凡吾人类所享受以为安乐利赖，而大别于禽兽及野蛮者，非火化、熟食、调味、和齐之食乎，非范金、合土、编草、削木之器乎，非织麻、蚕丝、文章、五采之服乎，非堂构、樊圃之园庭、宫宝乎，非记事、计数之文字、书算乎，其尤为美术令人魂欢魄和者，非音乐、图画乎！凡此皆世化至要之需，人道至文之具，而其创始皆自女子为之，此则女子之功德孰有量哉，岂有涯哉！"② 用如此详尽的笔墨来描述女子的功劳，康有为不可谓不用心。简而言之，人类社会的饮食、器皿、被服、文字、音乐、美术等物质文明和精神文明的创造和进步，都归功于女性的智慧和勤劳。有学者在文章中指出，康有为在中国历史上第一次详细具体地揭示了女子对于人类社会的贡献。

康有为在详尽地论述了女子对于人类社会的贡献后，指出妇女在人类社会进步中发挥了不可替代的作用，得出结论"女子最有功于人道"。既然女性在人类文明的创造活动中发挥着如此巨大的作用，那么，男性对女性的压迫自然是不应该的，在文明社会尤其如此。康有为对女性在人类文明发展史上地位的大力肯定，不仅是对压迫女性的种种理论的挑战，而且是对人类文明史的一种理论新贡献：妇女以极大的作用推动了社会的进步，社会的进步促进了妇女地位的提高，妇女地位的提高又可以进一步发挥妇女更大的作用。

2. 批判男女智力不平等的观念

一些男权思想家认为女性之所以受制于男子，是因为在智力上输于男子。针对这一观点，戊戌维新人士也进行了有力批驳。

康有为从两个方面作了反驳，指出其荒谬性所在。第一，康有为指出，女性在身高体力上的劣势并不意味着女性在智力上也处于劣势。一些

---

① 康有为：《大同书》，中州古籍出版社 1988 年版，第 172 页。

② 同上书，第 175 页。

男权思想家认为女子在身高体力上不如男子，就得出结论说女子在智力上不如男子，"或谓全地女子之身皆短于男子，多或逾尺，少亦数寸，欧美女子短于男子尤多。形质之高卑，天生已定。高者自尊，卑者自贱，所谓卑高已陈，贵贱位矣，故男尊女卑，乃肖天道，非人所能强为之也"。① 对此康有为指出，虽然男女在自然的身体上有高低之分，存在着一定差异，但是这不应该成为男尊女卑的理论依据。那么，人与人之间的差别应该以什么标准来区分呢？康有为指出，人的高低贵贱，应该以才智来区分，"岂知人之尊卑，在乎才智，不在身体"。② 为了证明自己的观点，康有为列举了很多历史上著名的例子："故晏婴身不满五尺而为齐相，公孙吕身长三尺而郑相，桑维瀚身长四尺而为晋相，皆功名显于后世"。③ 康有为所列举的古代的晏婴、公孙吕等人，都是身材矮小之人，但是他们在事业上的成就，却不逊于任何高个子男子。在历史上有很多杰出人物其外形并不出众，甚至不如常人，但是他们的成就却远远地高于普通人。如果仅仅以此就断定女子不如男子，是不符合公理的。从国家民族这个角度来说，日本人比印度人的身材要矮很多，但是日本的明治维新却取得了成功，一跃成为亚洲强国；而印度却沦为英国的殖民地。"夫身有长短者，在男子中所不能免者也，而未闻以此分贵贱，何独于男女而以此辨之"，④ 既然在男人之间不用身体强弱来判定男子间高低，那么这个逻辑为什么要应用于男女之间呢？因此按照上述逻辑得出"女子不如男子"的结论显然是不合理的。因此康有为指出，用"体力的强弱"这个标准来断定女子不如男子，是站不住脚的，这一点上，康有为的见解和西方自由主义女权主义思想的观点很接近，二者都认为不能依据女性在体力上的弱小就认为女性在智力上也处于劣势。

第二，康有为对一些根据科学实验而得出的"男尊女卑"观点也作了反驳。"或谓女子脑小于男子，男子脑度大而重，女子脑度小而轻"，⑤ 这一实验结果来自日本东京大学医科所进行的解剖实验。有人根据这一实验结果，提出既然女性的脑容量低于男性，那么女性在智力上也应当是弱

---

① 康有为：《大同书》，中州古籍出版社 1988 年版，第 176 页。
② 同上。
③ 同上。
④ 同上。
⑤ 同上。

于男性的。康有为对此观点作出了尖锐的反驳批判:"然则人之贵贱,岂在脑度之高下哉!以一人之体格犹如此,况于无量女子,其才智绝伦,学识超妙,过于寻常男子殆不可道里计,此不待繁征而尽人易见也。"① 诚然,女子和男子相比,在大脑容量和体质上有一定差异,但是以此来推论女子不如男子,同样是很荒谬的。康有为先从体格方面论证,不仅是男女之间存在体质差异,就是不同男子之间也存在着高低之分,按照此逻辑,是不是身体高的男子就应该做帝王,身材矮小的男子就应该做奴隶呢。康有为再从智力这个层面反驳,虽然男子的大脑容量高于女子,是否男子的智力也高于女子呢?对此,康有为同样表示了坚决的否定,他举了李清照的例子来反驳,易安女不仅在文学领域的造诣让很多男子难以望其项背,就是在记忆力方面,也不输于男子,因此康有为指出"故即以脑度之高下而言,若李易安之过目能记,检书若某书、某卷、某页、某行不差一字,其与山僧诵法华经三年不能记忆者相去岂不远哉,山僧岂非男子,李易安岂非女子乎,岂得谓女子脑度不及男子乎?"② 康有为进一步指出,男权社会埋没了众多才智和李清照类似的女子,她们的才智不次于男子,如果给她们进一步受教育的机会,则"试核其实,又公考其才,恐女子之胜于男子者无量数,即不得界划鸿沟,剖半为数,必不止十得三四也。"③

梁启超是戊戌维新人士中批判男女智力不平等的观点最深刻的一位。其批判理论是建立在近现代的生物学、心理学等科学理论之上的。首先他从心理学层面分析认为,女性对应用学科的掌握胜于男性,男性在逻辑思维方面强于女性,即各有所长,难分优劣:"西人格致家之言曰,言算学格致等虚理,妇人恒不如男子,由此等虚理而施诸实事,以成为医学、制造等专门之业,则男子恒不如妇人。然则男女之于学,各有所长,非有轩轾。"④ 随后他又针对传统认为女性无才便是德,所以女性不需要受到社会性的教育的观点,从生物学角度进行分析,其理论是凡直立行走者无智力上的差异:"论者或疑数千年来,男子之成绝学,立大功者,方策不

① 康有为:《大同书》,中州古籍出版社 1988 年版,第 177 页。
② 同上。
③ 同上书,第 178 页。
④ 梁启超:《论女学》,《饮冰室合集·文集》第一册第一卷,中华书局 1989 年版,第 42 页。

绝，而妇人无闻焉，若是乎虽兴妇学，其所成亦仅矣。抑吾又闻生学家之言公理矣，凡含生负气之物，倒生者最愚，横生者次愚。若夫躯体峙立，首函清阳者，其聪明必不甚相远。所以生差别者，在智慧开与不开耳。"① 然后他又从历史的角度进行分析，我国在中英鸦片战争之前，粤广地区缺少优秀的汉学家，在此之后其人才丰富鼎盛；日本走向现代化发展道路时，即明治维新时期教育发展已经趋向于大众化，性别差异在弱化："昔乾嘉间，汉学彬彬于江浙，而吾粤靡一人焉。咸同以后，口马、郑手说文者如鲫矣。非粤民愚于乾嘉，而智于咸同也。日本明治以前，民智僿塞，工艺窳劣，翻然维新，遂有今日。非日人拙于曩而巧于今也。其脑筋伏而未动，其灵髓塞而未通，从而导之，机挥一拨，万线俱动矣。"② 纵观古今中外史，历史上出现过许多杰出女性，从而证明女性不比男性差："西史所载若摩哈默德之母，以伯南之女，候失勒约翰之姑，其学业成就，视男子未或让。而吾中国之女子，游学异国，成学而归者，若吾向者所闻康爱德氏，石美玉氏，虽西域耆宿，犹歆誉之。然则妇人岂生而不能学耶？"③ 曾经是中国孤儿的康爱德女士，由传教士带入美利坚合众国，接受正规高等教育，终成才女。所以他认为："不适美国，不入墨尔斯根大学就学，则至今必蚩蚩然，块块然，戠戠然与常女无异。"④ 有鉴于此，世界史上女性杰出人才辈出，但是没有被历史公正地认同。"彼妇人之数千年，莫或以学名也，未有以导之也"。⑤ 假若通过专业的培训和指导，进而充分开发女性的智力，则其有两个显著的优势将超越男性，分别是社会事务少以及无科举的束缚，所以能够营造出良好的学习氛围，进而能够取得更大的成绩。"妇人苟从事于学，有过于男子者二事：一曰少酬应之繁；二曰免考试之难。其居静，其心细，故往往有男子所不能穷之理，而妇人穷之，男子所不能创之法，而妇人创之"。⑥

　　梁启超觉得封建社会中男权统治以及男权文化是产生女性愚昧的根源所在，在日常的生活过程中，重视男士的教育培养，而压制和束缚女性的

---

① 梁启超：《论女学》，《饮冰室合集·文集》第一册第一卷，中华书局1989年版，第42页。

② 同上。

③ 同上。

④ 同上。

⑤ 同上。

⑥ 同上。

教育机会，既不培训职业技能，又不注重女性权益："去圣弥远，古义浸坠，勿道学问，惟议酒食。等此同类之体，智男而愚妇；犹是天伦之爱，戚子而膜女。悠悠千年，芸芸亿室，曾不一事生人之业，一被古圣之教。"① 封建社会统治阶级对女性的打压不仅体现在教育或者文化的层面，更是从很多更深层次进行遏制。譬如被世界公认的摧残女性现象缠足，就是其中的代表，客观上也阻碍女性的发展："宁惟不教不业而已，且又戕其肢体，蔀其耳目，黜其聪慧，绝其学业，围阂禁锢，例俗束缚，惰为游民，顽若土番。"② 由于无力向社会抗争，所以女性群体中会产生浓厚的奴性思想，进而从受害者转变成害人的帮凶："久而久之，安于臣妾，安于奴隶，习为固然，而不自知。于其中有人焉，稍稍自疑于为臣妾为奴隶之不当者，反群起而哗之。"③ 正是由于种种因素的影响，使女性的地位始终得不到男权统治社会的承认。另外，从总体的宏观角度分析，女性也适应了被奴化的生活形态，进而产生恶性循环的效应："以故数千年来之男子，无或以妇学为治天下所当有事，而数千年之妇人，益无有奋然自张其军，以提倡其同类者也。非不才也，压力使然也。"④

针对我国女性综合素质比男性差的现实，严复认为，这种差异化的表现，不是自然的体现，而是社会历史进程中统治手段作用的结果："中国妇人，每不及男子者，非其天不及，人不及也。自《烈女传》、《女诫》以来，压制妇人，待之以奴隶，防之以盗贼，责之以圣贤。"其后果是造成妇女"其愚者犷悍无知，无复人理；其明者亦徒手饱食，禁锢终身"。⑤

在当时，具有先进思想的女性对此感受良多，刘纫兰认为男性和女性虽然有生理上的差异，但是智力方面并不存在差异："女之与男，形质虽殊，姿禀无异，岂容轩轾于其间哉？"因为没有资格受到教育，所以女性的社会发展严重受阻，中国历史上著名女性屈指可数："历览二十四朝史册，上而轩顼，下而国朝，名臣名将，学士文人，代有作者，而名媛淑女则十不一获焉。岂非大不可解者乎？"对女性教育权利的剥夺，是政府性

---

① 梁启超：《论女学》，《饮冰室合集·文集》第一册第一卷，中华书局1989年版，第42页。

② 同上。

③ 同上。

④ 同上。

⑤ 严复：《论沪上创兴女学堂事》，见王栻主编《严复集》第二册，《诗文》（下），中华书局1986年版，第469页。

别歧视的重要表现，企图从思想根源对其进行深远束缚："岂其以男之近于禽兽为可耻，女之近于禽兽为不足耻乎？何其重视夫男，而薄待夫女也！嗟乎！女学之不讲也久矣。欲女子之有学问也难矣。"①

中国文化发展中，女性学者数量稀少。对此蒋畹芳认为这不是天生的差异造成的，而是因为政治的迫害以及教育权利的完全禁止引发的："吾中国人才辈出，而学问艺术之出自巾帼者绝少，岂男多智而女多愚，男尽巧而女尽拙哉？亦由于不学故耳……流俗浅见每泥于扶阳抑阴之积习，一若女不必学，即学之而亦无用者，于是普天下女子，几不知学问艺术为何事。"②

女性之所以表现出智力上的所谓差异，潘道芳认为女性教育被遏制的根源正是传统道德的影响和束缚："中国之妇，只知教女缠足，余外不过仅及刺绣女红。是以为人母者，文字不识，大义不明……孟子云：逸居而无教，则近于禽兽。今中国二万万之女子，能免于不近于禽兽者，盖亦鲜矣。""夫妇女之不智如是，岂天生若是耶？……此岂非被无才便是德一语所累哉？"③

（三）谴责传统社会性别制度剥夺女权有悖人权，主张恢复妇女权利

在《女权辩护》中，沃斯通克拉夫特主要针对卢梭所提出的女性是没有理性的人，从而妇女不能作为权利的主体的观点进行了批判，提出女性也是有理性的人，也应该作为权利的主体。和沃斯通克拉夫特不同的是，维新派以妇女被压迫的现状为批判对象，直接以天赋人权为武器，提出传统社会性别制度对妇女的压迫有悖人权。

1. 反对传统性别分工制度，主张妇女参政权

在批判传统社会性别制度剥夺妇女的参政权方面，康有为可能是最彻底的，在《大同书》中，他对这一不公平现象进行了严厉的批判：

（1）不得仕宦，是说古今中外的妇女都不能担任官职，被排斥在官场之外。"万国卿相尽是男儿，举朝职官未见女子"，④随后康有为列举了

① 刘纫兰：《劝兴女学启》，《女学报》第4期，1898年8月20日。

② 蒋畹芳：《开创女学堂论》，《女学堂张园大会诸闺秀词藻补遗》，《中国女学集议初编》，第20页。

③ 潘道芳：《论中国宜创设女义学》，《中国女学集议初编》，第36—37页。

④ 康有为：《大同书》，中州古籍出版社1988年版，第148页。

古今中外很多有才能的妇女，例如古代中国有敬姜、班昭、冼夫人、秦良玉、辛宪英、宋若宪、李易安等，外国有罗兰、苏菲娅等，她们完全可以胜任官职，治理百姓，可就是因为她们身为女子，虽然有才干但是不能成为官吏。"乃身男子也，则虽庸骏愚稚可为公卿，身女子也，则虽圣神文武不得仕宦"。[①] 原因何在？康有为认为这是一国法律所规定，长久形成风俗，习惯成自然，时间长了妇女自知得不到，不再有非分之想，就像奴隶、蝼蚁一样，自觉卑微愚贱，被摈弃在人外矣。既然被摈弃在人外，也就卑贱自安，不再讲求政事，探究文学，不再穷理蓄德以求进，结果使得"八万万之人才，聪明俊伟皆湮没郁伊以终也"。[②]

（2）不得科举，康有为认为选拔人才要注重能力，不要只注重是否男女。然而自汉唐以来，无论是通过推荐还是通过考试选拔人才，只有男子而无女人，那么，是女子不孝不贤无才吗？非也，康有为接着列举了古代妇女中贤良以及有才者，比如以孝著称的缇萦；以廉著称的柳氏母；以才能著称的邓后、班昭、谢道蕴；以贤良著称的仪法钟、郝；以诗词著称的李易安；以经学著称的宋若宪。她们和那些"举秀才不读书，举孝廉父别居"[③] 男子相比，可谓天壤之别！但是男子就是幸得男儿身，不管"逆贪愚陋"，都可以参加科举考试，而不幸的女子就是因为女儿身，虽然有德有才，都不许参加科举考试，这是何其不公平呀！这是不把女人当做人的行为，"且学校作人，凡人皆作，女子亦人也，岂鸟兽不可与同群哉！乃汉成三千，贞观万室，不闻女士得列横经，何听其落英隐秀，摈不与人相齿耶！"并且指出此举"抑人才而塞文明，其背天心而逆公理"。

（3）不得充议员，是专指欧美民主国家的妇女而言的。因为当时的清朝还是封建社会，不论男女都还没有"充议员"之权利。康有为在游历欧美以前，以为欧美资本主义国家是真正实行了男女平等的尽善尽美的乐园。当他游历加拿大时方才发现欧美各国女子"举大统领，宰相者未闻，乃至并数百之议员，不闻举一女子参预其列"。[④] 原来欧美妇女没有参政资格。于是，他"甚怪欧美日言平等而乃不平若是也"！他对欧美男子以"同形党"压制妇女感到奇怪，对欧美女子甘受男子压制也感到惊

① 康有为：《大同书》，中州古籍出版社1988年版，第149页。

② 同上书，第150页。

③ 同上书，第151页。

④ 同上。

异。他认为妇女也应该有"充议员"之权利，一是因为"夫国之有代议员者，原取诸民，一以明公共平等之义，一以选才识通达之人。夫以才识论，则数万万之女子，夫岂无人；以公共平等论，则君与民且当平，况男子之与女子乎！"① 二是因为"窃谓女之与男既同为人体，同为天民，亦同为国民。同为天民，则有天权而不可侵之；同为国民，则有民权不可攘之。女子亦同受天职而不可失，同任国职而不可让焉。凡举代议员，惟问才识，不论形体。今女子不被举者，非无人才也，盖男子自私其同形党而不举之，女子又不得为公民而无举议员之权，故女子不得为议员，遂常绝于宇宙间也"。② 剥夺女子的参政权就是"侵天界而夺人权，不公不平莫甚矣"。因而，他主张妇女有参政权，即有被选举权。

（4）不得为公民，是指当时世界各国妇女几乎全没有公民权，即选举权。"即在大地统一之世，尚有天赋人权之义，女子亦当在天民之列，平等并立，以其才选共预公议，岂况国乎！乃今各国之制，不独不得为议员，且不得为国民。上不得预选举之权，则国事无关，下不得厕公民之列，则人身有损，其义何钦？"③ 康有为认为妇女无论在纳税方面、才识方面都具有公民的资格，剥夺妇女的公民权是"不以人民待之也；女子坐听其摈，是不以人民自待也"，④ 都是违背公理的。"故天下为公之世，凡属人身，皆为公民。而有国合众，女子亦在众民之列。若行有玷缺而才不能供国事者，则无论男女皆不得为公民。否则以女子为公民可骤添国民之一半，既顺公理，又得厚力，何事背天心而夺人权哉！将欲为太平世钦，以女子为公民，太平之第一义也"。⑤

（5）不得预公事，是指中国妇女连一般的公共事务也不能参与。都邑会馆，乡曲公所等讨论修路、坛庙、水旱、饥荒、祭祀、会同等涉及众事时，人无贵贱，都应参加，但现实情况是即使是贵妇才女也不能参加，民间纠纷往往由老者进行调解，但是年老的妇女又不得参与，所以说妇女虽有才智但无法施展。而对男性来说，就连那些"妄愚乖谬"的都可参加，这是何等不公！不只中国这样，欧美发达国家也如此："岂惟中国，

---

① 康有为：《大同书》，中州古籍出版社 1988 年版，第 151 页。

② 同上。

③ 同上书，第 153 页。

④ 同上书，第 154 页。

⑤ 同上。

今欧美亦莫不皆然。凡百会所，任事皆男子，预议皆男子，贵妇才女虽得预会，陪列而已，意女子岂尽无才以任此欤，无乃积男党既多，积男权既久，尽夺而取之欤!"① 妇女"纵天地予以奇才，无复有发愤展布之日，仅为一家一姓育子女，主中馈而已，非徒抑塞人才，遏夺人权，亦暴殄天地之精英甚矣"。②

戊戌时期先进女性卢翠在其文章《女子爱国说》中积极主张妇女参与国事，她认为女子占人口一半，如果经过基础和专业教育，一样可以参与国事："中国四万万人，吾辈实占二万万，向使吾辈皆如西国女子、人人读书，人人晓普通之学，人人习专门之业，不特于一家之中，大有裨益，即一国有事，亦岂无以报效于毫末哉! 奈何为女子者，必曰吾辈不可谈国事也。"③ 她列举了中国古代及西方当代各爱国女子的种种事迹，证明女子皆"有谋国之志"，也为国家作出了巨大贡献。她利用光绪帝颁布了《明定国事诏》，主张广开言路、提倡官民上书言事的有利形势，在《女学报》上著文说："方今瓜分之局已开，国势日危，有声同叹。前月明诏特下，谕各庶民，皆得上书，夫民也者，男谓之民，女亦谓之民也。凡我同辈亦可以联名上书，直陈所见，以无负为戴高履厚之中国女子也。"她理直气壮地号召妇女们，联名上书，直陈所见，并希望都察院把她的材条摺代奏给光绪皇帝。卢翠提出了七条有关妇女权利的建议，其中最重要的是提出了妇女参政的政治要求：请求皇帝"如西国设贵妇院例，设贵妇院于颐和园，召各王公大臣命妇，一年一次，会集京师，并远聘各国女士，同入斯院，讨论女学。④ 她还请求皇上设女学部大臣，公举12 人，分任各省，广开女教，并准荐拔高等女学生及闺媛，入贵妇院授职理事。"建议皇上"举女特科，定女科甲"。⑤ 让妇女参加科举考试。中国自古以来，普通妇女不准参与政事，不能授职理事，也不准参加科举考试。除太平天国开过女科外，历代王朝都没有开过女科。在中国历史上是个创举。如果说要求设贵妇院还只是希望贵族妇女参与政事的话，那么，要求设女学部大臣，荐拔高等女学生及闺媛入贵妇院理事，则是直接要求

① 康有为：《大同书》，中州古籍出版社 1988 年版，第 155 页。

② 同上。

③ 卢翠：《女子爱国说》，《女学报》第 5 期。

④ 同上。

⑤ 同上。

新兴的资产阶级妇女参与政事。这不仅反映了在维新思潮的影响下妇女开始觉醒，同时也反映了新兴资产阶级妇女对于登上政治舞台的渴望。尽管要求妇女参政的呼声在当时是很微弱的，但它无疑具有重要的反封建意义。

2. 挑战传统性别歧视教育，主张妇女平等的教育权

（1）批判"女子无才便是德"的传统教育观念

在戊戌维新派中，梁启超对"女子无才便是德"的谬论批判最严厉，他认为愚昧无知的儒生抱守"妇人无才即是德"的謷言，不让天下女子识一字、读一书，然后女子就能贤淑有加，这实在是祸害天下的谬论，因为按照此等逻辑，穷乡僻壤的村妇，不识一字者，不下千百万，从没听说因为不识一字而比常人更贤淑，反而听说整天口舌相争，比官宦读书人家的妇女更胜一筹。之所以整天口舌相争，这是因为妇女目光短浅，胸怀狭窄，将终生精力耗费在以争强弱、计较琐事上，极易染上种种劣习。所以中国千千万万的家庭相处和睦、没有家庭矛盾的"万不得一焉"，而其发端，无不起源于婆媳妯娌这些女性之间。人们因为被家庭矛盾搅得心烦意乱而气愤时觉得妇女皆可杀。难道是妇女天性恶劣吗？非也，是因为妇女未经教化，蒙昧无知，所以彼此很难融洽相处。只有使其"知有万古，有五洲"，懂得"与夫生人所以相处之道，万国所以强弱之理"，才能使其"忧天下悯众生之不暇"，[①] 没有余力纠缠家庭琐事。而梁启超所提倡的女学，既可以拓展其心胸，又可以培养其谋生技能，一举数得，是有益于妇德而不会损害妇德的。

当时的维新女性康同薇认为不让妇女接受教育只能使世风日下，不利于女德的提升。对于妇女个人来说，不接受教育，就不知道如何修身做人，往往行事怪异。对于社会来说，不让妇女接受教育，不利于良好社会风气的形成。虽然古代社会为防社会风气的败坏采取各种措施对妇女严加防范，比如把妇女关在家里，让妇女蒙面、缠足，就像给妇女施加刑罚一样，但这一点也不能阻止世风日下，反而使人道更加苦楚，这就像防盗一样，虽然严刑峻法，但偷盗的习气却一天比一天厉害。为什么会如此？是因为没有认识到通过妇女教育来提高妇女素质这个根本原因，"譬犹止沸

---

① 梁启超：《论女学》，《饮冰室合集·文集》第一册第一卷，中华书局 1989 年版，第 42 页。

而加薪，不绝之于此，而绝之于彼，岂可得哉！"不对女子进行教育，而像防盗贼一样对妇女严加防范，那么"日望天下之贤母教其子，淑妻相其夫，孝女事其父，使家庭雍睦，闾里熙攘，仁义之风播于国，敦厚之化遍于都，人人皆修其身，齐其家，以致平治，不亦难乎？"所以要想修身齐家治国平天下，首先要兴女学，"语云：'家齐而后国治，国治而后天下平。'盖福之兴莫不本于家室，道之衰莫不始于内……今而欲为起化之渐，行道之先，必自女教始"。①

刘纫兰也对女子无才便是德的陈腐观念使女性陷于愚昧深恶痛绝："女教既失，妇学不讲，乡曲学辈，创为女子无才便是福之语。执是说也，必将尽中国二万万之女子，举陷于晦昧之途。"②

（2）主张妇女应该接受和男子一样的教育

康有为认为受教育是人人不可缺少的，因为受教育可以使人增长见识，可以使人修身养性。对于女子来说，不接受学校教育，就无法自立，"无专门之学，何以自营而养生；无普通之学，何以通力而济众；无与男子平等之学，何以成名誉而合大群，何以充职业而任师长"。③他主张"宜先设女学，章程皆与男子学校同。其女子卒业大学及专门学校者，皆得赐出身荣衔，如中国举人、进士，外国学士、博士之例，终身带之"。④

梁启超在《倡设女学堂启》里指出中国古代男女都有平等的受教育权："圣人之教，男女平等，施教劝学，匪有歧矣。"到了后世"去圣弥远，古义浸坠"，对于妇女来说"勿道学问，惟议酒食"。所以男女虽为同类，但是受教育权是不同的，"同类之体，智男而愚妇"。⑤鸦片战争后，大量传教士拥入中国，纷纷在中国兴办女学。"彼士来游，悯吾窘溺，倡建义学，求我童蒙，教会所至，女塾接轨"。⑥受其影响，再加上甲午战败，朝野都认识到了教育的重要性，纷纷议学和办学："甲午受

---

① 康同薇：《女学利弊说》，《知新报》第52册，1898年5月11日。

② 刘纫兰：《劝兴女学启》，《女学报》第4期，1898年8月20日。

③ 康有为：《大同书》，中州古籍出版社1988年版，第155—156页。

④ 同上书，第190页。

⑤ 梁启超：《倡设女学堂启》，《饮冰室合集·文集》第一册第一卷，中华书局1989年版，第20页。

⑥ 同上。

创，渐知兴学。学校之议，腾于朝庬；学堂之址，踸于都会。"① 但朝廷无论是议学还是制定有关章程，都未涉及女子。这并非人们无暇顾及此等琐事，而是因为固守扶阳抑阴的旧习惯，以致迷失了培育人才、改善种族的远大目标："然中朝大议，弗及庶媛；衿缨良规，靡逮巾帼。非日力有不逮，未遑暇此琐屑之事耶；夫亦守扶阳抑阴之旧习，昧育才善种之远图也。"② 为了纠正这一弊病，维新派已筹备在上海建立中国人自办的女子学堂，以在全国起倡导作用："同志之士，悼心斯弊，纠众程课，共襄美举，建塾海上，为天下倡。"③ 虽然明知一个女学堂对改变传统性别歧视教育是杯水车薪，难度极大；但为了扭转几千年的陋习和拯救中国两亿女子，力量虽然弱小，但梁启超决心迎难而上："区区一学，万不裨一，独掌堙河，吾亦知其难矣。然振二三千年之颓风，拯二百兆人之呼命，力虽孤微，乌可以已。"④

梁启超在《论女学》里对妇女所学内容是否包括专业技术提出了自己的看法，当时主张学习西方者都认为，西方的造船、制炮、修路、开矿等为强国而急需仿效的实用技术皆非女子所擅长，所以对女子的专业技术教育不积极："今日之攘臂奋舌，以谭强国，震惊于西人，而思长效者，则惟是船舰之雄也，枪炮之利也，铁路之速也，矿务之盛也。若此者皆非妇人所能有事也，故谋国者曰，教妇人非所急也。"⑤ 梁启超则认为，只要经过教育，女性与男性一样可以胜任各种专业技术工作，成为有用之才："农业也，工作也，医学也，商理也，格致也，律例也，教授也，男子所共能，抑亦妇人所共能也。其学焉而可以成为有用之才一也。"⑥

谭嗣同指出，美国凡是女子八岁不读书，追究其父母罪责。又制定五家连坐之法，一家不读书，五家都有罪。所以不管贫穷富裕身份地位高低，都可以读书。而且美国设立女学校，妇女也都接受学校教育。所以不管男女小儿在七八岁时，皆已知地球为圆体，月亮是地球之行星，地球为

---

① 梁启超：《倡设女学堂启》，《饮冰室合集·文集》第一册第一卷，中华书局1989年版，第20页。

② 同上。

③ 同上。

④ 同上。

⑤ 同上。

⑥ 同上。

太阳的行星，地球自转形成昼夜，地球公转而有寒暑，地球有几洲、有几国，哪国与美国亲，哪国与美国有仇，及其它们的广狭强弱，都已知道个大概。

严复特别重视女学。他认为只要是人，就应该受教育，不可因性别而异："初不知所谓学问者，即人所以异于禽兽之处。名既为人，即当学问，不以男女而异也。"① 他对当时上海创办女学堂这一新生事物大加赞扬，并立即写就《论沪上创办女学堂事》一文，认为这是中国妇女摆脱"自《列女传》、《女诫》以来，压制妇人，待之以奴隶，防之以盗贼，责之以圣贤"② 的封建礼教束缚的开始，也是一件利国利民的大好事。因为假如妇女能够接受教育，则可以赶上西方女性，减轻家累，转变不良的社会风气，能使中国转弱为强，"此后有志之女，若能努力，何患不能比迹于西人。一家无坐食之人，则家累轻；家累轻，而后人有余力以事其事。或者可以挽回颓俗，转弱为强乎？"③ 难能可贵的是，严复不仅主张妇女和男子一样，在学堂里读书，而且必须参加社会活动，向社会学习，增广见闻："虽然人之学问，非仅读书，尤宜阅世。盖读书者，阅古人之世，阅世者，即读今人之书，事本相需，不可废一。"④ 如果只读书，不参加社会活动，不见天日，不增广见闻，"则有学堂与无学堂等"。他驳斥妇女出门会越礼的谬论不合逻辑："若谓既无限制，难保无越理之事。则且无论西人，即以中国论之，大家妇女，其防闲出矣，岂绝无越礼之事乎？小家妇女，其防闲又疏矣，岂尽人皆越礼乎？则此言不足辩也。"⑤

当时的维新女性也力争妇女应该接受学校教育。康有为之女康同薇指出，男女生来是一样平等的。男人与女人，虽然形质不同，"而为人道则一也"。⑥ 既然如此，男女的智慧才能"非生而已然，则皆谓之学"。⑦ 女子也要和男子一样受同等的教育。她呼吁像男子教育一样，在全国建立包

---

① 严复：《论沪上创兴女学堂事》，见王栻主编《严复集》第二册，《诗文》（下），中华书局 1986 年版，第 468 页。

② 同上。

③ 同上书，第 469 页。

④ 同上。

⑤ 同上。

⑥ 康同薇：《女学利弊说》，《知新报》第 52 册，1898 年 5 月 11 日。

⑦ 同上。

括小学、中学和大学三个层次的女子教育体系，在乡村普遍设立小学，以使全国女子粗通礼义和日常应用文字；在县城设立女子中学，教授实用知识，并纠正陋习，以养成良好的道德；在都会则特设女子大学，使女子获得与男子平等的受高等教育权，聪明才智得到充分开发："遍立小学校于乡，使举国之女，粗知礼义，略通书札，则节目举矣。分立中学校于邑，讲求有用之学，大去邪僻之习，则道德立矣。特立大学校于会城，群其聪明智慧，广其才艺心思，务平其权，无枉其力。"① 如此，中国将涌现大批才德兼备的新女性，二亿被埋没的人才从此获得起用，千年来教男不教女的陋风被革除："则规模大立，而才德之女彬彬矣。起二万万沉埋之囚狱，革千余年无理之陋风。"② 康同薇认为女学也应像欧美那样设立与男学相近的课程内容，包括儒教、闺范、修身、教育、天文、地理、法律、家政、医学、格致、音乐、美术、女红等，而反观中国的女教，只训练女子做家务，"无非无仪，酒食是议"，③ 男性统治者像父夫唯恐其妻女之识一字，所以不让其懂得理义学问，以败闺范，导致中国妇女成了一群愚昧麻木的野蛮人，"举中国二万万之人，有目而暗，有耳而充，有脑而闭，有心而蓬，以成此不痛不痒之世界，使外国嗤为半教，视为野蛮，岂不哀哉"！④

刘纫兰认为，人不接受教育，和动物差不多："人而无教，则近于禽兽。"⑤ 她认为人人都应从小接受系统的文化和技能教育："人之有子，当授读之始，即教以诗书礼乐，以陶其性情；教以经济学问，以开其志气。"⑥ 但是纵观二十四朝史册，留名青史者大多为男性，女性则少之又少："历览二十四朝史册，上而轩颛，下而国朝，名臣名将，学士文人，代有作者，而名媛淑女，则十不一获焉。岂非大不可解者乎？"⑦ 难道让男子"近于禽兽"可耻，女子"近于禽兽"不可耻吗？这实在是重男轻女，极不公平呀！刘纫兰认为，三代以前虽史无可考，但据她推断应该女

---

① 康同薇：《女学利弊说》，《知新报》第 52 册，1898 年 5 月 11 日。

② 同上。

③ 同上。

④ 同上。

⑤ 刘纫兰：《劝兴女学启》，《女学报》第 4 期，1898 年 8 月 20 日。

⑥ 同上。

⑦ 同上。

学昌盛，只是到了后来，女学失传，"降至后世，女学失传，二千年来，遂不知女学为何物"。① 后世遂把妇女作为玩物对待，"以妇女为玩好之具，耳目之娱，铅华其面，朱丹其唇，钳穿其耳，束缚其足"。② 时间长了，妇女也迷失了自己，只知耗费金钱，梳妆打扮，计较琐碎事情，从而导致社会风气败坏："一衣之费，动盈千百，山钗之工，竟值兼金。理义不加，礼法不设，至于今日，二万万之女子，无不工颦妍笑，浓抹淡妆，随乌之髻，不绝于世，折腰之步，充牣于乡。冶容海淫，蛾眉肇祸，侮慢翁姑，侵凌夫婿，伯叔则争竞资财，姊娣则德色箕帚，一字不识，一理不晓。"③ 她对女性因失教而才智被埋没深感惋惜："女子之生，天地不能禁其智，鬼神不能斩其才，而以失教之故，自安好于玩好之具，耳目之娱，淫佚之道，娼妓之风，岂不大可惜哉！"④ 刘纫兰认为女人也是人，也应当和男子一样学习各种文理知识："至于语言文字，天文地理，算术格致等学，尤人之所当共知，而其更有不可胜言者，有数善而无一失，世之为女子者，何苦不自致于文化之域，而自甘于禽兽也哉！"⑤ 学习的具体内容以中学为主，以西学为辅："广兴女学，以群经诸史，刘氏列女传、班昭女诫、宋若莘女论语、朱子小学、吕氏闺范、陈文恭公五种遗规为主，而以新译西学诸书为辅。"⑥ 假如对以上内容"家弦户诵，彬彬翼翼"，那么就能"以兴女学，以昌国运，除二千年之积弊，复三代之旧规！岂不伟欤？"⑦

卢翠在《女子爱国说》一文中提出了让妇女接受和男子平等教育的具体建议，她认为如果经过基础和专业教育，占人口一半的妇女一样可为国家作贡献："中国四万万人，吾辈实占二万万，向使吾辈皆如西国女子、人人读书，人人晓普通之学，人人习专门之业，不特于一家之中，大有裨益，即一国有事，亦岂无以报效于毫末哉！"⑧ 如前所述，卢翠趁光

---

① 刘纫兰：《劝兴女学启》，《女学报》第4期，1898年8月20日。
② 同上。
③ 同上。
④ 同上。
⑤ 同上。
⑥ 同上。
⑦ 同上。
⑧ 卢翠：《女子爱国说》，《女学报》第5期，1898年8月27日。

绪皇帝鼓励官民上书言事之机，乘机上书，在上书中，她提了 7 条建议，其中有 4 条是关于妇女平等教育权的。首先，她提议设立由贵妇和知识女性组成的国家机构——"贵妇院"，这个贵妇院主要研究以女子教育为主的各种妇女事宜和政策："请皇太后、皇后，如西国设贵妇院例，设贵妇院于颐和园，召各王公大臣命妇，一年一次，会集京师，并远聘各国女士，同入斯院，讨论女学。兹拟十二事于下：立女塾，设女学报、植女公会、启女观书楼、劝女工，恤孤老，奖节孝，赏才艺，设女书会、立女医院、赛美会，练女子军。"① 其次，她建议让贵妇院推举 12 名妇女为女学部大臣，直接掌握教育权，到各省推广女子教育："请皇上命贵妇院，公举十二人，为女学部大臣，分任各省，广开女教。"② 再次，她提出专门开设女子特别科举考试来选拔女性人才："请皇上举女特科，定女科甲。"③ 这实际上为妇女能够进入仕途和上流社会提供了一种非常重要的途径，也是为女子教育提供了保障和激励机制。最后，她提议由皇后带头出国游历，然后选拔贵族女性中优秀者出国留学："请皇后游历地球一周，期以三年，并召选宗室之女，聪明秀美者，咨送外洋游学。"④ 可见她已不满足于在国内求学，渴望像男性一样走向世界，去学习西方的先进科学和文化。

对于女学，蒋畹芳针对当时的一种言论进行了反驳，当时有人提出，国家正处于危难之际，府库空虚，没有余力办不应急的女学，况且以前所办男学，时间长久，章程完善，但是也没培养出特别可用之材，何况女学？"今中国当危急之秋，府库空虚，变端纷起，安有余力，以创此缓不济急之女学？且向所设立之同文馆、武备、储材各学堂，年期不可为不久，章程亦不可为不善，而从未有一特出之才，为天下用。男学尚如此，而反欲望女学之必有成效，其可得乎？"⑤ 对此，蒋畹芳认为，凡事只要努力去办，不管男学女学都能办成功："然而天下事，虚浮者鲜实效，有志者必成功，无论其为男学女学，苟能实事求是，何患无成。"⑥ 况且从

---

① 卢翠：《女子爱国说》，《女学报》第 5 期，1898 年 8 月 27 日。

② 同上。

③ 同上。

④ 同上。

⑤ 蒋畹芳：《论中国创兴女学实有裨于大局》，《女学报》第 9 期，1898 年 10 月。

⑥ 同上。

西方各国来看，办女学确实能使国家富强："观泰西各国，男女并重，其女子当及岁时，皆须入塾学习，学成后亦可行事谋利。是以富强立见。"①所以，当今一定竭尽全力去办女学，只要女学办成功，国家就可转弱为强："为今之计，女学诚不可不兴，尤不可不尽心极力，以图其成。苟其有成，则国家转贫为富，转弱为强之机，虽未必尽由于此，而要亦救弊扶衰之一大关键也。"②

蒋畹芳主张女性像男性一样学习中西课程，先用经传启蒙，因材施教，使其明晓字义后再继以讲解，打好文化功底后再进行各种专业学习，如医学、算学、法学、杂学等，使其各专其一，并辅以家政教育像针黹、纺织、烹饪等，对所学课程由老师每月进行考试，奖励学习勤奋、惩罚学习懒惰者。

刘曾鑑则认为妇女应推迟到 20 岁再嫁，趁着年轻，多学一些技艺："窃亦代为远虑，拟请廿载以内诸女学生，宜遵二十而嫁之例。多做一年闺女，即可多增一分技艺。"③ 妇女一旦结婚后，就要侍奉公婆，生儿育女，操持家务，没有时间学习了："若一经作妇，舅姑之前，侍奉仪文，即不可简，操作酬应，又复难疏，浸假而儿女满前，乳哺提携，何暇更亲翰墨？"④ 假如结婚后有幸遇到识字的公婆，还可读读书；若遇到不识字的公婆，一味让你干家务，你只能顺其志，到时学问难免全部荒废："幸得依侍识字之姑嫜，解读书之况味，量才策使，庶尽所长；或遇不识字之姑嫜，仍执女子无才是德之见，委书数于不闻，唯针黹是责，为之妇者，自宜承颜顺志，专意女工，则诗书一道，全至荒废矣！"⑤ 所以女子到 20 岁后再嫁，便可使其可在学校连续学习 10 年，学成后则进退自如："余故拟兴女子二十而嫁之议，俾尽十年砥砺之功，用之则行，舍之则藏，免受读书无益之谤，免灰读书有用之心。"⑥ 这样，就可以形成良好的风气，等此辈学生做长辈时，就不会责难读书的晚辈："光阴迅速，风气全开，此辈学生，年华亦长。迨及作姑之时，以读书明礼之姑，而娶读书明礼之

---

① 蒋畹芳：《论中国创兴女学实有裨于大局》，《女学报》第 9 期，1898 年 10 月。
② 同上。
③ 刘曾鑑：《论女学塾及不缠足会未得遍行之故》，《湘报》第 101 号，1898 年 7 月 2 日。
④ 同上。
⑤ 同上。
⑥ 同上。

妇，无寻细故勃豀之患，无吝佣钱作苦之心。廿年以后，则女子遣嫁之期，师古师墨，在所不拘矣！"①

3. 批判传统婚姻家庭制度，主张妇女婚姻自主权

在中国的传统婚姻制度下，婚姻的目的是为宗族繁衍后代、继承财产，男子结婚不是个人娶妻，而是宗族娶妇，所以妇女没有婚姻自主权，而是由"父母之命，媒妁之言"来包办买卖的。这种不是以感情为基础的媒妁婚姻造成了无数嫁鸡随鸡、嫁狗随狗的婚姻悲剧。而且中国传统婚姻制度还实行一夫一妻多妾制，即实际上的多妻制。传统婚姻制度与缠足一样是中国妇女最感痛苦的压迫之一，所以戊戌维新人士对此抨击非常激烈。他们主张婚姻自主平等，一是反对包办婚姻，主张婚姻自主；二反对纳妾，主张一夫一妻；三是反对妇女片面守节、守志，赞成妇女改嫁。

（1）反对包办婚姻，主张婚姻自主

康有为认为婚姻不自主是最大的不自由，"不得自由之事，莫过于强行伴合，夫夫妇为终身之好，其道至难，少有不合，即为终身之憾，无可改悔"。② 在《大同书》一书中康氏列举了大量血泪斑斑的婚姻悲剧，对包办婚姻、幼年订婚、指腹为婚、冥婚、童养媳等，种种残害妇女的婚姻关系进行了有力的控诉和鞭挞，指出强迫婚姻造成了一幕幕悲剧，"触目可伤，削竹难尽，沈沈苦海，谁共百年，渺渺孽缘，空劳双宿。愁思遍地，怨气冲天，父母虽爱不能救，才德虽美不能补，谁造恨天，贻此咎害"！③ 既然包办婚姻造成许多人间悲剧，所以康有为认为婚姻应以爱情为主，"凡男女如系两相爱悦者，则听其自便……倘有分毫不相爱悦，即无庸相聚"。④ 他甚至主张："凡男女相悦者则立约以三月为期，期满之后，任其更与他人立约。若原人欲再立约，则须暂停三月，乃许再立。亦许其屡次立约，至于终身。其有数人同时欲合一约者，询明果系各相爱悦，则许之，或仍不许。按：此于几何公理而外增以人立之法者。然人立之法，此为最精矣。"⑤

---

① 刘曾鑑：《论女学塾及不缠足会未得遍行之故》，《湘报》第101号，1898年7月2日。

② 康有为：《大同书》，中州古籍出版社1988年版，第159页。

③ 同上书，第161页。

④ 康有为：《实理公法全书》，《康有为全集》（一），上海古籍出版社1987年版，第279页。

⑤ 同上书，第282页。

谭嗣同也对维护封建统治的专制婚姻进行了猛烈批判。在传统婚姻制度下，男女婚姻很不自由，夫妻"本非两情相愿，而强合渺不相关之人，絷之以终身，以为夫妇"。① 在结婚以后，丈夫更是凭借"夫为妻纲"学说，不把妻子当人看，虐待妻子，夫妇之间没有任何感情，家庭变成了男子对妇女施行酷刑的监狱。而且谭嗣同所说的婚姻自由，不仅包括结婚自由，还包括离婚自由，"可合可离"。他非常羡慕西方实行一夫一妻制和婚姻自主，夫妻及后代都和睦无争："（西方）夫妇则自君至民，无置妾之例，又皆出于两情相愿，故伉俪笃重，无妒争之患，其子孙亦遂无嫡庶相猜忌之患。"② 1897年9月，谭嗣同在给湖南不缠足会草拟的《湖南不缠足会嫁娶章程》就体现了婚姻自由的精神："同会虽可互通婚姻，然必须年辈相当，两家情愿方可。不得由任指一家，以同会之故，强人为婚。"③

谭嗣同还反对婚姻收聘礼，将女性作为物品买卖。在他草拟的《湖南不缠足会嫁娶章程》第五条规定："订婚之时，以媒妁婚书为凭，或略仿古奠雁之意，随意备礼物数色，无论家道如何丰富，总以简省为宜，女家不得丝毫需索聘礼。"④ 第六条规定："女家置备嫁奁亦应简省，男家尤不得以嫁奁不厚，遽存菲薄之意。"⑤

严复认为中国妇女要自立，除了放足、受教育之外，还需废除包办婚姻，实行婚姻自主："妇女之所以能自强者，必宜与以可强之权，与不得不强之势。禁缠足，立学堂固矣，然媒妁之道不变……则妇女仍无自立之日也。"⑥ 他后来曾批评主张包办婚姻者是缺乏同情心："女子嫁一丈夫，但是如何，总须安分敷衍，所谓'嫁鸡随鸡，嫁狗随狗'，严合正性，言之侃侃，此少年真丝毫不识他人痒痛者也。"⑦ 他提倡婚姻应以爱情为基

---

① 谭嗣同：《仁学》，见周振甫选注《谭嗣同文选注》，中华书局出版社1981年版，第186页。

② 同上书，第28页。

③ 《湖南不缠足会嫁娶章程》，《湘报类纂》章程，丁上，第24—25页。转引自（台湾）李又宁、张玉法编《近代中国女权运动史料》（1842—1911）（上），台北传记文学出版社1975年版，第859页。

④ 同上。

⑤ 同上。

⑥ 严复：《论沪上刨兴女学堂事》，《严复集》第二册，诗文（下），中华书局1986年版，第469页。

⑦ 严复：《严复与甥女何纫兰书》，《严复集》第三册书信，中华书局1986年版，第829页。

础，觉得西方婚姻自主是最合理的，中国人将终身大事付之碰运气式的包办近乎儿戏："泰西之俗，男女自行择配，亦为事之最善者。中国守旧之人闻之，必以为怪。然可设一事以喻之：比如有人或造一物、置一衣，使成本稍大，亦必自为审度而后可，设无别故，无他人代决之，决不关白本人者也。小事尚然，岂有伉俪之大，一与之齐，终身不改，而发端之始，乃以探筹抓阄之法行之乎？此理必不可通者也。"① 他还清醒地看到中国妇女出门交谊和自行择配虽是必然趋势，但以她们目前的素质尚不能马上实行，还需读书阅世，达到一定素质才可行："然若以我国今日之俗，即行之，则流弊亦不可胜言，何也？尝谓中国之妇人，固无自主之权者也。而中国妇人之为娼者，则未尝无自主之权。无论其平日所为也，即以择配一事观之，彼固明明自行择配矣，乃其愚者每为客所诳，而黠者则又能诳客。情伪相攻，机械百出，倏来倏去，终返故辙。使天下之妇人尽若此，则此世界不能一日居矣。是故妇女之出门晋接，与自行择配二事，实为天理之所宜，而又为将来必至之俗。而以今日之俗论之，则皆无能行之理。然则此俗又何以行乎？仍不外向所言，读书阅世二者而已。大家妇人非不知书，而所以不能与男子等者，不阅世也。娼家之女，日事宴游，而行事又若此狼藉者，不读书也。二者兼全，则知天下之变，观古今之通，有美俗而无流弊矣。"②

先进女性也极力反对包办婚姻，认为包办婚姻贻害无穷："中国婚姻一事，最为郑重，必待父母之命，媒妁之言。礼制固属谨严，然因此而贻害亦正无穷。"③ 会造成"凤鸦错配，抱恨终身；伉俪情乖，动多反目"④的悲剧。她们对西方各国的婚姻自由则心往神驰，"男女年至二十一岁，凡事皆可自主，父母之权，即不能抑制"。⑤ 无烦月老，只要两情契合，就能"永结同心"。妇女们亲身遭受封建婚姻的毒害，她们看到西方夫妻相爱相敬，亲密无间，"并肩共乘，携手同行，百年偕老，相敬如宾"⑥

---

　　① 严复：《论沪上创兴女学堂事》，《严复集》第二册，诗文（下），中华书局1986年版，第469页。

　　② 同上书，第470页。

　　③ 《贵族联姻》，《女学报》第5期，1898年8月27日。

　　④ 同上。

　　⑤ 同上。

　　⑥ 同上。

的关系，非常羡慕，从肺腑里喊出了婚姻要自由。不仅结婚自由，同时离婚也要自由，"合则留不合则去，天下之通义也"。①

（2）反对纳妾，主张一夫一妻

严复称赞："欧洲之妇女，惟无妾一事，实胜泰东。"② 在一夫多妻、妻妾盛行的社会中，男子广蓄妻妾被视为合法，妻妾成群成为身份的象征，女子多夫则视为淫乱，即使夫亡，也必须遵从"女子不事二夫"的礼教不许再嫁。严复十分同情妾在封建社会中的地位，认为妾是女人，女人也是人，"男女应并重"，对封建妻妾制陋习进行了深刻批判。这在若干年后的一件事上也得到体现。1907 年，严复任安庆高等学堂监督时，有一名叫王恺銮的学生，年方 17 岁，在考试中写了一篇《张巡论》的文章。内容为张巡 757 年与太守许远共守睢阳城，在内无粮草、外无援兵的情况下守城数月而不屈。在弹尽粮绝之际，为了激励军心，张巡竟"杀妾飨军"，这种野蛮行为竟成为了封建社会的千古"美谈"。而王恺銮则从"男女并重之道"出发，认为张巡是禽兽行径："以为野蛮行径，忍心害理，而无益于兵；并明男女并重之道，谓当无食，宜各忍饥，何得使人相食，若豺狼然。"③ 严复十分赞同王恺銮的观点，认为无端牺牲妾的性命却无补于事是十分荒谬的行为。因此当"汉文教习阅卷，百分之额只给四十，以为悖谬。吾复阅见之，大喜过望，立取其卷加批，并为改窜数语，遂成佳文，呼其人来，自赏十元，优加勉励"。

谭嗣同对古代社会男子的多妻制进行了批判："男则姬妾罗侍，纵淫无忌；女一淫即罪至死。"尤其是作为男性统治者的君主，自己实行多妻制，却"喜绝人夫妇"："尤可愤者，己则渎乱夫妇之伦，妃御多至不可计，而偏喜绝人之夫妇，如所谓割势之阉寺与幽闭之宫人，其残暴无人理，虽禽兽不逮焉。"但献媚的臣子们，却以"广嗣续"之说为君主的多妻制文过："而工于献媚者，又曲为广嗣续之说，以文其恶。"君主希望大量繁衍后代，"然则阉寺宫人之嗣续，故当殄绝之耶？……""又况天下者，天下之天下，徒广独夫民贼之嗣续，复奚为也？"

---

① 王春林：《男女平等论》，《女学报》第 5 期，1898 年 8 月 27 日。

② 严复：《论沪上刨兴女学堂事》，《严复集》第二册，诗文（下），中华书局 1986 年版，第 469 页。

③ 严复：《严复与甥女何纫兰书》，载《严复集》第三册书信，中华书局 1986 年出版，第 829 页。

　　谭嗣同和梁启超也用自己的实际行动保证不纳妾。谭嗣同与妻子李闰结婚后，一直无子女，但谭并不责怪她，发誓不纳妾，两人一直相待以诚，互相勉励，李闰在其支持下参加组织"女学会"，创办《女学报》，系有所作为的先进女性。梁启超游历美洲时，有一出色的华侨女郎对他一往情深，他亦怦然心动，最终还是理智战胜感情，与夫人李惠仙举案齐眉，共同维新。其夫人在办《女学报》方面也有所贡献。

　　（3）反对妇女片面守节、守志，赞成妇女改嫁

　　康有为反对夫死守节，室女守志："若夫天年不遂，人事之常，而节义过激，莫不守贞，茹苦终身，独居毕世，有不往守者，人议鬼责，举世不容。"① 对于未嫁守贞的行为认为"既背孔子之经，又苦生人之道"："夫夫妻之义，以胖合而定，未之成亲，未之见面，安得代守终身乎！礼于嫁，未庙见尚归葬女氏之党，况未嫁乎！身背父母，而为不识之人终身服义，既背孔子之经，又苦生人之道。而迂儒不通人道生生之理，但悦其行义之高，相与辅翼激张之以成风俗，岂不谬哉"！②

　　谭嗣同谴责宋代腐儒所倡导的从一而终的片面守贞是"瞽说"，是把家庭变成了对妇女施行酷刑峻法的监狱："于古有下堂求去者，尚不失自主之权也。自秦垂暴法，于会稽刻石，宋儒炀之，妄为'饿死事小，失节事大'之瞽说，直于室家施申韩，闺闼为岸狱；是何不幸而为妇人，乃为人申韩之，岸狱之！"③

　　严复主张寡妇再嫁，一针见血地指出不许女子再嫁是"杂以男子之私。己则不义，而责事己者以贞。己之姬媵，列屋闲居，而女子即使夫亡，虽恩不足恋，贫不足存，甚或子女亲戚皆不存，而其身犹不可以再嫁。夫曰事夫不可以贰，固也，而幽居不答，终风且暴者，又岂理之平者哉！"④ 这是很不人道、很悖情理的事。严复认为男女双方都应当受贞节观的约束，不能仅限女子而不及男子。

　　4. 抨击摧残妇女身体的陋俗，要求保护妇女的人身权

　　戊戌维新时期维新派出于天赋人权的理性认识，都对妇女抱有深厚的怜悯和同情之心，对缠足、穿耳等摧残妇女身体的陋俗批判最激烈，要求

① 康有为：《大同书》，中州古籍出版社 1988 年版，第 161 页。
② 同上书，第 161—162 页。
③ 谭嗣同：《仁学》，载周振甫选注《谭嗣同文选注》，中华书局 1981 年版，第 290 页。
④ 严复：《〈法意〉按语》，载《严复集》第四册按语，中华书局 1986 年版，第 1017 页。

保护妇女的人身权。

梁启超痛斥缠足如同极刑，残忍至极："中国缠足，其刑若斮胫……龀齿未易，已受极刑，骨节折落，皮肉溃脱，创痏充斥，脓血狼藉，呻吟弗顾，悲啼弗恤，哀求弗应，嗥号弗闻，数月之内，杖而不起，一年之内，舁而后行。"① 它"毁人肢体，溃人血肉，一以人为废疾，一以人为刑僇"，② 是对妇女人身权的侵犯。

谭嗣同遣责穿耳、缠足是摧残妇女的身体："穿耳以为饰，杀机又一也，又其甚者，遂残毁其肢体，为缠足之酷毒。"溺女更是禽兽不如："驯至积重流为溺女之习，乃忍为蜂蚁豺虎之所不为。"③

黄遵宪把刖女足等同于酷刑："不良于行，天之所废，三刖其足，古之酷刑。今国家久废肉刑，上天不闻降割，赤子何罪，横加五刑，几席之间，忽来屠伯之酷；阃房之内，竟同狱吏之尊。谓天谓地，踟蹰无所逃；呼父呼母，疾痛之弗恤。由斯而言，天理安在？"④

沈逝水也抨击缠足残害肢体，是违反自然天性的野蛮行为："圆者颅，方者趾，天下男女之所同也。受形于天，以矫揉之为，变异其天然之体，是逆物之性也。夫孰有如缠足之甚且久者乎？"⑤

唐才常怜悯缠足使女子一生遭受身体痛苦，无法体会正常人生的乐趣，是天下最不平等之事："天同覆，地同载，肢同四，官同五，而生人之乐，独不得而同之。吾之身也，幸而男子，不过数十寒暑耳！傥此数十寒暑中，肢体少赢瘠，手足少痿痹，即恨恨曰：'此数十寒暑奚为也？'彼女子自五六岁以来，已天霾日晦，无复生人之气，天下古今之至不平者，孰有过此？"⑥

康有为在 1898 年 7 月向光绪帝上奏的《请禁妇女裹足折》里对缠足

① 梁启超：《戒缠足会叙》，载《饮冰室合集·文集》第一册第一卷，中华书局 1989 年版，第 120—121 页。

② 梁启超：《论女学》，载《饮冰室合集·文集》第一册第一卷，中华书局 1989 年版，第 42 页。

③ 谭嗣同：《仁学》，载周振甫选注《谭嗣同文选注》，中华书局 1981 年版，第 115—116 页。

④ 《枭宪告示》，《湘报》第 55 号，1898 年 5 月 9 日。

⑤ 沈逝水：《不缠足会广议》，《时务报》第 50、52 册，1898 年 1 月 3 日。

⑥ 唐才常：《书洪文治戒缠足后》，载李又宁、张玉法编《近代中国女权运动史料》（1842—1911）（上），台北传记文学出版社 1975 年版，第 502—503 页。

对妇女造成的危害进行了深刻地揭露："夫肉刑之罪，中国久废，裹足之事，等于古之刖刑。女子何罪，而加刖之？童幼髫年，血气未足，月令之经方当助天慈养，而乃束带缠扰，逼令纤小；不为妇德妇学之教，而惟冶容纤趾之求。严刑酷毒，有若治盗。刀钳绳杖之交加，号哭悲呼之日作，道路见之，惨不能视，而乃以慈母为酷吏，以家庭为地狱。湖南之案，有为童养媳缠足而致命者。习俗相沿，比比皆是。苟不裹足，人皆弃之，又及其长也，富室扶壁而行，待人而动，终身安坐，同于废物，岂天生人之心哉！若其贫者，躬操井臼，登高临深，负重致远，流涕婉转，痛苦终身。至若水火盗贼之灾，不能奔走，坐致死亡者，尤不可胜数。自宋世恶俗，流今千载，害及亿兆。此诚亘古未有之酷毒，而全地球所笑之蛮俗也。"①

溺女婴这一陋习在中国封建社会广泛存在，这是对女性生命权的剥夺。造成此陋习的原因有三：一是封建社会重男轻女，认为"不孝有三，无后为大"。其"后"是指男丁，女子是不能继承列祖列宗的香火的。二是封建社会科技不发达，生产力低下，人们主要依靠繁重的体力劳动征服与改造自然，男子在繁重的体力劳动方面比女子更占优势。三是女子出嫁要有相当数量的嫁妆，给娘家父母造成沉重的经济负担，故古时视女子为"赔钱货"，许多女婴一出生便被溺死。严复深深感到女子自出生时便备受歧视，他强烈谴责骨肉之情的泯灭，把禁溺女婴、保护女性的生命权作为妇女解放的重要内容。他在《法意》按语中写道："'人道而深于财'，则虽骨肉之间其用爱常不及禽兽。夫禽兽无自杀所生者也；有之则其种早晚灭。顾以人而为之者，无他，计深于财故耳！吾乡三十年前，溺女之风最盛，则以乡里之俗，凡嫁女必为厚奁，否则，行路笑之，以为至辱。妇人计及财贿，则不如方乳而除之矣。即其爱男子也，亦常不本于天性之自然，而杂出于传授产业，食报暮年，种种鄙吝之思想。呜呼！骨肉之爱，人道最高尚者也，及杂以私，则用情之诚，不若禽兽，是不可以憬然耶。"②

————————

① 康有为：《为万寿大庆，乞复祖制，行恩惠，宽妇女裹足，以保民保国，延生气而迓天麻折》，《杰士上书汇录》，附录于黄明同、吴熙钊主编《康有为早期遗稿述评》，中山大学出版社1988年版。

② 严复：《〈法意〉按语》，见《严复集》第四册按语，中华书局1986年版，第1011页。

（四）分析男女不平等的原因

传统的马克思主义妇女观认为，男女不平等的根源在于阶级压迫制度，消除了阶级压迫，男女自然就能实现平等了。兴起于 20 世纪 60—70 年代的社会性别理论则对这一传统理论提出了挑战，认为妇女解放本质是性别革命，妇女所受的是性别压迫，其受压迫的根源是男性本位的社会性别制度。人类社会除了经济制度、政治制度、文化制度外，还存在社会性别制度。这是一种在男女之间进行权力配置，组织人类的性活动，以及规范男女性别角色的社会权力结构或机制。它广泛渗透到社会组织的各个环节，如经济、政治、意识形态、风俗习惯、家庭，通过它们来运作、维护和再生产自身。每个社会都存在一种社会性别制度，它不一定必然是不平等的。其中男性本位的社会性别制度是一种男性占绝对优势，借此控制女性的权力结构，而世界上大部分文化都是实行这种男尊女卑等级制的社会性别制度。所以男女不平等是一个社会结构性问题，根源是不平等的社会性别制度，要改变现存男女的社会差异或不平等，必须改变其赖以产生的不平等的社会性别制度和文化。

戊戌维新派还未能明确提出社会性别制度和阶级压迫制度等概念，但都已初步意识到，造成男女不平等的根源有两方面，除了封建君主制之外，还存在一种男性支配女性的权力机制，它也是两性不平等的根源之一，即性别根源。故女性所受的是一种综合性压迫，即同时受到封建君主制（封建的阶级制度）和男权性别机制的双重压迫，实际上已经开始了对社会性别制度的批判。

康有为在《大同书》中探讨了妇女受压迫的起源，指出"女为男私属"是妇女受奴役的根源。康有为根据进化论的学说，承认人类远古时代曾经有过母系制社会，"人类之初，固尚母姓，人皆以女系为传姓"。[①]他列举了非洲、美洲及欧、亚各洲一些后进民族的母系制遗风，指出远古社会君位、爵位传于女族，财产也是传给女族，男子的财产要传给姊妹的后代，因为当时的社会，婚姻极不稳定，男女任意野合，孩子难辨所生，"知有母而不知有父"。远古之人，男女平等，而且"凡生男子皆为无用"，妇女地位比较高。

---

① 康有为：《大同书》，中州古籍出版社 1988 年版，第 180 页。

　　但是妇女怎么从比较高的地位跌到比较低的地位而成了男子的压迫对象呢？康有为开始意识到男权性别机制对妇女的压迫，他说："尝原女子被抑之故，全在男子挟强凌弱之势，故以女子为奴而不为人，其继在男子专房据有之私，故以女子为一家之私人而不为一国之公民。"① 康有为认为，母系制社会过渡到父权制社会，其造端在"尚力劫制"时代，其原因有四：第一，母系制社会无父子之传，不能纠集男子以为亲，因而力量不强；第二，当时部落争乱，妇女常被人掠夺，姊妹不能相聚，无法结合而成族；第三，母系制甥舅相亲，但舅甥之爱，不如父子之情深，对保种不利；第四，人只知有母，只能得母亲一人保养，繁衍困难。人们逐渐认识到母系制对保全人类繁衍人种不利。为了保全人种，繁衍人类，就必须屈女而申男，改而行男姓，建立父权制社会。父权制建立后，妇不杂婚，子知所出，于是父子相识而男强女弱。这里，康有为完全抛开了生产力的发展，男女在生产中所处地位的改变以及私有制度出现等经济根源，也抛开了人类婚姻制度的演变，陷入了唯心论的泥潭。

　　父权制建立以后，"男子既以强力役女，又以男姓传宗，则男子遂纯为人道之主而女为其从，男子纯为人道之君而女为其臣"。② "于是女子遂全失独立之人权而纯为男子之私属，男子亦据为一人之私有而不许女子之公开"。③ 由于妇女成了男人的私产，便产生了压迫、禁锢妇女的种种不人道的暴行，便产生了"夫为妻纲"、"三从四德"等一系列歧视、压迫妇女的礼教。"以男谱相传，子姓为重，男女不别则父子不亲，既欲父子之可决定而无疑，必当严女子之防而无乱，女贞克守，则父子自真"。④ 这就要求将妇女禁锢起来，在男女间筑起"男女有别"、"授受不亲"的樊篱，强令女子守贞，如果妇女犯淫，便要受到严酷制裁，甚至处死。为了男子一身的私利，而不许女子身事他人，于是又加以"从一而终"、"烈女不事二夫"、"饿死事小，失节事大"之义，丈夫死了，也要让寡妇守节或殉夫。更有甚者，后来竟发展到让室女守志或殉未婚夫之事，更是惨无人道。

　　梁启超则指出，不平等的根源都是崇尚权力，女性作为臣民，受到来

① 康有为：《大同书》，中州古籍出版社 1988 年版，第 178 页。
② 同上书，第 182 页。
③ 同上。
④ 康有为：《大同书》，中州古籍出版社 1988 年版，第 183 页。

自封建君主专制的阶级压迫；作为女性，又受到男性中心的性别权力机制的性别压迫："不平等恶乎起？起于尚力。平等恶乎起？起于尚仁。等是人也，命之曰民，则为君者从而臣妾之，命之曰女，则为男者从而奴隶之。"① 这两种权力机制相互配合，逼妇女缠足，剥夺其受教育权、工作权和经济权，使女性在身体、思想、经济上皆不能独立，不得不服从男性的统治："臣妾、奴隶之不已，而又必封其耳目，缚其手足，冻其脑筋，塞其学问之途，绝其治生之路，使之不能不俯首帖耳于此强力者之手。"②

　　其中最为敏锐和最有力度的是一位王春林女士，她的《男女平等论》一开篇就明确揭示了中国的性别关系是不平等的男性控制女性的权力支配关系："男有权而女无权，天下之事，皆出于男子所欲为，而绝无顾忌；天下之女，一皆听命于男，而不敢与校。"她淋漓尽致地论证了这种男性中心的权力结构是通过不平等的伦理道德、法律、婚姻制度乃至穿耳缠足的风俗来运作和钳制女性的："立法以防闲之，重门以锢蔽之，而千载之女子，几不得比于人类矣！夫饮食男女，生人之大欲也。乃男可广置姬妾，而女则以再醮为耻。合则留不合则去，天下之通义也，而律文云：'夫可听其离妇，妇不得听其离夫。'七尺之躯，其抚字于父母者不异也，而夫杀妻则止杖徒；妻杀夫则必凌迟。甚至以自有之身，待人主婚，为人略卖，好恶不遂其志，生死悉听之人……然且风俗之敝，又不止于是也。凿其耳，削其足，粉黛其面首，以悦男子之目；供养服役，以适男子之意。"③ 她还深刻地洞察到，传统男性中心的性别权力机制之所以能维持至今，主要是靠剥夺妇女的受教育权，使其无法了解夫妻本是平等的道理，视男女不平等为理所当然而安于现状；并剥夺女子的工作权以及参与公共事务权，使其不得不依赖其夫："夫阳亢则阴竭，以今日之风俗，可谓亢且竭矣。然而家室犹可少安，人类不至绝灭者何也？女子生而不学，不复知敌体同尊卑之义，及长而视为当然，但使无詈骂榜笞之加，则安之若素。又且不使之治生，不使之预事，更不得不依赖其夫，而听之惟命。"④ 这里，她已经对传统社会性别权力机制的构成及运作作了一个初

───────────────

① 梁启超：《论女学》，载《饮冰室合集·文集》第一册第一卷，中华书局 1989 年版，第 42 页。

② 同上。

③ 王春林：《男女平等论》，《女学报》第 5 期，1898 年 8 月 27 日。

④ 同上。

步的描绘。

二　男女平等之目的：保国保种

甲午战争给中国人民带来了深重的灾难，随之而来的瓜分狂潮更把中国逼上了亡国灭种的边缘。在民族危机的特定历史背景下，国家和种族的强大成为首要的目的，戊戌维新派虽然基于对资产阶级"天赋人权"的理性认识和对妇女的怜悯而提出男女平等的主张，但其主要目的不是妇女自身的利益而争取男女平等的权利，而是为了调动妇女的力量来强国保种和相夫教子。

（一）民族危机下戊戌维新派保国保种的主张

1. 保国保种的提出

面对民族危机，康有为一方面上书光绪帝，积极要求变法，另一方面，为了动员更多的人起来救亡保国，康有为利用 1898 年春天各省举人再次云集京师参加会试的机会，发起组织了保国会。保国会的宗旨是保国、保种、保教，即：保国家之政权上地，保人民种类之自立，保圣教之不失。

2. 严复为保国对国民素质的强调

康梁保国、保种、保教的呼声在严复翻译《天演论》阐明了自然选择的原理后赢得了越来越广泛的响应。

（二）男女平等之目的：保国强种

1. 男女不平等有害于立国传种

在《大同书》第七章，康有为提出"抑女有害于立国传种"。因为他认为抑女（严禁出入、游观、交接、宴会）的本意是为了防淫，但适得其反，不但防不了淫，反而有害于立国传种，因为将数万万女子幽囚之，"一则令其不能广学识，二则令其无从拓心胸，三则令其不能健身体，四则令其不能资世用"。[①] 这样的女子一是对传种不利："令幽囚之人传种与

[①]　康有为：《大同书》，中州古籍出版社 1988 年版，第 188 页。

游学之人传种相比较，其必不美而败绩失据，不待言也"；① 二是不利于
教育子女："而人生童幼，全在母教；母既蠢愚不学，是使全国之民失童
幼数年之教也"；② 三是不利于国家："人之国，男女并得其用，己国多
人，仅得半数，有女子数万万而必弃之，以此而求富强，犹郤行而求及前
也"。③ 所以康有为高呼为了立国传种不得抑女："故言天理则不平，言人
道则不仁，言国势则大损，言传种则大败，而为男子之私行其防淫之制，
又不已也。有此四害、四不可，何必禁女子之交接、宴会、出人、游
观乎！"④

　　戊戌时期的先进妇女也指出，歧视妇女是导致中国在西方列强侵略面
前失败的主要原因之一。她们认为："吾中国数千年来视女子二万万，悉
为可欺之伦，玩好之物，而自弃其半，贼其类，以与泰西诸国男女并重者
斗，其不败者寡矣。"她们还把中国与西方国家对待妇女的不同态度作了
比较，认为"泰西诸国，凡格致、算学、医学等事，半出于女子，于是
为男子助。中国视为无用之物，而饮食衣服，悉仰给焉，于是为男子累。
一助一累，相去远矣"。⑤ 由此而造成了中国的贫弱，致使中国在与列强
的战争中屡遭失败。

　　2. 把兴女学和国家强弱联系起来

　　戊戌维新时期，维新派把女子失学看做国家贫弱的根源，其中梁启超
是典型代表，他在著名的《论女学》里指出："天下积弱之本，则必自妇
人不学始。""妇学实天下存亡强弱之大原也"。并淋漓尽致地论证了兴女
学对强国保种和相夫教子的四大益处：一，可以富民强国。梁认为兴女学
可培养女子的职业技能，使其不但能执业自养，免除对男子的拖累，并能
开发占半数的人力资源，使中国增加二万万劳动力和一倍的产出，达到民
富国强。他还通过对世界各国的对比，指出凡妇女教育发达的国家，女性
能求职自立，其国力就强，反之，其国力就弱。所以女子受教育与国家的
强弱息息相关："女学最盛者，其国最强，不战而屈人之兵，美是也；女
学次盛者，其国次强，英、法、德、日本是也；女学衰，母教失，无业

---

① 康有为：《大同书》，中州古籍出版社 1988 年版，第 189 页。

② 同上。

③ 同上。

④ 同上。

⑤ 狄宛迦：《狄女士书》，《女学报》第 3 期。

众，智民少，国之所存者幸矣，印度、波斯、土耳其是也。"① 二，可以相夫睦家。兴女学则能使女性"拓其心胸"，增长见识，提升素质，超越对家务琐事的个人关怀，转向对人类的终极关怀，从而使得"家庭之间"，不再"终日不安"；而"豪杰倜傥之士"，也不再被"终日引而置之床笫筐箧之侧"，而"志量局琐，才气消磨"。三，可以提高母亲的素质，有利于儿童的早期教育："母教善者，其子之成立也易；不善者，其子之成立也难……苟为人母者，通于学本，达于教法，则孩童十岁以前，于一切学问之浅理，与夫立志立身之道，皆可以初有所知矣。"② "故治天下之大本二：曰正人心、广人才。而二者之本，必自蒙养始。蒙养之本，必自母教始；母教之本，必自妇学始。故妇学实天下存亡强弱之大原也"。③ 四，可以益胎教而优生强种。他指出西方研究种族学的科学家，将胎教放在首位，寻找种种胎教方法来促进本民族优化："西人言种族之学者，以胎教为第一义，其思所以自进其种者，不一而足。"④ 各希望增强军队体质的国家，也命令女性必须做体操，以生出强壮的后代。而这正是女学堂课程的一个重要内容："而各国之所以强兵为意者，亦令国中妇人，一律习体操，以为必如是，然后所生之子，肤革充盈，精力强壮也。此亦女学堂中一大义也。"⑤

当时的先进女性也无不如此认同，番禺女士许孚就写道："女学既兴，远可保教，近可保种，强神州者宁有过耶！"⑥ 裘毓芳也认为："中国之贫弱，特生利分利之说未明，男女失学之故耳。向使中国之人，无论男女，各有谋生之学，自养之术，将见商通而国愈富，人众而财亦增，何贫弱之有？……故泰西之富，富于工，富于商，又富于女子之自能谋生也。"她憧憬着大兴女学使女子自养以及强种富国的美好前景："尚廿二行省，闻风兴起，遍开女塾，使为女子者，咸得广其学识，尽其才能，将中才者，可自谋生计，不必分男子之财，而智慧者且致力于格致、制造以

① 梁启超：《论女学》，载璩鑫圭、童富勇编《中国近代教育史资料汇编·教育思想》，上海教育出版社1997年版，第207页。
② 同上书，第203页。
③ 同上书，第204页。
④ 同上。
⑤ 同上。
⑥ 许孚：《潮州饶平县隆都前溪乡女学堂记》，《女学报》第2期，1898年8月3日。

为国家用，化二百兆聋瞽而聪明之，其必大有益于强种富国之道。"而且振兴女学"未始非挽回利权之一助也。相夫教子云乎哉"！① 即不仅可强国，也有利于相夫教子。

潘道芳强调兴女学可以将女性培养成高素质的母亲，使其能为国家培育大量人才，关系到国家之兴亡："夫国家之兴衰，系乎人才……吾谓欲救中国之衰弱，必自广中国之人才始；欲广中国之人才，必自蒙养始；蒙养之本，必自母教始；母教之本，必自女学校始。推女学校之源，国家之兴衰存亡实系焉。"②

3. 把禁缠足和国家强弱联系起来

除了兴女学外，他们还认为女子缠足也是导致国家贫弱的主要原因之一。大部分维新人士认为缠足危害最大，故对其抨击最激烈。康有为在1898年与李鸿章辩论时就痛陈缠足在体质上对民族的损伤："国家积弱，缠足未尝不是主因之一。"③ 梁启超也认为缠足"显罹楚毒之苦，阴贻种族之伤"。④ 严复一是从增强人民体质以强国的角度反对缠足。他在思考被帝国主义称为"东亚病夫"的国力民力时，指出"一国言强之效，而以其民手足体力为之基"，提倡"鼓民力"、健肢体，而当时对中国人民体质"害效最著者，莫若吸食鸦片、妇女缠足二事"。二者同为中国致弱之源："而熟知种以之弱，国以之贫，兵以之窳，胥于此焉阶之厉耶！"陋习不除，"则变法者，皆空言而已矣"。妇女只有解放了双足，而后才能操练强身，成为真正的劳动力，担负起强国富民之任，"国与国而竞为强，民与民而争为盛"。二是从强种的角度反对缠足，认为"天下之事莫大于进种"，为提高国民之"种"的质量，应从妇女入手，因为妇女的健康将直接关系下一代的身体素质，欧洲各国皆"以人种日下为忧，操练形骸，不遗余力，饮食养生之事，医学所详，日以精审，此其事不仅施之男子已也，乃至妇女，亦莫不然，盖母健而后儿肥，培其先天而种乃进也"。因此他呼吁统治者立即制定政策，废除裹足，"天子下明诏为民言

---

① 裘毓芳：《论女学堂当与男学堂并重》，《女学报》第5期，1898年9月。

② 潘道芳：《论中国宜创设女义学》，《中国女学集议初编》，第88页。

③ 据康有为女康同璧回忆，1898年康有为上《请禁妇女裹足折》后与李鸿章辩论缠足问题时讲了此话。《中国妇女》1957年第5期。

④ 梁启超：《论女学》，载璩鑫圭、童富勇编《中国近代教育史资料汇编·教育思想》，上海教育出版社1997年版，第207页。

缠足之害"，① 并建议政府规定，在诏令下达之后出生的女子若再缠足，皇帝不给封赏。

湖南士绅刘颂虞等在其著名的《恳示幼女缠足禀》中也指责"缠足者抗朝令，折肢体，国家积弱之根，世局败坏之源，古今之奇殃，天下之共愤者也"。缠足是自戕自弱，使亲痛仇快，正中异族侵略者下怀："中国四万万人，方保护之不暇，而必执我四万万人之半，束之缚之，桎之梏之，成废疾之徒，置无用之地，以求其所谓适观，所谓入时，为燕幕鱼釜之乐，而不知殊方异族，正喜其自戕自贼，自弱自毙，待时而动，如摧枯朽也。"湖南按察使黄遵宪在告示中列举了缠足的 7 条害处，其中一条便是"戕种族"："五代以后，至今千年，生明之胄，层递衰弱，岂人才之不古若欤？抑他族之独为天骄耶？非也，盖人生得半于母气，今在母先损其胎元，禀赋已薄，则躯干不伟；孱弱多疾，则志气日颓。本实先拔，无怪枝叶之凋；鱼肉自戕，若待刀砧之供。辽宋以来，此风盛行，华夏之旧，积世逾弱……反是以观，种族之戕，又奚堪设想乎？"② 两江总督张之洞当时也是不缠足运动的热心支持者，他声讨缠足的最大危害是"病于国"："尤酷者，人子之生，得父母气各半，其母既残其筋骸，瘁其血脉，行立操作，无不勉强，日损无已，所生之子女，自必脆弱多病。噫！吾华民之禀赋日薄，躯干不伟，志气颓靡，寿命多夭，远逊欧美各洲……此其可怪，殆有胜于吸洋药（烟）者矣！"③

刘颂虞等声称，禁缠足是富家富国、强种繁种的起点："夫今日之急务，必咸曰富家富国以新气象，强种繁种以固基本，而不禁缠足，终无起点之术。"因为，放足首先可使生产者和物产税收都猛增一倍，于家于国都具有极大的经济效益："古者先王之治天下也，地无余利，民无余力，今蚕桑不兴，地利荒矣！妇女失业，民力惰矣！若使舒其趾，钜其足，则执业之人，可增一倍，土产物宜，各处税务，亦增一倍，此利益之大何如也，而弃置不讲，宜其司农仰屋，计吏拊膺，既借洋款，复借华款，而终形支绌，无一富国之策也。"其次，放足有利于优生繁种："若强种繁种

---

① 严复：《原强》，载《严复集》第一册，诗文（上），中华书局 1986 年出版，第 5 页。

② 刘颂虞：《恳示禁幼女缠足禀》，《湘报类纂》公牍戊中，第 18、19 页。转引自（台湾）李又宁、张玉法编《近代中国女权运动史料》（上），台北传记文学出版社 1975 年版，第 503—504 页。

③ 张之洞：《不缠足会叙》，《知新报》第 32 册，1897 年 9 月 26 日。

之说，则实关人类之绝绩，犹可忧危之急矣！闻西人强种之法，必令妇人皆习体操，而后产子肤革充盈，精力雄健。今中国举步艰蹇，滞其血轮，故妇人多产难，生子多羸瘠，致令举国之人，潜消暗蚀，况加以贫夫难活其妻，恒多不娶，生聚失道，不堪问矣！墨子称圣王之法，丈夫年二十，毋敢不处家，女子年十五，毋敢不事人。今则民之婚配，漠不关心，故泰西人数日繁，而我国决不加增，彼众我寡，强弱自判，不早为之所，恐中国日瘠，贫夫愈多，驯致无一能活妻者，黄种之式微，不忍言其究竟矣！"①

黄遵宪对此深有共鸣，批示称赞道："今以不缠足为富国强种根本，所见尤大……今强邻环迫，种类日弱，利权日移，利源愈绌，毁天然有用之肢体，减物产固有之利权，举凡缫丝、织布、种茶、植桑，皆积衰递弱，每况愈下，势岌岌不可终日。朝廷既改设经济特科，岁举不专以时文取士，卧薪尝胆，以共图富强，则劝禁幼女缠足一事，自属当务之急。"②

三　男女平等的实现路径：大同世界和现实社会

虽然男女应该平等，那么男女平等会自动实现吗？戊戌维新派构想下两种不同的实现路径，在理想的社会——大同世界和现实世界实现方式是不同的。

（一）在大同世界里实现妇女权利

在康有为构建的大同世界里，男女应该是平等的，怎样实现男女平等呢？康有为认为"宜解禁变法，升同男子，乃合公理而宜人种"，并依据孔子《公羊》三世说，把实现男女平等分为三世："囚奴者，刑禁者，先行解放，此为据乱，禁交接、宴会、出入、游观者，解同欧美之风，是谓升平，禁仕宦、选举、议员、公民者，许依男子之例，是谓太平。"通过三世之治，可"扫除千万年女子之害，置之平等，底之大同，然后无量

---

① 《湖南士绅刘颂虞等公恳示禁幼女缠足禀》，《湘报类纂》，编译印书馆壬寅秋，庚序署，戊集中，公牍类第18—19页。转引自（台湾）李又宁、张玉法编《近代中国女权运动史料》（1840—1911）（上），台北传记文学出版社1975年版，第503、504页。

② 黄遵宪：《湖南士绅刘颂虞等公恳示禁幼女缠足批》，《湘报》第53号。

年、无量数之女身者庶得免焉"。而且康有为还提出了几条实现男女平等的具体措施，主要有：第一，实行男女教育平等，"宜先设女学，章程皆与男子学校同"。第二，参政权男女平等，"学问有成，许选举，应考，为官，为师，但问才能，不加禁限。其有举大统领之国，亦许选举为之，与男子无别"，"女子中有愿充公民、负荷国务者，听其充补：其才能、学识足为议员者，听其选举。一切公议之事，皆听充会员，预公议，与男子无别"。第三，法律上男女人格平等，"法律上应许女子为独立人之资格，所有从夫限禁，悉为删除"。第四，妇女有姓名权，"妇女欧美风俗从夫姓者，悉加禁改，还本人之姓名"。第五，实现妇女婚姻自由，"婚姻皆听女子自由，自行择配，不须父母尊亲代为择婿。惟仍限二十学问有成以后乃许自由，二十以前，仍须父母约束"。康有为提出了一个大胆的空想的主张："国家当设媒氏之官，选秀才年老者充之，兼司教事。其男女婚姻，皆告媒氏，自具愿书，领取凭照。惟须限年二十始能领照，其早婚未及年者，悉当禁断。"第六，妇女有自由权，"女子有出入、交接、游观、宴会，皆许自由，惟仍须二十学问有成之后乃得此权。二十以前，仍归父母或尊亲约束；但游观、交接、宴会关于养身增识、其无关损害德义者，父母不必严为禁限。所有据乱世防闲出入内外之礼，悉予蠲除"。第七，妇女有独立权，"女子既为独立之人，其旧俗有缠足、细腰、穿耳鼻唇以挂首饰者，及以长布掩面、蔽身，加锁于眉中、印堂者，悉当严禁，科以削减名誉之罚，或罚赎锾。其袒肩、裸体与男子相抱跳舞者，出自野蛮，徒起淫心，皆加严禁"。"女子既与男子各自独立，凡行坐宴会，皆问爵德年业，不必拘左右前后；或以一女间配一男之例，皆过存畛域，易启轻贱及淫乱之心，宜行变改"。① 康有为甚至把实现男女平等看做去国界、去级界、去种界、去形界、去家界、去产界、去私界、去类界、去苦界，实现世界大同的关键，要去"九界"，唯一的方法"在明男女平等各自独立始矣"。康有为企图通过"设女学"从而达到"去家界"，并进而达到去国界，最后实现"大同"境界。这显然是一种不切实际的空想。他找不到通往"大同"的路，也找不到实现妇女权利的正确道路。

（二）当下的男女平等：禁缠足和兴女学

　　理想的"大同世界"遥不可及，面对西方列强侵略的加深，当下迫

---

① 康有为：《大同书》，中州古籍出版社 1988 年版，第 188—192 页。

切需要解决的问题是让妇女承担起强国保种的重任，如何承担？就是要从身体上和思想上解放妇女。维新人士站在国家的立场，以天赋人权为武器，论证男女应该平等，为妇女解放寻找理论工具，并且在实践中掀起了禁缠足和兴女学运动，所以维新派所理解的男女平等就是妇女不缠足和妇女受教育，通过禁缠足和兴女学就能实现男女平等。

1. 不缠足运动

维新派首先积极开展了不缠足运动，在各地大力倡办不缠足会，将放足付诸实践。早在1883年，康有为便在其家乡广东南海县联合开明士绅区谭良首创不缠足会，号召妇女天足。1895年，康有为与其弟康广仁再度成立"粤中不缠足会"，康有为率先在自己的家中实行不缠足，他坚持不为其女儿康同薇、同璧及诸侄女裹足。1897年6月30日，梁启超、汪康年、谭嗣同等在上海创办了当时影响最大的不缠足组织——上海不缠足总会，提倡天足。此后，全国各地群起效仿，纷纷成立了不缠足会。广东成立了不缠足分会，张之洞在湖北设立了不缠足会；1898年1月，谭嗣同、唐才常等人在湖南成立了"戒缠足会"。同时，张于涛于澳门设立了不缠足会；福州和天津也相继成立了"戒缠足会"和"天足会"。连国外的新加坡华侨也成立了类似的学会组织。有些省份虽然没有成立全省规模的不缠足会，但出现了一些小规模的组织，如四川重庆府250家士绅，互相订约，女子不缠足，男子不要缠足妇，违约者罚款；北京部分粤籍京官订立了不给子女缠足之约。①

经过维新派的努力，反缠足运动开展得有声有色，据费正清的《剑桥中国晚清史》统计，1895—1898年间，一共报道过76个学会，其中15个与不缠足运动有关。广东、上海、湖南、天津、福州、湖北及澳门等地都成立了大规模的不缠足会。当时影响最大的是上海不缠足总会，"未几，海内入会者甚众"。"各处士流致函会中表示赞成或条列疑义相与磋商者，几于日有数起，至于开列姓名请为隶名会籍或且以劝导为己任愿列名于会董者，尤不可以数计"。学会之发达，"真有不崇朝而遍远近之慨"。② 捐助者也很广泛，吴廷嘉女士曾对《时务报》上刊登的不缠足会

---

① 吕美颐、郑永福：《中国妇女运动（1840—1921）》，河南人民出版社1990年版，第76—78页。

② 丁文江、赵丰田：《梁启超年谱长编》，第69—70页。

捐助者进行过分析统计："光绪二十三年（1897 年）上半年，这些捐助者官衔大多为大令以上，出身也以举人以上者居多；同年下半年，情况变了，八十六注捐银中，署正、教正、司马等低级官吏和茂才、国学生等普通儒生比例，明显增大，而且出现了二十八位甚么也不是的先生，和一位女子、一位和尚。到光绪二十四年四月二十一日（1898 年 6 月 9 日）出版的《时务报》五十八册，仅一期中所载捐助名单中，没有头衔而仅称先生者就达四十名之多。"① 可见上海不缠足运动有较广泛的群众基础。据当时人估计，戊戌时期上海涉足不缠足运动者约达 30 万人。②

湖南是不缠足会办得最有生气的省份，维新派先于《湘报》上刊登广告，邀请有意入会者前来登记注册。随之又在《湘报》上公布了《湖南不缠足总会章程》21 条。不缠足的舆论刚刚传来，激进妇女徐漱馨便"自释帛缠，著革履，以开风气之先"。③ 湖南巡抚陈宝箴、按察使黄遵宪、学政江标及其后任徐仁铸，或倾向维新，或本人就是维新派，故陈宝箴、徐仁铸亲任湖南不缠足会董事，黄遵宪则发布了《湖南署臬司黄劝谕幼女不缠足示》，列举了缠足的 7 条害处，要求全省对不缠足一事"父召而兄勉，家谕而户晓"，在其倡导督促下，不缠足运动在湖南城乡进一步发展起来。如湘乡团防局公布了不缠足条例，规定按户取具甘结，五家联保，如有违反，从重罚款，无力认罚者游街示众。连一些偏远山区如善化县东乡仙庚峡，也出现了不缠足团体。据不完全统计，列名《湘报》的不缠足会参加者，有 1060 人，加上为不缠足会捐款的 72 人，共为 1132人。④ 也有人统计为 1300 多人。⑤

维新派还取得了封建统治集团中的洋务派和开明派如光绪帝及一些地方大员的支持，使该运动波及维新派以外的阶层，由一种自发的民间行为转化成合法的政府行为。1898 年 8 月，光绪皇帝发布上谕：命各省督抚劝诱禁止妇女缠足，使妇女运动从此名正言顺；两湖总督张之洞是一位热

---

① 吴廷嘉：《论戊戌变法前后社会思潮的特点》，《清史研究集》第三辑，四川人民出版社 1984 年版，第 255 页。

② ［英］立德夫人：《劝戒缠足丛说》，《万国公报》1900 年第 6 期。

③ 《新世说》，上海古籍出版社 1982 年版，第 38 页。

④ 张鸣：《男人的不缠足运动　1895—1898》，《二十一世纪》1998 年 4 月号。

⑤ 吕美颐、郑永福：《中国妇女运动（1840—1921）》，河南人民出版社 1990 年版，第 79—80 页。

心主张戒缠足的洋务官僚，曾为上海不缠足总会作《不缠足会叙》，以示支持；湖南按察使黄遵宪则发布了《湖南署臬司黄劝谕幼女不缠足示》。以上举措使反缠足运动成为戊戌时期最热闹的事情之一，在声势和参加人数方面，执戊戌时期所有风潮与运动之牛耳，连轰轰烈烈的公车上书也瞠乎其后。

　　缠足运动的最大阻力是大脚姑娘的婚姻问题，维新派也未雨绸缪，制定了周全的措施，梁启超在《戒缠足会叙》中明确指出上海不缠足会是"婚姻相通，故相攸可无他虞"。① 他们在各地成立不缠足会的共同宗旨便是"使会中同志，可以互通婚姻，无所顾虑"，明确规定入会者及其子女互通婚姻："凡人会人所生之男子，不得娶缠足之女。"② 解除了天足妇女在当时社会上难觅配偶之虞，以保证这一改革能持续进行。缠足从宋代开始，千余年来一直被视为女性美和有教养的标志（尤其在北方），小脚也成为人们择媳的首要条件。但在戊戌妇女运动中，先进男子开始排斥小脚，争娶不缠足女。继戊戌不缠足高潮后，不缠足运动始终没有停止，直到 1902 年清政府在办理新政中再次发布了劝阻缠足上谕。

　　2. 兴女学运动

　　与此同时，维新派还积极开展兴女学运动。1898 年 5 月他们与上海绅商、新闻界在上海共同创办了中国人自办的第一所新式女子学堂——"经正女学"（后为与外国传教士所办教会女校相区别，改名为"中国女学堂"）。它由上海电报局局长经元善发起，得到南洋大臣刘坤一支持和康有为、梁启超、严复等人襄助。1898 年 5 月 31 日女学堂开学时，计划各招收学生 20 人，但未收足，只有学生 16 人，后得到女界进步分子的支持，到年底增至 40 余人，第二年年初激增至 70 余人，课程设置中文、西文各半，聘请中、西教习任教，在教学方法、学校管理等方面都采用资产阶级教育方式。经过《时务报》、《申报》、《万国公报》等中外报纸的报道宣传，女学堂一时"声名鹊起，远方童女，亦愿担签负笈而来"。③ 其中不缠足者数人，更引人注目。《湘报》刊文称该校为"开中国未有之风

---

① 梁启超：《戒缠足会叙》，载《饮冰室合集·文集》第一册第一卷，中华书局 1989 年版，第 121 页。

② 梁启超：《试办不缠足会简明章程》，载《饮冰室合集·文集》第一册第二卷，中华书局 1989 年版，第 21 页。

③《上海刱设中国女学堂记》，《万国公报》第 125 册，1899 年 6 月。

气"的"女学先声"。章畹香写诗赞道："沪江风气已先开，力挽狂澜信伟哉！……此举能开风气先……会看风行寰海内。"① 此后，"风气大开，一时之闻风兴起者，如苏州、淞江、广东及南洋、新加坡等处，皆陆续设立女学堂"。② 这就开了中国人自办女学，对女子进行正规学校教育的先河，在一定程度上动摇了女子无才为德的传统性别观念。

---

① 章畹香：《桂墅里女学堂开馆诗》，《女学报》第 8 期，1898 年 9 月。
② 《上海刱设中国女学堂记》，《万国公报》第 125 册，1899 年 6 月。

第五章

辛亥革命时期女权思想的发展

辛亥革命时期，民族主义思潮从西方传入中国，无政府思潮也经日本传入中国，而西方的女权主义著作如斯宾塞的《女权篇》、约翰·弥勒[①]的《女人压制论》[②] 和第二国际的《女权宣言书》等被先后译介到国内。这些女权理论和民族主义思潮、无政府思潮相互融合，使辛亥革命时期的女权思想呈现出异彩纷呈的局面。

一 马君武的翻译：西方女权主义思想在中国的传播

马君武是最早翻译西方女权著作的人之一。他是中国近代资产阶级革命的重要人物和中国近代著名文学家、翻译家。早年就接受了西方文化教育，曾在震旦学院学习，逐渐精通英语和法语。1901 年赴日本留学，又精通了日语。在日本他结识了梁启超，同时也受到当时正在兴起的资产阶级革命思想的影响。当时一批留学日本的中国学生积极宣传反清革命。为了吸引女留学生参加到这一运动中来，留日男学生通过他们创办的《江苏》、《浙江潮》等杂志的女学论文等专栏，发表呼吁女性觉醒、共同救亡的文章。马君武就是在这样的情况下，于 1902 年翻译出版了英国哲学家兼社会学家斯宾塞的《女权篇》，这是中国第一本关于西方女权思想的译著。一同被介绍过来的还有《达尔文物竞篇》。两书合一为《斯宾塞女权篇达尔文物竞篇合刻》，由上海少年中国学会 1902 年出版。

---

① 英文名 John Stuart Mill，英国著名哲学家和经济学家，现常译作约翰·斯图尔特·密尔，有时也译作约翰·斯图尔特·穆勒。辛亥革命时期，马君武把他译作约翰·弥勒。
② 也译作《妇女屈从的地位》。

（一）对《斯宾塞女权篇》中女权思想的介绍

《斯宾塞女权篇》是斯宾塞以 18 世纪启蒙思想家的"天赋人权"观和 19 世纪中期达尔文的进化论为依据，阐述其女权思想的一本著作。全书共分十节，从第一节到第九节分别叙述了人权与女权之关系，男女才智相同，驳斥男女不同权之说，专制政体与家族专制和女权之间的关系，批驳奴役女子的野蛮旧俗和观念，男女平等是社会进步的需要，爱情是幸福婚姻的基础，平等自由是男女平权的必需，主张女子参政权。第十节是对前面九节的总结。

《女权篇》开篇运用西方资产阶级"天赋人权"的学说论证了男女平等的论点。"公理固无男女之别也。人之为学也，实男女二类之总名，而无特别之意义。人莫不有平等之自由，男人固然，女人何独不然？"国家的法律是本人类之良知而制定的，妇女是有良知的，因而男女在法律面前应该是平等的，男女都"有心才以崇德行守法律"，因而在道德感情上男女也应该是平等的。男女生理虽不同，但"心灵则无不同"。"平等自由者，天然法律，固应如是，凡是人类，孰不当均享之"，① 女人也是人类，因而妇女应当享有一切平等自由权利。

在此基础上，斯宾塞又一一据理批驳了古代反对女权的谬论：第一，针对"女人无一切权"之谬说，指出："盖欧洲人莫不信造物主，造物主之爱人，男女一也。与以生命，即与以幸福及自由，谓女人之生命与男人不同不可也。谓女人之幸福及自由与男人不同，如何而可？"② 第二，针对"女人之权不能大过于男人"之谬说，指出："女人之权少于男人者，以何为限乎？其一定之比例若何乎？孰能以极准之度，均分之乎？是皆难定之问题也。或谓当以论理法定之，则犹难。凡野蛮之习俗已成，贤智者亦熟视之而无睹。"并由此及于中国，"且吾国之法律，虽既嫁之妇不能有产业，男人可执行己意，使其妻弃其本意而屈从之，是皆不合天然之原理也，是不合理之事"。③ 第三，从前面的理由得出，"男女之权固自相平

---

① ［英］斯宾塞：《斯宾塞女权篇》，载姜德铭主编《中国现代名家名作文库·马君武卷》，中国戏剧出版社 2001 年版，第 18 页。

② 同上书，第 18—19 页。

③ 同上书，第 19 页。

等不容有差异于其间也"。①

接着斯宾塞将女权分为教育、婚姻、家庭、政治等权利，从第二节至第九节分别予以论述。对于妇女受教育，"反抗男女同权之论者"以"女人之心性卑下，不及男人远甚"为理由来反对妇女受教育，斯宾塞认为，这完全是毫无事实依据的空言。对此，他通过事实进行了反驳，列举了在学艺、文章、美术、政治、哲学等方面的"获大名者"的女士来证明女人之能力不劣于男子。并认为当前女人的才能低于男人的原因，是由于男女受教育不平等和妇女受旧习惯的束缚、不能充分发挥其才智造成的。如女人不许入中学、大学，受高等教育，女人不许和男人交往，等等。同时，斯宾塞还进一步驳斥了"女子之才智，所以劣于男人者，妇人易为情之所制，最易激动，无反复思虑之力，故妇人必不能与男人同权也"②之观点。斯宾塞认为这种"才智不同权也不同"的观点说不通，假如以才智论权利，才智以什么尺度作标准？男子之间，才智就不同，难道权利也不同吗？女子有的才智还大大超过男人，她们的权要大过男人吗？所以，他说："据才智以定男女两类之权利，然此乃必不可行之事。何则？因天下固无若是不差之尺度，以量世人之才智及权利，而一无所误也。"③然后，斯宾塞通过给权利下定义来反驳一切反对"男女同权"论者，"不宁惟是，一切反对之论，可以一言破之，即明辨何为权利是也"。④ 并由此给权利下了个定义，认为权利"即人人能自由练习其固有之能力是也"。⑤ 因为妇女被剥夺了"练习其固有之能力"的权利，所以才造成了妇女能力不及男子的现象。如果妇女得到与男子平等的权利，那么，男女能力上的差异就会消失。

斯宾塞对无视女权、奴役女权的行为与言论，极其痛恨，专门进行了驳斥，指出是一种强权理论。他将男权社会奴役女权比喻成白人殖民主义者侵略和奴役美洲印第安人和黑人。他说："蓄奴之主人，谓黑人为非人类。回教徒谓女人无灵魂，非男人有之，则尤妄诞之伪言矣。从己之欲，

---

① ［英］斯宾塞：《斯宾塞女权篇》，载姜德铭主编《中国现代名家名作文库·马君武卷》，中国戏剧出版社 2001 年版，第 19 页。

② 同上书，第 20 页。

③ 同上书，第 21 页。

④ 同上。

⑤ 同上。

饰言以欺世，一切妄说，皆由自私而来也。肆口狂吠，偏僻无所底，惟知从欲而已，野蛮国之所谓道理者，莫不如是也。是说也，臆测之虚言乎？抑明明可见之于行事乎。……虽然我英国之法律，我英人之同意，莫不以男女同权之说为非，其说为臆测之虚言乎？抑从欲之妄言乎？吾甚惧其与回教徒所主张女人无灵魂之说同科也。"①

斯宾塞看到了专制制度对家庭和妇女权利的影响。他认为专制国家必然导致专制家族，而专制家族又必然导致男权对妇女的压制。他说："放眼观宇内之情势，其国之法律，苟规定男人与男人之关系极其严酷也，其规定男人与女人之关系，亦必严酷。欲知其国民政治之组织如何，于其国中之一家可见之。其国而专制也，虽其国中之任一家族必亦专制。二者并立而不相离。若土耳其、若埃及、若印度、若中国、若俄罗斯、若欧洲之封建国，皆足为此说之明证也。……一国之人，其公众之行为，如有不正，则一人之私行为，亦必不免于不正。此殆必然之理乎。欲知一国之中压制之痕迹如何，其关系颇复杂而不易见，不若验之于一家之内，观于家内男女间之压制如何，则其国民间之压制如何可知也。"②

斯宾塞对女权之重视，以至将妇女地位的高低作为国家文明程度的反映："欲知一国人民之文明程度如何，必以其国待遇女人之情形如何为断，此不易之定例也。"③ 这表现了斯宾塞在社会进步问题上的远见卓识。斯宾塞还尤其强调自由平等的重要性，并认为它是男女同权的必要基础。"以平等之自由为原理，可断一切事理之是非"。④ 而命令和压制是自由平等的敌人。"天下事之至可痛恶，而为野蛮之极点者，莫如尊己所言谓之命令，而强人以必从我矣。"⑤ 在这里，斯宾塞相信"人之初，性本善"的说法，认为："夫人类本平等也，何谓命令，何谓服从？有命令者，故有专制，有服从者，故有奴隶。二者本无异也。专制何谓？谓屈他人之意志，使必从己也。奴隶何谓？谓不能自有其意志，而服从他人之意志，以为己之意志也。专制者之凌辱他人，固背理矣。奴隶之屈从他人，其背理

---

① ［英］斯宾塞：《斯宾塞女权篇》，载姜德铭主编《中国现代名家名作文库·马君武卷》，中国戏剧出版社 2001 年版，第 22 页。

② 同上。

③ 同上。

④ 同上书，第 25 页。

⑤ 同上书，第 23 页。

惟均。""呜乎！殖民者之对黑奴，夫之对其妻，皆用此道矣"。"欲决命
令之合理否，以平等之自由决之已可矣"。所以对于男女之间的不平等，
男子对女子"以力相压服，乃悖乱之制，禽兽之道也"。①

　　对待婚姻家庭内的关系，斯宾塞也从自由平等原理出发，得出妇女应
该有婚姻家庭的平等权。而这种婚姻家庭的平等，又应该建立在爱情的基
础上。有了爱情，人间才有所谓结婚之幸福，夫妻之真爱。反之，如果夫
妻之间采用命令、压制和服从，则夫妻之间必无真爱情。"命令者，爱情
之荼毒也"，②如果丈夫用压力凌驾其妻，对爱情是极大的伤害，"爱情既
伤，而欲一家有好效果，不可得也。故命令者，决不可用之家庭夫妇间
也"。③夫妻权利要平等，如不平等，一为主，一为属，"是诚极野蛮风
俗"。在家庭中，实行男女平等，男女双方既重视自己应有的权利，同时
也尊重对方应有的权利，自觉地不侵犯对方的权利。这样，夫妻就会互敬
互爱，造成和睦幸福的家庭。同样，如果全社会每个公民都既重视自己的
权利，也尊重别人的权利，则社会便会更进于文明。所以，"男女之权，
固自相平等，不容有差异于其间"。④

　　斯宾塞最后还力主妇女应该具有参政权。"依平等自由之例，则今
日男人所有政治上之特权，亦将让之于女人乎"。⑤他首先驳斥了"女
人之天职，主持家政而已。其性质位格，决不能担任公众问题也。故政
治上之问题，乃在女人身份之外"⑥的言论。指出："女人之真身份，
固不可不操政治上之特权也。"⑦然后，他又批驳了"男人与女人共公
事，操政治权，于男人大不便，因是必致乱男人之感情"⑧的谬论。指
出："据损害感情之说，以阻女人操政权之理，其真不可通乎。""因人
生当依平等自由之天则，以获人类之最大幸福，故不得不尔，固非第二

---

　　① ［英］斯宾塞：《斯宾塞女权篇》，载姜德铭主编《中国现代名家名作文库·马君武卷》，
中国戏剧出版社 2001 年版，第 25 页。
　　② 同上书，第 26 页。
　　③ 同上。
　　④ 同上。
　　⑤ 同上书，第 28 页。
　　⑥ 同上。
　　⑦ 同上书，第 29 页。
　　⑧ 同上。

感情之所能夺也"。①

应该说，马君武对斯宾塞《女权篇》的介绍，首次向国人传递出西方关于女权的观念与信息，在处于清朝封建统治的时代，无疑可以使一批进步人士耳目一新，为下一步西方女权学说的传播打下了基础。

（二）对《约翰·弥勒女权说》和社会党人《女权宣言书》中女权思想的介绍

1903 年，马君武又在梁启超主编的《新民丛报》上（1903 年 3 月至 8 月）连续发表了《约翰弥勒之学说》的文章，其中第二部分《女权说》专门介绍了弥勒的《女人压制论》和社会党人的《女权宣言书》。约翰·弥勒（1806—1873），英国人，出身学者家庭，是 19 世纪英国杰出的政治学家、经济学家和哲学家。1869 年他写下了《女人压制论》。他从资产阶级的民主主义立场出发，为当时英国妇女所处的无权地位大声疾呼，批评和抨击政治制度和社会制度，要求给予妇女同男人平等的受教育权、工作权和选举权。这本书出版后，各国相继翻译，以致风靡欧洲。

马君武在文章一开头就解释说："欧洲所以有今日之文明者，皆自二大革命来也。二大革命者何？曰君民间之革命，曰男女间之革命。欧洲君民间革命之原动力，则卢骚之《民约论》是也。欧洲男女间革命之原动力，则弥勒约翰之《女人压制论》是也。弥勒约翰之《女人压制论》，不满二百页之区区一小册子耳。然其书出世以后，各国争译，人心大变，扇其潮流者随在而是也。"② 马君武认为弥勒的《女人压制论》一书的主要内容是"力主男女同权之说"。为此，他将全书总结为五大要点：其一，女人的权与小孩子的权不同。女人和小孩都有被政府管理和保护的权利，这是一样的，但女人还有监督、组织政府的权利，小孩由于身心发育尚未成熟，就没有这个权利。其二，女人与男子私权、公权不同的制度，定要改正。女人的私权表面上看起来，仿佛就像她丈夫的守护兵一样，有管理财产的权利，男子与女子比起来，都还相差不远；若说到公权，那就有大不同的地方了，女人和男人一样，财产都要上粮纳税的，男子纳税，就允许他参与政权，女人却不许过问政治，天下不平的事莫过于此了。女人的

① ［英］斯宾塞：《斯宾塞女权篇》，载姜德铭主编《中国现代名家名作文库·马君武卷》，中国戏剧出版社 2001 年版，第 29 页。
② 同上书，第 174 页。

能力既然不低于男子，她该享的权利自然要与男子一样。天赋人权本来是
男女平等，没有二样的。其三，最稀奇不过的事情，是莫过于如今的国
民，既不许女人有参与政治的权利，却偏又许一个女人占据一国的王位。
女人既可以做一国的君主，又独不许她参与一国的政治，这岂不算是怪事
吗？其四，女人在家庭，常与她的父亲、夫婿有同等的权利，这样推起
来，夫婿可以被选，妻子也就可以被选；父亲可以被选，他的女儿也就可
以被选。女人在家庭中与父亲、夫婿有同等的权利，那么，在一国中为什
么不可以与她的父亲、夫婿享同等的权利？其五，女人参与政治的事，以
后是必不能免的。今日的女人，虽是没有公权，只受制于父亲、夫婿，一
旦公理大明、女学大兴的时候，世上的人都脱去了古时习惯，洗净了野蛮
的污垢，女人能够直接担负国家的责任，这也是世界发展的趋势。从以上
看出，《女子压制论》主要是从公民权方面来论述女权的。女子要有监督
与组织政府之权，有过问国事之权，有出任政府高级职务之权，有享有与
男子一样的国家公民权，有享有在家庭中的平等权。马君武不仅归纳弥勒
的女权说，而且还介绍了弥勒为妇女争取权利的实际行动——利用其议员
的身份提出男女平权的法案。盛赞"弥勒氏诚女权革命之伟人哉"！同
时，马君武还一同称赞了当时赞成弥勒"女权说"的一些代表人物，如
法国的拉布累尔、德国的倍倍尔等人的行动："皆推波助流以扬男女同权
之大风潮者也。"相反，对于反对弥勒观点的《国家论》作者、德国的伯
伦知理，他却评价为"而其论无力已甚（今不详），固不能与弥勒氏为劲
敌也"。① 马君武对弥勒《女人压制论》的介绍，现在看来比较简略，但
在当时，作为对女权思想的首倡，却有着重大意义。

    值得关注的是，马君武当时已经注意到了社会主义运动中的女权思
想。他写道："近年以来，社会主义日益光明，社会党之势力日益盛大。
社会主义者以男女同权为其主义之一大原理，而社会党人者即实行男女
同权论之人也。"② 于是，他引用了 1891 年第二国际在布鲁塞尔会议上
通过的关于女权的宣言："千八百九十一年，社会党开谈话会于比利时
京城布吕碎勒（Bruxeelles），以同意宣其会议之大纲如下：今日此会，

---

    ① 马君武：《弥勒约翰之学说》，载姜德铭主编《中国现代名家名作文库·马君武卷》，中
国戏剧出版社 2001 年版，第 175 页。

    ② 同上书，第 176 页。

请通世界之社会主义党人，定男女同等之细目。凡我会员，皆公认女人与男人有同等之人民权及政治权，尽力以废除世界各国所有不与女人以同等权利之法律。"① 紧接着，马君武介绍了 1891 年 10 月，第二国际在德国爱尔福特通过的《女权宣言书》，引录如下："凡我民党党人，无论男女之分，党员之数，男子与女子，亦不须有一定之比例。""废除屈女人以男人之一切法律，尽力以保女人之公权私权。女人之必当与男人同权，何也？既为一人，则必有其人之权焉，为世人所公认，为法律所保护，不如是者，不能名之为人。夫人之有一切特权及一切义务也，原于有生，根于人类本然之道德。……盖以独立不羁，有完全个人权之女人，屈为奴隶，必致缺损其天职，闭塞其能力，非堕其工事。此人所易知也。"②

"社会党人所主张之女权问题，大约有五：第一教育权。凡人类一切事业，皆不能不原于教育，男人固然，女人何独不然？文明之女人所以别异于野蛮之女人，而能有其他之诸等权者，首在于此。第二经济权。女人者，人类也。人类者，有能力以自养，而决不当待养于夫父之属者也。则女人当各营其生活职业焉。女人之工规工价，当与男人之工规工价相同，而不容有所差异。第三政治权。女人无政治权，而一切委诸男人，此野蛮之俗，非文明之则也。故欧美各国，女学日进，其要求于国家，请讨于议院，欲一律得政治权，与男人无所歧异者，今方未已也。第四婚姻权。专制婚姻，不由男女自由选合之婚姻也。此为世界极野蛮之俗，稍进文明之国民，断不如是。第五人民权。人民之权甚繁，凡国中人民所应得之公权，男人所已得者，女人当同等得之，而无所歧异"。③ 从马君武的介绍可以看出，约翰·弥勒的《女人压制论》和第二国际的《女权宣言书》都是力主男女平权之说。不同的是，约翰·弥勒更注重妇女的公民权。他将妇女的公民权分为五个部分：有监督与组织政府之权，有过问国事之权，有出任政府高级职务之权，有享与男子一样的公权。第二国际的《女权宣言书》对女权的认识和划分则更显合理，将女权划分为教育权、经济权、婚姻权、公民权和政治权五种权利，声称使妇女获得这五种权利

① 　马君武：《弥勒约翰之学说》，载姜德铭主编《中国现代名家名作文库·马君武卷》，中国戏剧出版社 2001 年版，第 176 页。

② 　同上书，第 176—177 页。

③ 　同上书，第 177 页。

为其目标之一。应该说，马君武对社会主义思想本身并没有十分注意，他只是关注社会主义提倡男女同权和民主自由的见解，并使之适用于中国当时反对专制的革命需要。所以，他在介绍了第二国际的《女权宣言书》之后，总结道："凡一国而为专制之国也，其国中之一家亦必专制焉。凡一国之人民而为君主之奴仆也，其国中之女人亦必为男人之奴仆焉。二者常若影之随形，不相离也。人民为君主之奴仆，女人为男人之奴仆，则其国为无人，无人之国不国也；苟欲国之，必自革命始，必自革命以致其国中之人，若男人，若女人，皆有同等之公权始。"①

应该提及的是，追溯"女权"说在中国的最初传播，据有人考证，似乎不是始于马君武对斯宾塞《女权篇》的介绍，而是 1900 年 6 月在《清议报》上发表的石川半山（日本人）的《论女权之渐盛》一文。该文首次向中国介绍了西方女权之来源及女子争取参政权、经济权的重要性，并预言"男女之竞争，创于十九周年（世纪），……实为二十周年一大关键也"。但此文并未在中国引起太大注意，虽然以后其他报纸转载过此文，但已是在斯宾塞《女权篇》出版发行后一年。这表明，思想界是受了《女权篇》的启发，开始注意女权学说之后，重新找回石川的文章来推广。可以肯定，1902—1903 年，马君武对一系列西方女权学说的介绍，引起了国人关注。《女子世界》杂志形象地描述道："弥勒·约翰，斯宾塞尔'天赋人权'，'男女平等'之学说，既风驰云涌于欧西，今乃挟其潮流，经太平洋汩汩而来。西方新空气，行将渗漏于我女子世界，灌溉自由苗，培泽爱之花。"② 柳亚子说："今者弥勒约翰，斯宾塞尔之学说，方渡太平洋而东来，西方空气，不自觉而将渗入于珠帘绣阁之中。"③从那时思想界大多已不再使用"男女平等"，而采用"男女平权"和"女权"一词。男女平权、女权，声震寰宇，甚至把 20 世纪说成是"女权革命时代"，喊出"女权万岁"的口号。从男女平等到男女平权，进而直指女权，实际越来越强调妇女应该得到的权利。在这一理论指导下，女权思想，从批判封建礼教到解放妇女的身体和智力，发展到要求妇女参政的权

---

① 马群武：《弥勒约翰之学说》，载姜德铭主编《中国现代名家名作文库·马君武卷》，中国戏剧出版社 2001 年版，第 177 页。

② 亚特：《论铸造国民母》，载《女子世界》第 7 期。

③ 柳亚子：《女界钟·后叙》，载中华全国妇女联合会妇女运动历史研究室编《中国妇女运动历史资料》（1840—1918），妇女出版社 1991 年版，第 189 页。

利。马君武在传播西方女权理论方面作出了重大贡献。

二　辛亥革命时期女权思想的发展：民族女权主义

民族主义是戊戌变法后从西方传入中国的一种社会思潮，梁启超作为最先引进"民族"、"国民"、"民族主义"等概念的启蒙思想家，因其思想基于现代民族—国家基础上的民族主义，被称为"国族主义"。如果说戊戌维新时期的民族主义被称为种族主义的话，那么到了辛亥时期，革命派则把民族主义发展为反帝反封建的国族主义。那么，这种民族主义与女权主义几乎同时传入中国，两者并置的结果如何？

（一）以西方"天赋人权"理论作为思想指导，分析封建社会对妇女的压迫并进行批判，进而主张男女平等

1. 控诉封建礼教对妇女的压迫

要主张男女平等，首要的是冲决封建网罗，破除邪说陋习。这一时期，资产阶级革命家对封建礼教进行了猛烈冲击。

在《女论》里，陈以益从多方面揭露了几千年封建社会对妇女的压迫和摧残，认为中国妇女"一切天赋人权，皆为男子所侵夺"，而她们不仅不反抗，且自认为自然之运命。他痛楚地指出：在漫长的封建时代，中国妇女身受六重压迫：一是使役。富贵之家多实行一夫多妻制，不但姜供之使役，而且妻子也供其使役。那些女佣和婢女就更是过着像"牛马"、"犬羊"一样的生活。二是赠予。男人可以随便将女子"赠予"他人。官场中下吏以其女赠予上官，商界中以其女赠予绅士的比比皆是。更有甚者，八国联军攻进北京城后，某京官竟把自己的女儿献给外国兵，牺牲爱女的身体，而暂保一己之生命，真是无耻之尤。三是买卖。旧中国买卖妇女是普遍现象。贫困百姓"饥寒交迫，呼吁无门"，不得已而卖妻鬻女，还有的把妻女典押出去。四是生杀。最残忍的是生杀妇女，翁杀媳，夫杀妻，父杀女，兄杀妹，常有所闻，"主人杀婢女，每毙于杖下，尤酷尤多"。五是玩弄。玩弄妇女在我国更为严重，为了供男子的耳目之乐，不惜戕害妇女的身体，缠足穿耳，残忍得很。六是禁锢。"香闺绣榻"把女子禁锢起来，妇女一生的命运全消磨在闺阁之中。所谓闺阁"实男子囚女子之监狱耳"。① 总之，封建社会对女子"矫揉其官骸，锢蔽其智识，剥削其权利，奴之、物之、残之、贼之，不以人类相待"。②

　　在《论三从》里，陈以益对封建礼教里最为重要的是"三从"进行了狠批。首先从父女关系来看，父亲培养女儿长大成人，女儿对于父亲，自然理应相从："父者，我所尊亲，义方之训，理宜相从。"那么，从夫妇、母子的关系来看，妇从夫、母从子显然是不通的："至于夫妇，相敬相爱，如友如宾，有敌体之义，无尊卑之分，诿曰从之，已属不通。若夫母子，则义属伦常，负教导之责，任抚育之方，保抱提携，以至于成人，在子有从母之义，岂在母反有从子之道乎！"何谓"从"？"从之云者，有卑己尊人之道存焉"。父、夫、子一概从之，完全颠倒了尊卑之道，完全是为了束缚女子。正当的关系应该是："父尊于我，夫等于我，子卑于我。"卑当从尊，而尊不当从卑。陈以益又从女子担负的任务，狠批"三从"。女子担负着教育子女的重担，为什么只言从父，而不言从母？有的说母教只指培养儿子不包括女儿，母亲既能教育儿子以成人，为什么不能教女儿以成人乎？"有从子之义而无从母之文，是子教可受而母教可不必受也"。夫死从子，子死又必从孙，一辈子从属于男人，女子"惟有从人之理，而无人从之之理，故其所从者尽在男界而不及女界，甚至以母之尊亲，而亦不可从。……而出此离奇诡诞之谋，俾我女子永永失其权利也"。陈以益大胆地设想，如果把角色调换一下，"三从"改为从母、从妻、从女。"有违之者，在子则为不孝，在夫则为不贤，在父则为不慈"，那么，"男界诸君其甘之乎？男界既不甘之，而独施之于女界，揆诸公理，岂可谓平"！母亲和父亲的地位是一样的，应该是平等的，为什么只从父亲？女子要摆脱"三从"，让男子服从女子，唯一的方法是自立。"女子能自立，则男界之奴之、物之、残之、贼之，将无所施其技。故束缚之法，施之无可施，用之无可用"。③ "三从"是封建礼教的核心，它与"四德"等组成庞大的礼网，具备法律的权威，成为强制妇女遵循的规范礼节。猛批"三从"，对妇女挣脱束缚起到很大的启蒙作用。先进的思想

　　① 陈以益：《女论》，载《女报》临时增刊，转引自张莲波《中国近代妇女解放思想历程（1840—1921）》，河南大学出版社 2006 年版，第 127—128 页。

　　② 陈以益：《论三从》，载张梅、王忍之编《辛亥革命前十年间时论选集》第 3 卷，生活·读书·新知三联书店 1977 年版，第 487 页。

　　③ 同上书，第 487—488 页。

家，还没有一人像陈以益这样对"三从"的批判入木三分的。

柳亚子对封建的宗法制度和建立于之上的伦理道德进行了批判。"中国女子自髫龄以达及笄之年，支配于父母权力之下，既嫁之后，则又支配于其夫权力之下，所谓'未嫁从父，出嫁从夫'者，举完全无缺之人权，直等于赠送或贩卖之关系"。柳亚子认为："要提倡真正的女权，定要把四千年来三纲三从的邪说破坏得干干净净，然后女子才有见天日的希望。"[①] 封建社会，扶阳抑阴，女权扫地，天下女子，尽作牛马，三从七出，束缚女子体魄，无才是德，禁锢女子灵魂。"奴隶于礼法，奴隶于学说，奴隶于风俗，奴隶于社会，奴隶于宗教，奴隶于家庭，如饮狂泉，如人黑狱"，[②] 对女子的束缚已两千年了。对于这些，柳亚子特别愤怒，"吾闻其言，未尝不怒发冲冠至于千丈也。恨吾身生于千载以后，不能举千载以前造言作俑之人，执而杀之，传其首于五大洲，以止文明公敌之罪也"。[③]

天醉生揭露和控诉封建礼教对女性的摧残和毒害，并对女性的不觉悟作进一步的批判。以通俗易懂的文字悲愤地写道："中国自从三皇五帝以后，那些不通的圣贤扭了许多歪经说什么男比天，女比地，天尊地卑，便是男尊女卑的意思。自此等学说一出，那一班的男子，更加装威作势，张牙舞爪起来，那些女子，听了三从四德的瞎话，也就不知不觉低心下气，仰承男子的颜色，把男子当作天皇神圣一般，所有天赋的权利，剥削的精光。还有那一辈食古不化的道学先生捏造了许多忠臣不事二君，烈女不更二夫，无违夫子，以顺为正的议论，母教其女，兄诏其妹。夫戒去其妻，从此女权愈压愈低。二万万可怜可敬的女子遂无再见天日的日子了，还怕压制得不够，又想出许多牢笼诱骗的法子把曹大姑的《女诫》，刘向的《列女传》，必敬必戒的迂谈，无才是德的谬论，拼命的灌在女子脑筋中……""更有那许多不知天理的男子……便想出许多的方法，把好好的耳朵穿了两个窟窿，好好的一双天足裹成了三寸金莲，把女子的行动自由削掉了；外言不入于阃，内言不出于阃，把女子的言论自由削掉了；非有大故，不出中门，把女子的出入自由削掉了。咳，男子的压制羁绊惨无天理，总算到

①　亚卢：《女子家庭革命论》，载《辛亥革命时期期刊介绍》第 3 集，人民出版社 1983 年版，第 402 页。

②　亚卢：《哀女界》，《女子世界》第 9 期，1904 年 8 月。

③　亚卢：《女界钟·后叙》，载《女界钟》，上海古籍出版社 2003 年版，第 85 页。

了极步，做女子的还要奉箕帚，承颜色，昏昏沈沈的长此终古么"。①

秋瑾对封建礼教的抨击也非常激烈。首先，她悲愤地控诉封建纲常礼教对妇女一生的残酷压迫。她把男尊女卑、女子无才便是德、夫为妻纲痛斥为一派"胡说"。②认为正是这些胡说，使中国妇女"足儿缠得小小的，头儿梳得光光的，花儿、朵儿、扎的、镶的、戴着；绸儿、缎儿，滚的、盘的，穿着；粉儿白白、脂儿红红的搽抹着。一生只晓得依傍男子，穿的、吃的全靠着男子。身儿是柔柔顺顺的媚着，气虐儿是闷闷的受着，泪珠是常常的滴着，生活是巴巴结结的做着：一世的囚徒，半生的牛马"。不仅贫穷家的女子，就是富家的女子，也难逃此厄运。从外表上看，她们家资广有，安富尊荣，一呼百诺，奴仆成群，人们羡慕她们好命、好福气、好荣耀、好尊贵，实际上，"却不晓得她在家里何尝不是受气受苦的！这些花儿、朵儿，好比玉的锁、金的枷，那些绸缎，好比锦的绳、绣的带，将你束缚的紧紧的。那些奴仆，直是牢头、禁子看守着。那丈夫不必说，就是问官、狱吏了。凡百命令皆要听他一人喜怒了。试问这些富贵的太太奶奶们，虽然安享，也有没有一毫自主的权柄咧？总是男的占主人的位子，女的处了奴隶的地位"。③

张竹君指出在封建礼教的摧残下，无论富贵的和贫贱的妇女都面临着十一种危险。大体上说来就是在身体上妇女深受缠足的折磨："贼其体，残其肤，其苦已不可言，猝有水火盗贼之变"。在精神上，妇女被"女子无才便是德"紧紧地束缚着，以致女子不学无术，"舍顺从之外无思想，舍中馈之外无义务"。在经济上，妇女不能自立，处处依赖丈夫、儿子，等等。说到这十一险，她"思之心酸，言之喉噎"。④

唐群英指出："自腐儒倡三纲之说，以女子隶属诸男子，于是男子以豢养女子为天职，女子亦以顺承男子为天职。故女子嫁于男子，不曰谐伉俪、宜室家，而曰执箕帚，奉巾栉，谬说流传数千余载。女子之智识日劣，能力日薄，人格日卑，而权力悉堕于男子之手。"她尖锐地指出，中国妇女"上焉者，男子之玩物耳；中焉者，男子之使仆耳；下焉

　　①　天醉生：《敬告一般女子》，《女子世界》第1期，1904年1月。
　　②　秋瑾：《敬告中国二万万女同胞》，载《秋瑾集》，上海古籍出版社1991年版，第5页。
　　③　秋瑾：《敬告姊妹们》，载《秋瑾集》，上海古籍出版社1991年版，第14页。
　　④　张竹君：《女子兴学保险会序》，载中华全国妇女联合会妇女运动历史研究室编《中国妇女运动历史资料》（1840—1918），中国妇女出版社1991年版，第325—326页。

者，……犬马且不若耳"。①

2. 运用"天赋人权"理论论证男女平等

发表于《中国日报》上的《男女平等之原理》认为，男女之间的关系正如大自然阴阳之关系一样，必须和谐共处，否则唇亡齿寒："阴阳一也，其名曰元；男女一也，其名曰人。孤阴独阳，万物息焉！鳏男寡女，种类绝焉！阴阳交泰，细缊化合，变化无穷，不期生而自生者万物也。男女交合，精血贯注，隐微无迹，不期生而自生者人类也。""无男子生育之精神，不能成女子生育之功用，无女子生育之功用，不能存男子生育之精神，相须相济，相合相助，两者亦不能畸轻畸重"。文章还认为在人类的古代，夫妻之间本来是自由平等的，"古者夫妇之好，一男一女，而成家室之道，各具自由之权，无伤琴瑟之乐，存顺没宁，孳乳蕃庶"。只是到了后代，有了三纲之理论，有了嫁娶凭媒妁之言等礼制，男尊女卑逐渐形成，妇女地位逐渐降低："降及后世，秩序有三纲之尊，嫁娶凭媒妁之言，礼制愈繁，人道愈苦，扶阳抑阴之说起，尊男卑女之法立，浸增压力，女教沦胥。呜呼烈矣！"在世间万物之中，人最为高贵，君民男女都是人，所以君臣、夫妻之间都应该平等："夫天之生物也，人为贵。君人也，民亦人也。男人也，女亦人也。原君之义，君者均也。君而不均，则亦何贵乎其为君也？推之妻者齐也，妻而不齐，则亦何贵乎其为妻也？夫者扶也，夫而不扶，则亦何贵乎其为夫也？"但是现在妻子和丈夫之间极不平等："斯世之妻，不齐极矣！吾亦未闻有为夫者，扶而起之也。"女子不应甘心做牛羊，应冲破樊篱，争取男女平等，实现人道之乐："今有受人之牛羊，而为之牧，而不为之求牧与刍，而又从而羁绊之，戕贼之，则牛羊亦当决破藩篱，自求生活，矧人之不甘为牛羊者耶！不甘为牛羊，则当自求生存，保护同类。既知自求生存，保护同类，则千古之禁锢必开也，百代之纲维必破也。正夫妇而跻男女于平等，亲父子而予子女以自由，文明至此，大同至此，人道之乐，如是而已。"②

与维新女性相比，辛亥革命时期知识女性更注重女子的天赋人权。正像时人所说："今日女子所目而染，口而祝，心而醉，梦而求者，非曰自

---

① 唐群英：《中华民国女界代表上参议院书》，载中华全国妇女联合会妇女运动历史研究室编《中国妇女运动历史资料》（1840—1918），中国妇女出版社1991年版，第579页。

② 《男女平等之原理》，《中国日报》，《清议报全编》第25卷附录一，《群报撷华·通论》。

由，则曰平等哉。夫自由云何？无压制之主义也。平等曰何？无偏重之主义也。"① 有的则以鼓动人心的语言写道："不自由毋宁死，不自立毋宁亡，精神所至，金石为开。起——起——起，我女界当树独立之帜，而争平等之幸福也。兴——兴——兴，我女界当撞自由之钟，而扫历史潮流之秽史也。"② 凡此种种，都显示了知识女性强烈要求女权。她们和男性精英一样，也以天赋人权为思想武器，论证了妇女的权利是生来就有的。

炼石认为自从人类社会以来，女子"与男子并生于面积一亿平方哩，容积二千亿立方哩，循其轨道绕行日轮之地球大陆之上，而同为万物之灵长，世界之主人翁者也"。造物生人，不只生男子，也不只生女子，不在男女之外，还生一种别样之人，来与男子女子相鼎立。从世界上来看，虽然有黄种人、白种人、黑种人、棕种人以及族类支派之分，谱系繁杂，不可胜数，但也只是男女而已。而且造物主化生男女，不让男子占人类之多数，也不让女子占人类之多数，而让其大体相等。从世界现有人口来看，男女人数也大体相等，"今合观全球十四亿人口之历史，乃知男子与女子，虽数千年之久，其人数之各计，所差者常不甚远。此又造物不令男女人数不平均之明证矣"。③ 从这一现象看，就可知造物生人之本意，不偏重于男，也不偏重于女，在其间没有尊卑强弱之分，所以男女应该平等。

炼石认为，在人类之初，男女本是平等的，"上古洪荒之世，社会之雏形，尚未成立，人心浑朴，欺诈不生，无所谓阶级也，无所谓尊卑也，无所谓礼法也，男女各随其本性，起居饮食，纯乎自然。斯时男女之能力必相均，体力必相等，所处之地位，亦必不相上下，则其权利之平等，无待言矣"。之所以造成男女有别、男尊女卑，是因为女子性情宽仁，对男子疏于防范，而男子趁机运用各种手段对女子压迫的结果："诚以太古以降，人类肇生，男女同优游于无为之天，吾女界性质宽仁，以为男子者，与吾有同类之谊，必不至如虎豹蛇蝎之野心，谋加害于我也。信之既深，防之即疏，而岂料造化之机，静极必动，天不欲人类，永居于淡泊之域，

① 杜清池：《广东演说稿》，转引自田景昆、郑晓燕编《中国近现代妇女报刊通览》，海洋出版社1990年版，第4页。
② 枨城鹃红女士：《哀女界》，载中华全国妇女联合会妇女运动历史研究室编《中国妇女运动历史资料》（1840—1918），中国妇女出版社1991年版，第214页。
③ 炼石：《女权平议》，载中华全国妇女联合会妇女运动历史研究室编《中国妇女运动历史资料》（1840—1918），中国妇女出版社1991年版，第205—206页。

而将令其演悲惨之活剧，以开后此数千年舞台之初幕也。于是男子中有桀骜者起，负雄毅之才，抱无厌之欲，逞残忍之心，纠合党类，征伐他族，创立部落，自为酋长，强者诛之，弱者奴之，社会阶级之雏形，始以出现。其欲焰之所被，以波及于其平日最同等最和爱之女子者，揆其私心，直欲诱以甘言，迫以威力，强令服从，尽以供其嬉谑玩弄之具。噫！天胡不仁，降此元凶，以为吾女界数千年来最初之仇雠，而人道唯一之公敌耶。"① 在这里，炼石认为先有阶级压迫而后有性别压迫，比较符合唯物主义观点，但是她把性别压迫的原因仅仅归因为男子的力量比女子强大，没有认识到背后深层次的经济原因，显然只看到表面现象，没有看到事物的本质。而且她认为中西方造成男尊女卑的原因是一样的。"凡此之故，中外古今如出一辙"。之所以西方妇女的权利要比中国恢复得好，是因为宗教的缘故，"彼欧美女权之所以能强半恢复于吾国于前者，以其得力于宗教上平等博爱之主旨为之调和，故其受毒于男界之压制者尚浅，得保全本然之人格，举一切姻婚之自由，学问之自由，生业之自由，皆未曾为男子所专利，故不难渐趋于平等之域耳"！②

秋瑾以天赋人权为武器，论证男女应该平等，"上天生人，男女原没有分别"。③ 男女平等是自然的："四肢五官，才智见识，聪明勇力，俱是同的，天职权利，亦是同的。"④ 秋瑾作诗大力歌颂女权："我辈爱自由，勉励自由一杯酒。男女平权天赋就，岂甘居牛后。"⑤

吕碧城认为，天之生人，与其肢体，使之能运动；与其耳目，使之能见闻；与其唇舌，使之能言语；与其精神，使之能发思想、运智机。无论男女，既然都具备了完全的形体，也就理所当然都应该享有同等的权利与义务。视其才干，能为何等之人，即为何等之人；能从何等之事，即从何等之事，"士农工商种种生业随己之所欲而趋之"，这是不可剥夺的天赋之权。然而，传统中国社会却以性别作为论尊卑、定品行的标准，使"男子得享人类之权利，女子则否，只为男子之附庸"，衍生出"女为悦

---

① 炼石：《女权平议》，载中华全国妇女联合会妇女运动历史研究室编《中国妇女运动历史资料》（1840—1918），中国妇女出版社 1991 年版，第 206 页。

② 同上。

③ 秋瑾：《敬告中国二万万女同胞》，见《秋瑾集》，上海古籍出版社 1991 年版，第 5 页。

④ 秋瑾：《精卫石》，见《秋瑾集》，上海古籍出版社 1991 年版，第 130 页。

⑤ 秋瑾：《勉女权歌》，见《秋瑾集》，上海古籍出版社 1991 年版，第 121 页。

己者容"、女子"唯酒食是议"等种种荒谬之论,使广大女性"虽有肢体
以资运动,然压制之、排叱之,即不得运动;虽有耳目以资见闻,然幽闭
之,不许出户,即不得见闻;虽有精神以利思想,然不许读书以开心智,
即难发思想"。① 女性从身体到精神都失去了自由,仅仅被视为玩弄之具,
充做奴隶之用。其独立人格遭到扼杀,其存在价值受到扭曲。面对同胞的
悲惨命运,吕碧城写下了"大千苦恼叹红颜,幽锁终身等白鹇。安得手
提三尺剑,亲为同类斩重关"② 的豪壮诗句。

在吕碧城看来,造成中国女性千百年来不幸遭遇的原因是国人牢不可破
的"尊王法祖"的传统观念。她悲愤地写道:"中国以好古遵圣为癖,以因循
守旧为法。于所谓圣贤之书、古人之语,一字不敢疑,一言不敢议。虽明知
其理之不合于公,其言之不适于用,亦必守之、护之、遵之、行之。至一切
教育、法律、风俗,明知其弊,有损于世;明知其腐,无补于今,亦不敢改
革。曰:古法也;曰:旧章也。"③ 就这样,"好古遵圣,因循守旧"八字遂
使广大中国女性永远陷于万劫不复之地。吕碧城指出,古时圣贤诚然有过人
之处,但其思想不可能尽善尽美。而且随着时光流转,世事变迁,古法虽精,
恐难适于今世。因此,不可一味因循守旧,不善变通,只知以古人之耳目为
耳目,以圣贤之思想为思想。她常常毫不掩饰地与他人表明自己的观点:"无
论古圣大贤之所说,苟其不合乎公理,不合乎人情,吾不敢屈从之。无论旧
例之所沿习,众人之所相安,苟其有流弊、有屈枉,吾不敢不抉摘之。非尽
违圣贤之议论,尽废古人之成说,不过择其善者而从之,不善则改之耳。如
此,然后可与言进化,可与言变通,可与言改革。"④

3. 从女性和男性具有同样的能力方面论证男女平等

在《女界钟》"女子之能力"一节中,金一首先运用近代生理学的知
识回答欧洲心理学家、哲学家对妇女能力的质疑,"女子有能力乎?是欧
洲十数心理家、哲学家所辩论、所考验而得之问题也"。何谓能力?金一
虽然没有给能力下一个科学的定义,但他认为:"能力者,智慧之果也。
智慧者,脑之花也。"显然,金一认为人的能力是以智力为基础,人的智

---

① 吕碧城:《论提倡女学之宗旨》,天津《大公报》第 681 号第 2 版,1904 年 5 月 20 日。

② 吕碧城:《写怀三首》,见刘纳编著《吕碧城评传·作品选》,中国文史出版社 1998 年
版,第 109 页。

③ 吕碧城:《敬告中国女同胞》,天津《大公报》第 685 号第 2 版,1904 年 5 月 24 日。

④ 同上。

慧取决于脑子，而脑力之优劣又与脑髓之大小有关系，而"脑髓之大小，与其身之长短重率有比例"，"凡身体愈大者，其脑之比例愈绌"，① 也就是说，身体越大，脑髓所占比例越小。随后他列举了鲸、象、犬、鸟、美洲猿等几种动物来验证这一结论，而人的脑重量约占全身重量的 1/46—1/45，男女脑子的结构、重量并没有什么不同，无论男女，况且女子身量弱小，按此结论女子的脑重量占全身重量的比例应该高于男子，所以女子应该比男子更聪明。他又用当时科学家对欧洲和日本男女考察记录的两组具体数据，证明男女脑围并无明显差别，有些女子的脑围比男子还要大些，从而说明女子智力并不比男子差。

　　除了进行科学上的验证外，他又举了中西历史上有成就的女文学家、美术家、哲学家等，来证明女子智力在事实上也不低于男子。比如西方有艺术家苏墨荑尔、汉思绮尔、荼玲，戏曲家若夫钟讷佩丽，小说家欧诗天、布莱墨、钏儿、达德雯，诗人赫门珊、纶顿、梯敷丝、布阆银，此外还有哲学家司佩尔勒，经济学家马亭镂，政治家罗兰等，况且妇女当时还没受过高等教育，学问、思想才技皆不发达，就有如此多的人才，否则女性人才不可量也。虽然中国女性没有受过正规教育，但也人才济济："经史则有伏女、大家之伦，文章有班妤、左嫔、谢女、鲍妹之亚，书法则有卫恒、卫铄、吴彩鸾之俦，绘事则有薛媛、管夫人之辈，音乐则有韩娥、霍里妻、蔡琰、卢女之侪，美术则有若兰、灵芸之族。芝草无根，醴泉无源，英英表异，自成馨逸，固已奇矣；而更有进者，救世既有缇萦，爱国亦有木兰，以言乎侠义则聂嫈、庞娥，以言乎剑术则越女、红线，以言乎勇力则童八娜、李波妹，以言乎韬略则虞母、荀瓘、梁夫人、沙里质、秦良玉其人也。而冯燎持节，乃通国际之情；赵后问使，畅宣民权之义，此其能力殆有天纵，而非人所能为也。"以此得出结论："身体之构造同，则脑筋之维系同，脑筋之维系同，则一切聪明才智无不同。"②

　　4. 批判传统性别歧视制度，主张妇女权利

　　（1）批判缠足、穿耳等摧残妇女身体的陋习，要求妇女的人身权

　　金一认为缠足首先是对妇女身体权的侵犯："缠足之害。悲哉于刑乎？夫天刑犹可言，而人刑其何为者也！女子不幸生于地球，既不能逃产

---

① 　金天翮著，陈雁编校：《女界钟》，上海古籍出版社 2003 年版，第 5 页。

② 　同上。

育之大难，艰辛劳苦，视男子为剧，而复加以残忍扎割之苦痛，世界男子
其无人心矣。"他认为中国女子缠足，较之非洲妇人压首，西洋女子束
腰，尤为残酷，"夫非洲妇人之压首，西洋女子之束腰，已为酷异，然未
尝如吾中国缠足之甚者也。冠可裂而履不可弃，颅同圆而趾不同方，名为
戴天履地，而偏有此径寸之物，钳制嵌缚，以不能直接也。吾中国君民男
女不平等，骤言或不信，若杖责与缠足，则尤著者矣。宛转呼号，求死不
得，血肉秽臭，肢体摧残，吾拷问作俑，吾恨不能起李昇于九幽之狱，处
以筋悬庙屋之刑也"！金一针对缠足是美观、是风俗的谎言进行揭露。缠
足美观吗？"外部纤晨，内容腐败，未见其高尚也。且身非花鸟，又非玙
羽，何为矫揉造作以自侪于玩好也"！缠足是传统风俗吗？风俗随着社会
文明的变化而转变，世界各国都是如此。"薙眉涅齿，东人犹将改革；文
身穿鼻，蛮俗今已消除，岂有林下风仪，大家举止，欹侧软媚，痿痹不
仁，曾不如仆婢，犹得葆其天然之素也"。① 劝告妇女不要把缠足看成是
美观而自戕自毒。

陈撷芬愤怒地控诉了缠足、穿耳等封建陋俗对妇女的压迫。为什么要
缠足？男子制造谎言说，为了美观。缠足真的美吗？美的标志，首先是气
色要润泽洁白，"色之润泽洁白与否，全视其血。体气强，血管利，则其
色白且华，否则焦黄枯涩"，即使抹以脂粉，也是丑上加丑。其次，是姿
之美也。举止大方，动合天则，来源于素养，并非"矫饰"。根据以上美
的标准来看，缠足并不是美，如果是真正的美，那么男子为何不自为之？
可见是丧心病狂的男子，为了便于压制女子，为了"博吾一时耳目之
娱"，以美作诱饵，"诱吾辈趋之，奈之何吾辈堕其术中而不悟耶"。②

柳亚子严厉谴责了缠足这种"陋习"，认为缠足是使妇女受压迫的原
因之一，他说"中国须眉男子，屈伏于千重压制之下，不知权利义务为
何物，奴隶之名，称于大地。而我巾帼社会，复为男子所奴视，重文罗
网，历数千年不能冲决，日愈趋而愈下。吾尝推测其原因，则缠足为之怅
矣"。她对妇女的身体造成了极大的伤害，它使妇女"血肉崩溃，则容颜
憔悴；步履艰难，则行止倾侧"，除了要忍受肉体上的痛苦之外，也时常

---

　　① 金天翮：《女界钟》，中华全国妇女联合会妇女运动历史研究室编：《中国妇女运动历史
资料》（1840—1918），中国妇女出版社 1991 年版，第 162 页。

　　② 陈撷芬：《论女子宜讲体育》，见中华全国妇女联合会妇女运动历史研究室编《中国妇
女运动历史资料》（1840—1918），中国妇女出版社 1991 年版，第 205—206 页。

成为男子玩弄的对象。"怒则困之鞭箠之下，喜则玩之股掌之上"，而且这一千多年以来中国千千万万的妇女已经接受了这种压迫自身的习俗，更是变得麻木。"我可怜之同胞，亦且久而忘其丑，忍其痛，争妍斗媚以为美观，蚩蚩蠢蠢，喁喁累累，乐于俎，颂于牢，歌于槛，庆于罗，母训其女，姊劝其妹，一若以缠足为我同胞一生莫大之义务、莫大之荣誉，虽九死一生，终不敢稍动其抗力"。①

柳亚子义正辞严地指出了缠足给妇女们带来的痛苦，希望广大妇女们能认识到自己所受到的迫害，更不要强迫自己的下一代进行缠足，要废止缠足，使妇女首先获得身体上的自由之后才可以争取更多的自由和权利。而且柳亚子提出了放足的方法。在自己的家乡黎里镇，有为倪寿芝女士创办"黎里不缠足会"，柳亚子看到这种举动，便起草《黎里不缠足会章程》，在章程中规定："欲知放足之法及靴鞋样者，请至本会所问取。远处来函当速奉复，以广风气。"② 可见柳亚子不仅唤起被缠足的妇女敢于反抗的意识，还为妇女提供了放足的方法，鼓励妇女放足，使妇女早日摆脱封建思想的束缚而获得人身自由。

秋瑾怒于缠足对妇女身体上的摧残，她认为女子出生以后，"没到几岁，也不问好歹，就把一双雪白粉嫩的天足脚，用白布缠着，连睡觉的时候，也不许放松一点，到了后来肉也烂尽了，骨也折断了，不过讨亲戚、朋友、邻居们一声'某人家姑娘脚小'罢了"。③ 她在《精卫石》中写道："可怜自从缠了双足，每日只能坐在房中，不能动作，往往有能做的事情，为了足不能行，亦不能做了，真正像个死了半截的人。面黄肌瘦，筋骨缩小，终日枯坐，血脉不能流通，所以容易致成痨病，就不成痨病，也是四肢无力，一身骨节酸痛。""我们女子为什么甘心把性命痛苦送在一双受痛受疼、骨断筋缩的脚上？……只怪自己把自己看得太不值钱，不去求自己生活的艺业学问，只晓靠男子，反死命的奉承巴结，谄谀男子，千方百计，想出法子去男子前讨好。听见喜欢小脚，就连自己性命都不顾，去紧紧地裹起来……弄到扶墙摸壁，一步三扭，一足挪不了半寸……能够使丈夫爱你，亦无非将你作玩具、花鸟般看待，何曾有点自主的权

① 柳亚子：《黎里不缠足会缘起》，见《女子世界》第3期，1904年2月。
② 同上。
③ 秋瑾：《敬告中国二万万女同胞》，见《秋瑾集》，上海古籍出版社1991年版，第5页。

柄?"① 她在历数了缠足的痛苦之后，唱道："争如放足多爽快？行道路，艰难从不皱眉头，身体运动多强壮，不似从前姣又柔，诸般事业皆堪做，出外无须把男子求。求得学问堪自食，手工工艺尽堪谋，教习学堂堪自养，经商执业亦不难筹。自活成时堪自立，女儿资格自然优。尖尖双足成何用？他日文明遍我洲，小足断然人唾弃，贱观等作马而牛。"② 秋瑾呼吁妇女自己觉醒，放弃缠足的恶习，求得自身的解放。

（2）批判传统的性别教育制度，主张妇女教育权

①批判"女子无才便是德"的传统教育观，论证教育有利于提升女德

金天翮在《女界钟》中指出"女子无才便是德"是中国男子像秦始皇一样对女子实行的愚民手段："女子无才便是德，此不祥之言也。是二百兆男子，化身祖龙，袭愚民坑儒之手段以毒世者也。"③ "女子无才便是德"的传统教育观形成了旧中国几千年来束缚妇女的旧道德，可归纳为三条。第一条是"对于一身之道德"，就是世俗所谓的"女训"，即妇女的自我修养："对于一身之道德，则世俗所谓女训是也。"他对班昭认为女训就是不必有才学，妇女要守贞节、守规矩的看法持否定态度，认为随着世界文明进步，女子教育也将和男子教育一样发生改变，读书、入学、交友、游历，都能使女子长知识、增道德："班氏曰：'妇德不必明才绝异也。清闲贞静，守节整齐，行己有耻，动静有法。'此言也，吾何以非之哉？夫世界文明进步，则女子之教育，亦将随男子而异，读书入学交友游历，皆女子所以长知识，增道德之具也。"男女天生都有一定才能，如不将其引向读书、入学、交友和游历等正道上，就会转到看坏书，游寺观、交狎友、借佛游春等邪道上去："道德智识乃天赋此身以俱来，无男女一也。灵台之光线，无日不婉转却曲以求伸。不伸于此，必伸于彼。是故求读书而不得，则闲情之诗，俳优之作，盲词开篇之类至矣。求入学而不得，则斋醮之事，寺观之游，布金幡之徒众矣。求交友而不得，则相狎之伴，知情之婢，三姑六婆之交密矣。求游历而不得，则戏园之座，踏青之行，天竺落伽，借花供佛借佛游春之思想发矣。"这就造成女子孤陋寡

---

① 秋瑾：《精卫石》，见《秋瑾集》，上海古籍出版社 1991 年版，第 131 页。

② 同上书，第 162 页。

③ 金天翮：《女界钟》，中华全国妇女联合会妇女运动历史研究室编：《中国妇女运动历史资料》（1840—1918），中国妇女出版社 1991 年版，第 157 页。

闻，成天围着锅台、妆台转，为琐事斤斤计较："其或拘挛成习，窒僿无知，则又徘徊灶觚，幽囚妆阁，琐琐筐箧，龂龂锱铢。"而丈夫和亲族则以此为美德，其实中国女子品性比欧洲女子差多了："夫家盛之以为奇节，戚族艳之以为美谈。呜呼，吾中国女子品性如此，其亦可以见矣。天下事之最难堪者，莫如以比较而生优劣。今以欧洲女子之发达，比我中国，我中国人其知愧乎？抑犹将强颜自辩，窃窃然非之也？"① 二是"对于男子之道德"，即世俗所谓"相夫"。他批判传统女子对于男子之道德是仅仅相夫，即做男子的附属；认为男女互相平等，才是世间正理和人生幸福，才能使夫妻感情和谐、相互学习品性、切磋学问、互补道德："对于男子之道德，则世俗所谓相夫是也。夫男女胖合，乃世界之正例，人天之大幸福也。凡阴阳之调和，情爱之归宿，品性之交换，学问之商榷，道德之补助，皆于是取也。"所以西方夫妇平等，妻子不依赖丈夫："是故文明之夫妇，居则互理家政，出则付托得人，分途以入学，相携以游历，无挂碍，无恐怖，无远离颠倒梦想，则无依赖性而已。"而中国女子从小受"三从"、"七出"的训导，循规蹈矩，没有别的出路，只有嫁了人，才像是被录用，了却生平大事："中国女子，习闻三从七出之恶谚（非孔子之言，孔子述之，不为远识），兢业自持，跬步不敢放纵，生平束身圭璧，别无希望。惟此却扇之夕，如登科及第，三跪九叩，望阙谢恩，以为供职录用，生平之大事毕矣。"这使曾经四海为家的男子婚后有了拖累而志气消磨，遇到与婆婆争斗不休的悍媳就更加不幸："而为男子者，桑弧蓬矢，天地四方。曩者仗剑出门，曾无内顾之虑，令兹缠绵床第，歌泣帷房，消耗国是之心，摧挫风云之气。吾读闺中少妇之诗，未尝不掩卷而三叹息也。虽然，此其优者耳。至于劣者，贫穷起交谪，妇姑生谿勃。更其卑者，不为鹣鲽容，而作牛马走。凡此种种夫妇之恶现象，劣根性，吾口不忍言，而笔不忍述也。"西方女性既不想压倒男性，亦不依赖拖累男性，幸福是要靠自己创造的："亦吾未闻罗兰、玛利侬之相勖，有河东狮吼之声也。吾又未闻加里波的、马尼他之相慰藉，有长生牵牛之泪也。幸福无门，惟人自造，我同胞其知之否也？"三是"对于家庭之道德妙"，就是世俗所谓"阃范"。"阃范"又大体分为儿童教育（教子）和家政两方面。儿童教育主要是指儿童的早期家庭教育。他指出：旧时代的家庭教

---

① 秋瑾：《精卫石》，见《秋瑾集》，上海古籍出版社1991年版，第158页。

育"猥陋灭裂",无非是教育儿童"弋科保禄之可歆,夺产盘利之可贵"一类自私自利、升官发财的东西。而这种家庭教育是十分有害的,必须废止。金一主张:"吾之所谓家政,自育儿卫生至于经济法律用人行政,荦荦数大端,隐然如国之雏形……循吾说而行,则家庭之幸福,惟女子制造之。键户而出耶,旅行游学皆可也;当户而居耶,跳舞延宾,摊卷修业亦可也。能生利,不分利,有自立,无依赖,国未有不强者也。"①

《中国日报》也批判"女子无才便是德"的传统教育观侵犯了妇女的受教育权:"且曰:'女子无才便是德。'塞智蔽能,刑骸折骨,以天下女子为奴隶之服役而玩弄之柔物。呜呼!此岂均平之道也耶?……男女失道,阴阳失时,哀此妇人,乃甘为奴隶之束缚,甘做无知无识之腐物。太自放弃其自由平等之利益矣!"按照文明的准则,男女都应该受教育,按照自己的意愿实现自我,不可代庖:"且以文明之差别,破野蛮之界限,男女皆读书明理,自各有自由宗旨,尽己则已,谁越代庖?"②

②对传统妇女教育进行了深入批判,主张男女教育平等

在《女界钟》里,金天翮首先对中国几千年来的封建教育制度进行了批判,并一针见血地将其概括为奴隶教育:"然则,中国之教育如何?吾敢直言而不讳之曰奴隶。呜呼!吾今而知奴星之运,照吾支那民族也,三千年来矣;奴根之树,蟠植吾东亚大陆也,亦三千年来矣。"接着作者也对支撑封建教育制度的经典和圣贤进行了批判:"六经三史,尽让仆之文;诸子百家,乃僮约之事。其他所谓人师、女宗、名臣、列女,无非颖士之才奴,康成之诗婢。奴于财,奴于衣食住,奴于玩好,奴于社会种种风俗,奴于登科及第陛官发财诰封敕命,奴于君,奴于相,奴于圣贤英雄豪杰,大儿文周孔,小儿张程朱,以及其他野蛮时代点鬼簿上之人物。奴界不一,要皆自不自尊自立之教育而来。吾言之,吾益信中国其无望。"③

男子的教育是奴隶教育,女子教育更甚之,金天翮认为女子是奴之奴,女子摆脱奴隶地位的方法只有一个,那就是教育:"女子者,奴之奴也,并奴隶之教育亦不得闻。然其普通之自称则曰:奴矣。是谓不成之法

---

① 金天翮:《女界钟》,中华全国妇女联合会妇女运动历史研究室编:《中国妇女运动历史资料》(1840—1918),中国妇女出版社 1991 年版,第 158—159 页。

② 《男女平等之原理》,《中国日报》,《清议报全编》第 25 卷附录一,《群报撷华·通论》。

③ 金天翮:《女界钟》,中华全国妇女联合会妇女运动历史研究室编:《中国妇女运动历史资料》(1840—1918),中国妇女出版社 1991 年版,第 167 页。

之奴隶。……救奴隶之方法如何？曰：惟教育。"他还强调应通过自尊自立的教育来培养女子自尊自立的人格："语曰：'万物并育而不相害。'又曰：'逸居而无教，则近于禽兽。'恫哉，无教育之民，与禽兽万物何以异也。恫哉，无教育之中国女子，丁此世界，生天居人先，而成佛居人后也。苟不速自振拔于奴隶世界，则真万劫不复矣。夫人惟不自尊自立，而后奴隶之教育至，不自为奴隶，而后自尊［自］立之教育可以设，断断然也。"他还指出对女子进行教育，不光是对女子有益，而且对整个国民都有益处，"教育者，造国民之器械也"。女子与男子各居国民之半，如果只对男子进行教育，而不对女子进行教育，势必连男子教育也要受影响。"我未闻有偏枯之教育，而国不受其病者也"，犹如人之身体，"其左部不仁，则右部亦随而废"。[1]

女性期刊《女子世界》也鼓励女性通过受教育来获得独立自尊："沉沉女界暗千年，全无尺寸权。少小弗读书，争道无才福有余。智识不如人，下心低手复何恨？须知独立自尊，第一学问是根本。二万万同胞，大家努力趱程进。"[2]

[3]男女应该接受同等的教育，并提出了妇女教育的教育宗旨和教育目的

金一主张男女应该同校，接受同等的教育，这样有许多好处，好处之一是男女能够共同学习："男女之间，同此形气，同此智识，从容论道，慷慨抵掌，上下五千年，纵横一万里，奇文共欣赏，疑义相与析。"好处之二是能避免学习的偏向："男子感化于女子，则生温和之风，女子刺激于男子，则生自恃之念。大凡男子好深难之学问，女子爱平易之技术，苟不混合，则有偏向之弊。"[3]当时，中国人创办了一些学校，都是按性别分为女子小学、男子小学，金天翮提出男女同校，推动了女子教育进一步向前发展。

金一不但主张妇女应该受教育，而且还应该接受不同于旧式教育的新教育，他认为应该把妇女培养成："一、高尚纯洁完全天赋之人；二、摆

① 金天翮：《女界钟》，载中华全国妇女联合会妇女运动历史研究室编《中国妇女运动历史资料》（1840—1918），中国妇女出版社1991年版，第168页。

② 《复权歌》，《女子世界》第10期，1904年。

③ 金天翮：《女界钟》，载中华全国妇女联合会妇女运动历史研究室编《中国妇女运动历史资料》（1840—1918），中国妇女出版社1991年版，第171页。

脱压制自由自在之人；三、思想发达，具有男性之人；四、改造风气，女界先觉之人；五、体质强壮，诞育健儿之人；六、德性纯粹，模范国民之人；七、热心公德，悲悯众生之人；八、坚贞激烈，提倡革命之人。"①这八条，实际上是要把女子培养成一个自尊自立的真正的女国民。这样，金天翮主张的女子教育，不仅与封建教育严格区别开来，而且也与戊戌时期盛行的、以相夫教子为主要内容的资产阶级改良派的教育思想区别开来，从而显示出鲜明的资产阶级革命色彩。

为了实现他的女子教育目的，使更多的妇女接受教育，金一还主张创办女子师范学堂以培养女学堂的师资。他认为女子师范学堂是女子教育的"第一要义"，而且为了实现他的女子教育目的，还把自身投入到了妇女教育的活动中，亲自创办明华女学堂，并到上海爱国女学任教，为妇女教育献力。

陈以益也认为男女同为人类，就应该接受同等的教育，要实施同等教育，也应该为女子设立初等中学、高等中学、大学等和男子一样的学校，而且女子所学内容也应该和男子一样："惟男女既同为人类，同宜教育，即宜受同等之教育……自宜施同等之教育，女子亦设中学、高等、大学。其学科之非女性所近者，亦宜教之，犹之美术固非男性所近，而男校亦教之也。至于由教育以造人物，则因由于各人之志向。无大志者，固听其伈伈伣伣，为贤母良妻而终，亦犹男子之无志者，庸庸碌碌，为贤父良夫而终也。"②

1907年学部颁布了女学章程，以贤母良妻主义作为教育宗旨，就是给女子施予简单普通的知识教育，使她们有相夫教子的能力。陈以益对这一宗旨进行了深刻的揭露和猛烈的批判。男子学习专门知识，女子学习普通知识，"非重男轻女耶？非与男尊女卑之谬说相等耶？所谓平等者何在？所谓平权者何在？"为他人母，为他人妻，美其名曰贤母、曰良妻，"实则男子之高等奴隶耳"。当时，男尊女卑已被批得体无完肤，但改头换面的贤母良妻又出现了，前门拒虎，后门进狼，实质上贤母良妻与男尊女卑是同日而语，是"二而一、一而二者"。如果说贤母良妻的教育宗旨

---

① 金天翮：《女界钟》，载中华全国妇女联合会妇女运动历史研究室编《中国妇女运动历史资料》（1840—1918），中国妇女出版社1991年版，第172页。

② 陈以益：《男尊女卑与贤母良妻》，载《女报》第2号。

是正确的、有益的，那么男子的教育为什么不以贤父良夫为目的？女子做贤母良妻，仍然没有独立的人格。陈以益警告女学界："其勿以贤母良妻为主义，当以女英雄女豪杰为目的。……苟欲去男尊女卑之谬说，则请取贤母良妻之主义并去之。与女子以男子同等之教育，即与女子以男子同等之权利，则平等平权庶非虚语，而女学与女权发达当有日矣。"①

女子要与男子进行同等的教育，就要坚持德、智、体的全面发展。德育，是做人的根本，"无道德即无人格，虽有学问无以益群。故培女德者，女子教育之第一要义也"。通过教育使妇女"有完全之人格，有独立之能力，自由而不出道德范围，平等而不越家族体制。男子应有之权利，女子共有之；男子应尽之义务，女子共尽之。去其劣根性，养其爱国性，使全国女子皆为独立自营大国民而后已"。智育，是使女子受到与男子一样的普通教育。开设十门课程，这是女子最简要的必修课。除了学校传授知识外，报纸、杂志、手工传习所等都可以开人知识，长人学问。体育，中国人种羸弱，已达极点，原因全在女子。"为今之计，唯有先去陋俗，缠足穿耳，皆耗人心血，伤人身体"。还要"研究卫生，注意体操"。② 陈以益希望通过德、智、体的普及教育，使妇女参加社会工作和政治活动，使妇女能自立，不再依赖男子，这样就可以提高妇女的地位。陈以益号召全社会都要重视女学，女同胞竭力发奋，男同胞热情襄助，一定能达到男女平等的目的。

吕碧城对女子教育的教育宗旨和教育目的也提出了自己的看法。对于女子教育的教育宗旨，吕碧城并不反对"良妻贤母"，问题的关键是不应该以此作为女子教育的全部内容。在国破山河碎的近代中国，她极力要求将女子的活动空间从家庭拓展到社会："今之兴女学者，每以立母教助夫训子为义务。虽然女子者，国民之母也，安敢辞教子之责任；若谓除此之外，则女子之义务为已尽，则失之过甚矣。殊不知女子亦国家之一分子，即当尽国民之义务，担国家之责任，具政治之思想，享公共之权利。"③ 由此可以看出她对女子教育的宗旨作了如下的界定：一方面使女性"对于家不失为完全之个人"；另一方面使其"对于国不失为完全之国民"。④

---

① 陈以益：《男尊女卑与贤母良妻》，载《女报》第 2 号。
② 陈以益：《女子教育》，见《女论》附论。
③ 吕碧城：《论某督札幼稚园公文》，《中国近代学制史料》第 2 辑下册，第 758 页。
④ 吕碧城：《兴女学议》，天津《大公报》第 1299 号第 3 版，1906 年 2 月 18 日。

这种提法认定了女性与男性同样具有个人和国民的双重身份，也就相应地享有双重的权利与义务，不仅从教育的社会功能立论，而且着眼于广大女性的个体发展。从"人权"、"女权"的角度去谈女学，体现了女性教育价值观念的深刻变化。既大大超越了"学成即勿于外事，相夫教子得已多"的"良妻贤母"主义教育观，又明显区别于当时一些激进的革命派所提出的"当以女英雄、女豪杰为目的"的教育理念。吕碧城的这一思想不仅在当时，而且对现代女性教育观念的形成依然有着重要的启迪作用。

要使女子成为完全之个人和完全之国民，必须坚持德、智、体三个方面的全面发展。吕碧城将"德育"放在首位，认为道德教育是"学界中可进不可退之要点"，不重视道德培养，只授以具体知识，只能"济其恶、败其德"。德育对于人的发展也是十分重要的，它是"立身之基础"，没有它，学习成绩再好，也如"无航之舟，飘流靡定"。① 吕碧城把德育解释成品行、道德。道德是"人类所公共而有者也"。女子的道德，并不是封建社会所要求妇女的温顺、贞节、懦弱，也不是视女子为男子的附属物，更不是为"男子之便利"，而是夫夫妇妇，自应各尽其道。道德，男女标准应该是一样的，无所谓男德女德。道德包括的范围非常广泛，主要包括对自己、对家庭、对社会、对国家，不能偏于任何一部分。德育的培养，一方面在实践中锻炼，走出家门，入学交友，公共场所倘有违反道德行为的就会遭到斥责，以后自知此等行为不容于社会。更为重要的一方面，是通过教育来实现。学校要开设修身、文学、哲学、历史、传记、音乐、诗歌等课程。在各种学科中，修身为各学科之首。哲学、文学为研究一切学理之本，以养其高尚之思想。历史、传记载历代兴亡及圣贤豪杰之逸事，以刺激脑筋，可以想象当年之壮志而焕发爱国热忱。音乐、诗歌可陶冶情操，女子天生富于感情，阅读小说，流连感叹，往往不能自已。通过这些课程的学习，熏陶濡染，女子可加强道德的修养。在"智育"方面，吕碧城认为"知识为万事之源"，是人类区别于动物的根本所在，非此则无以立身。人所以异于动物者，在于知识而已。几千年来中国女性之所以备受欺辱，权利沦丧，就是因为她们没有知识。因此，若想恢复女权，舍智育之外别无他途。智育，就是对女子授以世界普通知识，具备了

---

① 吕碧城：《兴女学议》，天津《大公报》第1299号第3版，1906年2月18日。

普通之知识而后养成完全之人格。普通知识应包括算术、美术、地理、外国语言文字等课程。算术（包括笔算、珠算），是智育中重要的学科。妇女治理家事，算术尤为生计之急需。其次，是声光电化等理科学科。学习这些课程，其目的是让女学生明白世间万物的现象与本质，作为她们将来从事实业的基础，同时也能够帮助她们破除种种荒谬迷信，不为习俗所囿。美术，主要用来涵养学生优美的感情及高尚的资质。地理，是国民教育中不可缺少的。学生们通过学习应该掌握地球的体制形状及运动之理，以及地面之水陆区域、气候、动植矿物的配置、人类职业、宗教、政治及国家大势居于何种地位。因为我国女子素乏国家思想，又无从涉及国际之事，故而可以通过地理知识的学习激发其爱国之心。外国语言，是认识外国事物的工具。今日世界处于激烈竞争之时，要在竞争中取胜，必须要懂外国语言。以上各种学科，"合一炉而冶之，融会贯通，互相为用"。以后无论从事何种职业，都有了坚固的根基，有了这根基，就能有所发明，不致故步自封。吕碧城不仅重视"德育"、"智育"，还将"体育"提升到了一个相当重要的位置。她认为就个人论，精神与体质紧密相关，宛若树木，只有根底结实才能英华芬馥。人只有体质健壮才能精神焕发；就国家而论，作为个人的集合体，民众体质的好坏与宗邦的强弱亦休戚相关。所以，如果民众不重视体育，不仅会危害到个人，还会影响到国家和种族的发展。对于广大中国女性来说，经过数千年缠足穿耳的折磨，她们肢体戕贼，血气颓衰，稍事操劳则脑痛心跳之疾纷然并作，虽有竞胜之心却苦体力不支。因而为师者应审时度势，根据学生身体的客观情况和发育规律实施教学计划，不可以因为风潮所驱、利禄所迫而采取拔苗助长的方法。① 此外，女学创办者还应该特别注意学生的饮食起居及校舍内的环境卫生，尽可能地为学生营造一个整洁、轻松，愉快的氛围，以利于她们健康成长。

（3）反对传统婚姻家庭制度，主张婚姻自由和一夫一妻制度

①金一：运用进化论分析婚姻自由是婚姻进化到一定阶段的产物，主张婚姻自由

首先，婚姻自由是婚姻进化到一定阶段的产物。

有了婚姻就实现了婚姻自由吗？非也，金一认为婚姻自由是婚姻进化

① 吕碧城：《兴女学论》，天津《大公报》第1307号第3版，1906年2月26日。

到一定阶段的产物，婚姻自由产生之前，婚姻分为两个阶段。第一，混合统系时代。这时期的婚姻形式容易造成血胤掺杂，金一列举了造成血胤掺杂的五个原因：鬻妻、外妇、再醮妇、一妻多夫、一夫数妻。第二，同姓结婚之时代。这种婚姻形式虽然可以保证血胤纯正，但容易造成"其生不蕃"的现象。以上两个时代是婚姻过去之历史，相较于过去，今日世界的婚姻又进化了一步，此时西方出现了自由婚姻："天晴日暖，鸟语花香，叠牢颂平等之词，琴瑟享自由之乐，人天幸福，无以加此，其进化哉！"① 此为第三个时代。

金一认为当时中国的婚姻是处在媒妁时代、卜巫时代和金权时代，并对这种婚姻进行了无情批判和鞭挞。他认为媒妁本是为避免婚姻的流弊而设立，原是沟通男女两家婚姻的桥梁，如果媒妁真正考虑到两家的利益，"通两家之驿骑，而较量其才智品德之高下，使无有怨诽"，是可以把婚事处理好的。但是，由于媒妁有私心，往往"较量者不在男女之才智品德，而在一己之锱铢，当抑而扬，心毁而口誉，则媒妁之毒流社会矣"。由于媒妁专制，"蒙蔽耳目，上下其手"，造成了无数婚姻悲剧。卜巫时代是指"以鬼神而操婚姻之权"，他认为这种"天作之合"更是荒唐可笑的事情，假如"使鬼神而能主婚姻，则河伯可以娶妇，丹朱亦能冯身，不祥莫大焉"。金一认为金权婚姻是"今日婚姻之间一大问题"。由于父母艳羡金钱，"攫取而不得，则以其子女之婚嫁为之缘。娶妻觊奁赠之丰，嫁女问制产之簿，苟或不得，则因而反目者有焉矣，因而离异者有焉矣。而如或得之，则虽老夫枯杨，牙郎卖绢，屈体以从，亦所不顾。"这种买卖婚姻是"婚姻时代之劫数"，造成"家庭日不治，社会日退落，教育日衰替，道德日分裂，人种日不改良"② 等弊端，对国家和人民危害极大。

其次，婚姻应以爱情为基础。

在批判了当时中国的专制婚姻后，金一提出，婚姻应以爱情为基础。金一赞同《易·序卦》提出的夫妇为五伦之首，亦是万物之始的看法，"有天地然后有万物，有万物然后有男女，有男女然后有夫妇，夫妇之际，人道之大经也"。但是他认为夫妇能够维持长久的原因是爱，婚姻只是仪式，"人道何以久？非婚姻，婚姻其仪式也。仪式之中有精神，是名

① 金天翮著，陈雁编校：《女界钟》，上海古籍出版社2003年版，第69—71页。

② 同上书，第75—76页。

曰爱"。"婚姻者，世界最神圣、最洁净的爱力之烧点也"。显然金一认为
婚姻的内涵是以爱情为基础的，这种看法是比较符合现代婚姻法的精神
的。虽然金一对男女之间的真爱非常推崇，但是他也泛化爱的力量。"神
圣哉此爱！洁净哉此爱！""爱力之于世界大矣！一切诸天、行星、地球、
生物、无机物、有机物所运行、所簸荡、所生灭而结集构造，而胚胎，而
孳乳，而成立，而悲欢离合，而贪嗔痴爱，而猜忌、争夺、斗杀、恐怖、
畏惧，谁使之？皆爱之力使之也"。① 金一看到了爱的力量和影响极大，
但他将世间一切的爱恨、情仇、友爱团结与猜忌争斗等都归结为由爱推动
的，这未免混淆了爱与恨的界限，将爱的力量泛化。

再次，婚姻自由的含义。

既然婚姻以爱情为主，那么只有婚姻自由才能保证在萌生爱情的基础
上结成婚姻。那么什么是婚姻自由呢？他认为人类两性结合本着自由的原
则，于同学朋友间选择"道德之相合，品性之相符，学问之相等，才技
之相敌，臭味之相和"的人就是婚姻自由。金一带着十分羡慕的心情，
介绍了欧洲的婚姻，"欧洲结婚之事，虽尊亲如父母，不能分毫干涉。居
恒选择，必于同学之生，相交之友，才智品德。蠢灵妍丑较量适当，熟习
数年，爱情翕合，坦然约契，交换指环"，然后才能结婚。中国要实行婚
姻自由，不妨学学欧洲。他热情地写道："吾欲移此鸟、此木于亚洲之大
陆，使四千万方里化为乐土，四百兆同胞齐享幸福，则必自婚姻自由始
矣。"金一主张婚姻完全独立自由，父母不要干涉，"愿天下有情人都成
眷属"。又强调指出，婚姻自由不是乱婚，而是一夫一妻制下的自由。选
择对象时是自由的，结婚以后更应当维护婚姻的神圣、洁净。对资产阶级
的多妻制，金一表示强烈的反对。他认为婚姻实是两人之间的契约，其中
绝不允许有第三方插足，类似两国密约，不能受他国之离间，"婚姻交
合，既由两人之契约而成，则契约之中决不容有第三位者插足之地，犹之
两国密约，不能受他国之离间也"，借此他批评了一夫多妻制，"今行尸
走肉类多蓄妾之风，斗宠争怜，交嘲互讧，初则疲于奔命，终必左右为
难"。并指出，未来的社会主义"必以一夫一妻为之基础"。婚姻自由的
实现，不是孤立的，是与平权紧密相连的。"自由与平权，为孪生之儿，
自由特早一时而生者也。是故自由起而后平权立。平权立而后一夫一妻之

———————

① 金天翮著，陈雁编校：《女界钟》，上海古籍出版社2003年版，第67页。

制行，则君子之道，造端乎夫妇也"。①

　　②柳亚子：控诉男女在婚姻中的不平等，主张婚姻自由

　　柳亚子围绕婚姻问题指出中国当时的社会男女之间存在着严重的不平等，他指出了当时存在的五种不平等的现象："（1）男子娶妾，女子无面首之奉。此婚配之不平等也；（2）男子既娶而后，室庐靡改；女子出嫁，必弃己家，而为他人之家为家。若无籍之民，归化于大国者，此居处之不平等也；（3）男子志在四方，太邱道广，王公斯养，皆在交游之列。即狎妓宿娼，亦自诩风流，不为恶德；女子以不出闺门为知礼；放诞飞扬，即遭诟病。嫌疑形似之地，身可死而谤不可消，此交际之不平等也；（4）男子丧妻，制服仅亦期年，等于父母之丧子女。女子丧夫乃有三年之服，等于子女之丧父母，且有终身不释者，此服制之不平等也；（5）男子杀妻，罪不至死；女子杀夫，则有凌迟之刑。男子停妻再娶，不过笞杖；女子背夫改嫁，罪至缳首，此刑律之不平等也。"② 以上是柳亚子指出的五种男女不平等的现象。由此可以看出，在婚姻和家庭方面，男女不平等的现象极为严重，由此，柳亚子极力反对女性在婚姻中受到的不公平的待遇。

　　柳亚子反对包办婚姻，崇尚自由婚姻，赞同离婚自由。他将西方与中国的婚姻制度作了比较，以西方的婚姻制度为参考对象，认为"欧美诸邦，婚姻自由。指环交换，出于纯粹之爱情"，③ 而封建时代的中国是"婚姻不自由，祸害尤烈。举一身之命运，太阿倒持，专执于父母之手"，④ 这样由父母包办的婚姻是不幸福的。柳亚子大胆地向封建婚姻制度和陈规陋习发起了进攻，更是对传统的贞操观提出了挑战，认为在夫妇关系出现不和时，"急当宣布离婚，任其再嫁。禁娶妾旁淫之俗，明夫死守节之非。务使男子不能加于女子，女子亦不能有下于男子。如此则自由平等之风普及矣"。⑤ 在这里柳亚子极力要求铲除婚姻包办的恶习，要求

---

　　① 金天翮著，陈雁编校：《女界钟》，上海古籍出版社 2003 年版，第 77—79 页。

　　② 柳亚子：《论女子对于男子伪道德之流毒》，载郭长海、金菊贞编《柳亚子文集补编》，社会科学文献出版社 2004 年版，第 27 页。

　　③ 同上书，第 29 页。

　　④ 同上书，第 21 页。

　　⑤ 柳亚子：《女子家庭革命论》，见郭长海、金菊贞编《柳亚子文集补编》，社会科学文献出版社 2004 年版，第 23 页。

女子与男子在婚姻问题方面享有平等的地位，以西方的婚姻制度为参考对象，希望中国的婚姻制度也要有所改变，并且认为中国的婚姻存在的严重弊病就是没有自由的权利。他心中理想的婚姻是"要推翻中古时代的专制结婚，采取原人时代的自由结婚，而加以科学的知识，成为我们理想时代的新自由结婚，才是正道呀"。① 这是柳亚子心中最为理想的婚姻制度，虽然在当时的情况下实现这样的理想很难，但反映了他对于旧式婚姻的否定和对自由婚姻的追求和向往。

③《中国日报》：抨击包办婚姻和一夫多妻制，主张婚姻自由和一夫一妻制

《中国日报》抨击封建礼教实行包办婚姻，造成了夫妇之道苦："今居中国，男不识女，女不识男，互昧平生，强为婚姻，非其志也，迫于礼已。其或不顺，势必至男则休妻再娶，女则归宁不返，夫妇之道，不亦苦乎！"封建性别伦理害得许多男女难成家室："男女有别，婚姻有时，圣人之礼法大哉！而男不成家，女不成室者，比比皆然也。"也使得天下有情男女难成眷属："不待父母之命，媒妁之言，钻穴隙相窥，逾墙相从，则父母国人皆贱之。而内多怨女，外多旷夫者，是谁之咎也？"礼教侵犯人的自由权，应论死罪："是故礼法不可以范大同之国民，君子不可有奴隶之性质。侵人自由之权，罪不容于死。"女子放弃自己的自由权，也是犯罪："而放弃己自由之权，亦岂得告无罪于天下乎？"《中国日报》认为婚姻应以爱情为基础，男女只有经过自由恋爱才能结成婚姻："凡人之情，必男女相悦，性情相等，彼爱此慕，然后为夫妇。如此而有中道决绝，反目下堂者鲜矣！"春秋时男女恋爱自由，鲁国的季姬就是主动要心仪的鄫子来邀请自己的："鲁季姬不犹是女子也欤哉？观其遇鄫子于防，使鄫子来请己，何其自由也。"②

《中国日报》还指出按照天地自然规律，一夫一妻制是合理的，一夫多妻或一妻多夫则是淫乱："天地之生也，一阴而一阳，一男而一女。一男而娶数女者男淫也，一女而嫁数男者女淫也，男合有夫之女，女合有妇之男者乱淫也。"批驳孟子以无后为大立妾是谬论："然吾闻'不孝有三，

① 柳亚子：《对于啸岑、华昇结婚时茶话会上各人演说的批判》，见中国革命博物馆、上海人民出版社编《磨剑室文录》上海人民出版社1983年版，第743页。

② 《男女平等之原理》，《中国日报》，《清议报全编》第25卷附录一，《群报撷华·通论》。

无后为大'。是则立妾犹可恕也。曰：呜呼！此正孟轲之謽言也哉！"尧舜立妾，孟子为尊者掩饰，故倡无后为大之说："舜不告而娶，孟子不申明其自由之权；舜妻帝之二女，孟子则倡为无后为大之说，是孟子以尧舜为孔子所称之圣人，故为尧舜解脱，安得不囫囵言乎？"如果儿子如此重要，则古来无后的圣贤，岂不都默默无闻了，但其思想自有别人传承："信如无后为大，则千古无后之圣贤，皆无闻焉乎？其传也，其后传之乎？亦他人传之乎？"而有儿子的人，名不见经传者多的是："有后之人，没世而名不称者又何多也。"而且要儿子是希望其像自己，继承自己的优点，但儿子往往不肖："且以子为后，欲其肖己而传，则丹朱之不肖，舜之子亦不肖。"如果自己不善，儿子也继承其不善，那就贻害无穷了："假其人也不善，则子亦肖其不善，其遗害伊于胡底耶？"况且有子无子，是顺任自然，孟子以无后为大立妾是谬论："矧人之有后无后，皆天也，非人之所能为也，然则无后为大之说，是真无谓也已，是则孟轲氏之謽言矣！"①

④秋瑾：批判妇女在婚姻家庭中的不平等，认为这极其不公道

秋瑾认为妇女在婚姻家庭中的不平等是终生的，从娘胎里一出来，就遭到人们的冷眼歧视。那些不讲理的老子，见生下个女的，就会满嘴连说"晦气，又是一个没用的"，恨不得立即拿起来把你摔死。以后，父母抱着"将来是别人家的人"的态度，冷一眼白一眼地看待。②出嫁以前，女子在家中也不能享受与男子一样的权利，特别是在经济上，女子根本没有权利继承父母的遗产。父母纵有百万产业，全归儿子，都是父母的亲骨肉，"女何卑贱子何尊"？秋瑾把这种制度痛斥为"毒制"。待到出阁年龄，"只凭着两个不要脸媒人的话，只要男家有钱有势，不问身家清白、男人的性情好坏、学问高低，就不知不觉应了。到了过门的时候，用一顶红红绿绿的花轿，坐在里面，连气也不能出。到了那边，要是遇着男人虽不怎么样，却还安分，这就算前生有福今生受了。遇着不好的，总不是说'前生作了孽'，就是说'运气不好'。要是说一二句抱怨的话，或是劝了男人几句，反了腔，就打骂俱下；别人听见还要说：'不贤惠，不晓得妇

---

① 《男女平等之原理》，《中国日报》，《清议报全编》第25卷附录一，《群报撷华·通论》。
② 秋瑾：《敬告中国二万万女同胞》，见《秋瑾集》，上海古籍出版社1991年版，第4页。

道呢.'诸位听听，这不是有冤没处诉吗"。① 出嫁后，"好似牢头增了一个罪囚，又似南美洲的人增了一个黑奴，种种虐待，务使你毫无生人之趣。儿子有罪，都归在媳妇身上；东西不见了，就说媳妇偷了，送娘家去了；儿子本不成材料的坏东西，反说我儿子本是好的，都是媳妇来了教坏了；家中或是生意折了本，或是死了人，有不顺遂之事，就是媳妇命不好的缘故。真如眼中钉、肉中刺一般，欲置之死地而后已"。② 出嫁后即使女儿在婆家受罪，父母也绝不过问，"嫁出门时由你去，任人凌虐当无闻。反目常占非偶配，反言是汝命生成"。③ 出嫁后在夫家家庭里，更是男尊女卑，等级森严："三从更是荒唐话，把丈夫抬得恍如天帝尊。虽然名曰称夫妇，内主何能任己行！般般须听夫之命，一事自为众口腾。夫若责时惟婉应，事事卑微博顺名，由夫游荡由夫喜，吵闹人讥妒妇人。吃尽艰劳受尽苦，到贵时眼前姬妾早成群……或是家庭常反目，凌虐妻房不当人。闺中气死还啼死，夫已逍遥花柳行。"④ 生时不平等，死后也是不平等的。"男子死了，女子就要带三年孝，不许二嫁。女子死了，男人只带几根蓝辫线，有嫌难看的，连带也不带；人死还没三天，就出去偷鸡摸狗；七还未尽，新娘子早已进门了"。⑤ 总之，妇女受的痛苦，说也说不完，一句话，"为牛马"，受苦受囚还受气。秋瑾愤怒地发问："天下没有女人，就生出这些人来么？为甚么这样不公道呢？"⑥

⑤《论婚礼之弊》和《婚姻改良论》：剖析中国传统婚姻剥夺了男女的婚姻自由权

《觉民》杂志于1904年发表的《论婚礼之弊》和《留日学生会杂志》于1911年发表的《婚姻改良论》两篇文章，全面而具体地剖析了中国旧式婚姻的种种弊端。第一，剖析了男女不相见之弊，婚姻应以爱情为主，但是男女交往的不自由，使得男女无法建立以爱情为主的婚姻："矧长处一庭名为配偶终身不改如夫妇者，乃以素无谋面茫不知心之人，一时之间遽相配合，久而久之其反唇反目之事，固势所必有矣。夫人情意不洽则气

①　秋瑾：《敬告中国二万万女同胞》，见《秋瑾集》，上海古籍出版社1991年版，第5页。
②　秋瑾：《精卫石》，见《秋瑾集》，上海古籍出版社1991年版，第132页。
③　同上书，第156页。
④　同上。
⑤　秋瑾：《敬告中国二万万女同胞》，见《秋瑾集》，上海古籍出版社1991年版，第5页。
⑥　同上。

脉不融，气脉不融则种裔不良，种裔不良则国脉之盛衰系之矣。盖男女不相见之弊，有如此。"① 第二，剖析了婚姻专制之弊，包括"父母专婚之弊"、"媒妁之弊"等。文章指出，中国主婚之权利，都在于父母，根本不考虑子女的意见，这是其最大的弊端。青年男女婚姻，历来是凭父母之命、媒妁之言强迫成婚，根本无视婚姻当事人的意愿。反而"当婚之两主人翁，曾不得任一肩，赞一辞，惟默默焉立于旁观之地位"，② 成了婚姻之事的局外人。凡问名纳采、文定纳币、结褵合卺，都由父母定夺。婚姻当事人的自由自主权利完全被剥夺，实际上，父母之选媳择婿常常选得不合适，男方父母不问其子之才学如何，只思娶得佳妇为家庭生色；而女方父母也不问其女之才色如何，只想嫁得佳婿为门楣增光。这种包办的专制婚姻使昔日为陌路之人，今却结床第之爱，真可谓天地间最煞风景之事。于是，就有了为夫者不钟情于其妻，在外嫖娼狎妓蓄妾；为妻者也不钟情于其夫，在外与人私奔。这种专制婚姻破坏夫妇之爱情、破坏子女之品行，给人们带来无穷的痛苦。第三，剖析了卖姻之弊，即"聘仪奁赠之弊"。文章指出，父母以子女为奇货索要高额聘礼或嫁妆的做法和贩卖鹿豕牛羊没什么不同？"其污损人类价值，盖亦甚矣"。不仅如此，父母选媳择婿既以金钱为标准，则"其择婿之标准，必不在于学问才能，惟问资产而已……娶妇者，亦将视妆奁之多寡"，③ 于是那种绝世才媛下嫁于枯杨老夫，巧妻常伴拙夫眠的爱情悲剧正是由专制婚姻、买卖婚姻造成的。买卖婚姻也给男女双方及其家庭带来不良后果，对社会造成严重危害，败坏了社会道德风尚，买卖婚姻造成互相攀比、竞相凌驾之恶习，导致"富者竭其脂膏，贫者亦思步武，相穷以力，相尽以财，不至于犬竭兔毙不止"。④ 尽管如此，接亲的时候，女家为了聘礼，男家为了嫁妆，还要大闹一场。这种买卖婚姻为男女双方的日后生活种下了危机，甚至是"庆贺未终，丧吊已至，爱

---

① 陈王：《论婚礼之弊》，《觉民》第1—5期合刊，载张枬、王忍之编《辛亥革命前十年间时论选集》第1卷下册，生活·读书·新知三联书店1960年版，第853页。

② 同上。

③ 履夷：《婚姻改良论》，见张枬、王忍之编《辛亥革命前十年间时论选集》第3卷下册，生活·读书·新知三联书店1960年版，第840页。

④ 陈王：《论婚礼之弊》，《觉民》第1—5期合刊，见张枬、王忍之编《辛亥革命前十年间时论选集》第1卷下册，生活·读书·新知三联书店1960年版，第854页。

情未结，怨仇旋生者，多不可以数举焉"。① 文章认为，人类婚姻的历史，经过"掠婚"、"卖婚"、"赠婚"和"自由结婚"四个时期，如今西方各文明国家的婚姻已进入第四期即自由结婚时代，只有中国的婚姻还在卖婚时代。因此，买卖婚姻的恶俗不可不革除。第四，分析了"早聘早婚"之弊。文章指出，中国社会"早聘早婚"的恶习给人们造成很大危害。社会上"指腹为婚"的做法，实际上是将儿女当做一般私有财产看待，父母根据自己的喜怒哀乐决定儿女的终身大事。早聘恶习使子女失去了自由婚姻的权利，有的终身成为爱情的牺牲品。

（4）驳斥妇女不能参政的观点，主张妇女参政

辛亥革命时期，对妇女参政权论述最为详细的当属金一，在《女界钟》一书中，他对妇女能否参政、如何参政提出了自己的观点。

①妇女能否参政

有关女性是否需要和能够享有参政权，在近代历史上曾引起诸多讨论。在《女界钟》中，就反映了围绕该问题所展开的论辩。正如民主、革命理论是从西方舶来的一样，中国女性是否要有参政权的争论，也被赋予了某些西方的文化色彩。20 世纪初，西方女性争取参政权的道路同中国一样充满困难。"女子议政之问题，正欧洲各国政府困难之极致也"。② 金天翮认为，无论东西方，阻力均来自两个方面：一为传统的惯性，政府不予女性以参政权。"政府之习惯，亦宁可使一二枭雄，巧取豪夺，藉寇兵而赍盗粮，大扰乱其平和之秩序，而终不肯坦然相授，烛照而预计之也"，③ 因此不能实践女性参政的主张。二为现实的主张，对精英知识分子没有合理的解释，提倡女性参政，"非独政府即世界最有力之政治、哲学家亦多深闭固拒，反对其说。如女权事件，虽以十九世纪国学泰斗伯伦知理，犹且不然其说……"④ 所以，理论上缺少女性参政的内容。西方出现的这些问题，也影响到包括我国革命派精英知识分子在内的女权思想。在《女界钟》中，反对女性议政之说不外以下几个方面。

①　陈王：《论婚礼之弊》，《觉民》第 1—5 期合刊，见张枬、王忍之编《辛亥革命前十年间时论选集》第 1 卷下册，生活·读书·新知三联书店 1960 年版，第 854 页。

②　金天翮：《女界钟》，见中华全国妇女联合会妇女运动历史研究室编《中国妇女运动历史资料》（1840—1918），中国妇女出版社 1991 年版，第 179 页。

③　同上。

④　同上。

其一，男女自然分工使然。如果女性涉入家庭以外的社会，步入国家政坛，那么女性必须和男性一起争夺权力，失去天生的美好品德。"若使妇女干涉国事，与男子颉颃折冲于政界，则夫贞操之德、温良之质，凡所贵于妇女者，由是忽焉"。① 这可以说是近代比较典型而直接地反对女性参政的意见，即用简单的男女自然性别分工将女性排斥于国家政治之外。

其二，国家的属性与男性有天然的契合力。国家精神在很大程度上体现的是男性精神，即使在历史上成功的女主，也离不开男性的辅佐。"国家者，不羁特立自行其是者也。故不可不握十分之主权。要言之，国家者，有男性之精神者也。世有立女主，委大政，是谓变例，未闻女主之胜于男主也，英、澳、俄三国女主在位，而国富兵强，盖由贤相良辅之功，委托而不疑者也"。② 这种思想旨在说明：精英女性主政是例外，即使有一定的历史功绩也是男性辅助的结果。

其三，女性富于情感的特性不宜从事政治活动，以感情而非理智治国将会带来混乱。"女子天性多感，常为情之所胜，若使之预政事，则政党轧轹，门户纷争，激昂之极，必并行政立法上之利害而不顾，从其感情之所向而去耳"。③ 将女性与国家混乱联系在一起，意在重申"女人祸水"的传统论点。

其四，西方的文明之国和政治思想家都不将参政权给予女性，其中必有道理。"方今天下，苟以文明自居，无不重正义，尊道德。然而独不予于妇人者，必有确乎不可易之理，而非出于偏颇压抑。是故妇女无公民权，欧洲各国所公认也。又据德国大儒伯伦知理之国家学论民人章，言无公民权者有五：甲、妇女；乙、幼弱；丙、异教人；丁、无教育者；戊、奴隶、贫民"。④

难能可贵的是，金天翮对此一一予以批驳。他在书中详尽地阐明了自己的观点，对于那些"反对女性参政"的理由，针锋相对地加以驳斥：

其一，批驳伯伦知理在《国家说》中将女性与儿童并列为无公民权之人的说法。作者用反诘的方式提出：如果女性和儿童都不具备完整的知

① 金天翮：《女界钟》，见中华全国妇女联合会妇女运动历史研究室编《中国妇女运动历史资料》(1840—1918)，中国妇女出版社 1991 年版，第 179 页。

② 同上。

③ 同上书，第 179—180 页。

④ 同上书，第 180 页。

识和能力，女性是如何将儿童教养成才的？由女性教育而成的儿童能长成为国民，但女性却永远不能算做国民中的一部分，这岂不是荒谬？"谓女子与小儿同权，此无识之言也……夫以初民治初民，不知今日世界何以脱野蛮之俗也？徒见其小儿之日以进化，渐长而执参政之权，而身为女子，永永不脱于专制之辖界，谓之文明国得乎？"① 可是，从金天翮批驳伯伦知理《国家说》的观点来看，他的女性参政无论在立论还是在驳论上，多源于西方的思想和观念。

其二，女性在家中还有一定的掌管财产的权力，但在公共领域中，女性虽然缴纳了赋税，但却不享有参与国家政治的权利。对此，他从国家的性质和天赋人权的角度进行了批判，提出只从女性身上榨取财富而不赋予女性权利的政府是"强盗政府"。"女子之私权，虽若为一夫之一守护兵，而犹有管理其财产之权。至于公权，则收女子之税，而作践其一切之权利，是出代价而无报偿之一日也……夫纳赋而不求权利，一任政府之婪索，敲骨吸髓之既尽，……此惟支那人为然，而欧洲则无是国也"。② 金天翮注意到，造成性别不平等的最根本的原因是社会经济地位不同。尽管他在文章中说"此惟支那人为然，而欧洲则无是国也"，③ 然而他似乎忽略了一个事实，在传统中国社会，赋税的"人丁"的概念是指成年的男性，只有少数丧夫、子女尚幼的女性才具备纳税人的资格。

其三，女性的才智和能力并不逊于男子，女性中也有才智过人者，男子中也有才能不佳者，所以单从性别的角度而不考量人智力水平的高低，是不能决定是否可以参政的。"且有女子亦有时而具隐权，露半面于政界之内……此亦足显其占优胜矣。且男女两类之权，必一一以才智为量，吾恐虽有量才之玉尺，无若是之不爽累黍也"。④ 金天翮采用巧妙的手段来论证这个问题，并没有用女强人、女能人的特例来证明女性参政的能力，而是用否定的方法，强调"不是所有的男人都才智过人，也不是所有的女性都愚昧无知"，从而提供了一种更为普遍的可能性。从论述上，这样比用一两个有代表性的个案更能说明问题。

---

① 金天翮：《女界钟》，见中华全国妇女联合会妇女运动历史研究室编《中国妇女运动历史资料》（1840—1918），中国妇女出版社1991年版，第180页。

② 同上书，第180—181页。

③ 同上书，第181页。

④ 同上。

　　其四，女性富于感情并不是恶德，否则如何将家庭生活操持得井井有条。况且，如果以感情的多少为标准来衡量是否具备公民的资格，那么凡是富有感情的男性是否也不具有参与政治的资格？"则吾试问温良柔淑者为美德乎？为恶德乎？如恶德也，何以不可以治外，而可以治内乎？且此议政事件，乃权利的问题，而非心理的问题也。若谓其有感情也，而夺公民之权，则公权之普及，乃以有感情与否为断，感情若是其秽多也！且或者言政党轧轹，男子犹不免于倾向，则曷不并男子之权而亦褫之，是可复其独立不羁圆满成熟职专政政治矣"。①

　　总之，《女界钟》对女性能否参与政治的问题进行了比较全面系统的讨论，而且提出的问题和反驳的意见也比较有代表性。尽管其中有对西方思想理解不够深刻而加以引用的瑕疵，但作为第一本深入探讨女性参政问题的著作，这是难免的。此后，有关女性是否应该拥有参政权的争论仍然继续。但稍加比较就不难发现：20 世纪二三十年代的思想界对于这个问题的探讨，不论是深度还是广度，似乎都没有超越《女界钟》。毕竟这是中国国民革命思想发展过程中不能忽略的重要一步。

　　②女性如何取得参政权

　　女性应该获得应有的女权包括参政权是近代中国发展的大趋势。金天翮在《女界钟》中尝预言："女子议政之问题，在今日世界，已不可得而避矣。"② 金天翮提出如果认为女性可以参与政治，那么女性自身也应该具备一定的条件。这些条件涉及女性的教育、职业等，那么争取参政权与获得其他女权孰先孰后？另外，在辛亥革命前还存在着一个非常实际的问题——在清朝专政制度之下，"国会不开、政党不立、选举不行、代议不出之中国"，③ 男子尚不能参政，女子又更难参政。如果仅仅是与男性对立，而不采取两性合作的方式进行改变国体、政体的国民革命，能否实现女性的参政权？对于上述问题，金天翮在《女界钟》中进行了探讨。

　　其一，女性参政权与女权。

　　在辛亥革命前中国社会普遍存在的一个观点，认为女性应该广泛追求一般女权，使女权先得到普遍提高，不应只争参政权。因为"以欧美人

---

　　① 　金天翮：《女界钟》，见中华全国妇女联合会妇女运动历史研究室编《中国妇女运动历史资料》（1840—1918），中国妇女出版社 1991 年版，第 181 页。

　　② 　同上书，第 182 页。

　　③ 　同上书，第 178 页。

类同等、男女平权之说……一旦移植于东土，无论二千年废学之女子，即今对于女子有莫大权力之男子，舌敝唇焦，涕泣而道之，吾恐为万世之点头也，百无二三焉"。① 所以，女性要享有参政权，必须先争取获得教育权、职业权等，女性首先要在智力上与男性一样，在经济上获得独立。也有人认为，"参政运动和劳动运动是妇女运动的两大柱石……要达到妇女运动的目标，第一步就先得从参政运动入手。因为妇女劳动权利的获得，工资和工厂待遇的平等，劳动母性的保护，都是要从立法机关解决的。如果女子不能享有政治权利，经济权利从哪里要求呢？"② "女子要和男子平等，当先拿到立法权，和男子共同来制定平等的法律。女子要立法权，非妇女参政不可"。③

应该说，《女界钟》所表达的观点兼具这两种意见。金天翮认为，政体愈先进，女权愈发达，所以女性的参政权和国民的革命应该是首要的任务。"一国之民气，视乎其国之政体为转移。大抵民权愈昌之国，其女权之发达愈速，不尽关于智识与学问也"。④ 同时，金天翮也觉得即使将西方的民主政体移植到东方，以中国现有的女性受教育状况也是难以行使参政权的。"法兰西、美利坚国，文明窈窕之花，移植于黑暗凄凉之中国，亦不过感时溅泪，萎蕤零落，徒呼负负而已。今吾中国女子其致力于求学之问题，且无言议政"。⑤ 表面看来，金天翮的观点似乎是有些矛盾的。假如细究起来，参政权又涉及女性的社会地位、经济利益等众多问题，需要充分考虑历史和社会的差异性。女性参政权本属于女权的一部分，无法分割。参政权的取得无疑会推动女权运动的进一步发展；但如果女性拥有良好的经济地位，也会有助于争取更充分的参政权。具体来说，在辛亥革命前这一特定历史时期，中国女性的整体素质不高是不争的事实。提高女性的受教育程度，唤醒女性的自我主体意识，实现女性主体认同、经济地位独立是更为重要的历史任务，从"女人"到"人"的历程是必须要经

---

① 《黄菱舫女士序》，见金天翮著，陈雁编校《女界钟》，上海古籍出版社2003年版，第2页。

② 化鲁：《女性参政运动的过去及现在》，《东方杂志》1922年第18号。

③ 金天翮：《女界钟》，见中华全国妇女联合会妇女运动历史研究室编《中国妇女运动历史资料》（1840—1918），中国妇女出版社1991年版，第178页。

④ 同上。

⑤ 同上书，第179页。

历的历史阶段。但如果从更为普遍的历史时空中考虑女权和女性参政权的关系，那么女性参政权作为决定女性根本地位的女性权利，则比其他女性权利有着更为重要的意义。其次，我们也要考虑到金天翮撰著《女界钟》的特殊历史时刻——1903 年，统治中国近半个世纪的慈禧太后仍掌大权。她作为革命者眼中的专制统治的代言人、民族矛盾集中的焦点，又占据至高无上的统治地位，她所拥有的何止是"参与"政治的权利。金天翮很可能顾及这样的社会现实，不敢"倡言"女性应当争取参政权。再次，作为革命派的代表人物之一，金天翮撰写《女界钟》之最终旨意在于倡导女性投入国民革命事业，争取国家全体国民在更广泛意义上的政治权利，女性是不得不调动的力量。引领女性从事国民革命事业，并争取参政权是金天翮这样的"革命者"责无旁贷的。

其二，女性参政权与国民革命。

《女界钟》出版于辛亥革命前，专制统治依然存在。以金天翮为代表的男性知识分子所面对的是"十九世纪之中国，一落千丈与世界竞争之盘涡"的社会现状。即使他们旗帜鲜明地提出男女享有政治上的同样权利等思想主张，但实现女子参政的社会政治理想仍然存在着很多实际困难。"二百兆多数男子，方为政府催眠歌，抑扬宛转，梦睡于恩科特科之中，狂呓大魇而不醒，而吾反以此事提倡女子，吾其太早计"。① 连金天翮本人也认为在 20 世纪初提出女性参政为时尚早。所以，他在《女界钟》中提出，要解决女性参政权的问题，必须先解决国民革命的问题。既然尚未完成国民革命，金天翮为何还要大力提倡女性参政呢？因为他坚信女性参政是必然的趋势，将来一定能实现。在他看来，做任何事情总要有一个预备，现在提出这个问题就是为将来女子参政作准备，"夫亦作镜中花影、海上蜃楼，徒摄印于国民之脑，如是而已乎。虽然，吾乌敢吾有必行之志望在"。②

显然，金天翮主张女性参政要与国民革命相结合的观点，在当时极具挑战性。对此，他本人也十分清楚。故而，他在提出女性参政的思想主张之同时，也虑及社会的滞后现实。在《女界钟》的论述中，常常可见作

① 金天翮：《女界钟》，见中华全国妇女联合会妇女运动历史研究室编《中国妇女运动历史资料》（1840—1918），中国妇女出版社 1991 年版，第 178 页。

② 同上书，第 182 页。

者的这种考虑。"二十世纪女权之问题，议政之问题也。议政者，兼有监督政府与组织政府之两大职任者也"。① 在讨论女子能否参政等问题之后，他却没有主张女性尽全力争取完全的参政权——监督与组织，而是提出——要求与破坏，"希监督政府而不得，则何妨退而为要求；愿组织政府而无才，则不妨先之以破坏"。② 何谓"要求与破坏"？据金天翮的诠释即是"女子参与政治"中所阐释的"如何取得女性参政权"的抗争过程："其要求也，绞以脑，卷以舌，达以笔，脑涸舌敝笔秃而溅以泪，泪尽而迸以血，血溢而助以剑，剑穷而持赠以爆裂丸与低列毒炮，则破坏之事也。"③ 赋予争取女性参政权以国民革命的意义，这是金天翮与明清启蒙思想家、晚清维新启蒙思想家所提出的女性参政思想最大的不同之处。

金天翮撰写《女界钟》的目的是呼吁女性参加国民革命，作为鼓动民权、宣扬革命的革命派人士，金天翮在《女子参与政治》中为女性描绘了一幅在国民革命胜利后女权勃兴的美好蓝图。"预备议政必有会，吾向者所条述，犹离之言也。合之则吾国民必公立一议政会"，而且"无论男女皆可以为会员，皆可以选举事务员及评议员、调查员。且皆可以任会长"。④ 他不仅期望女性能够在未来国家的政治舞台上占有一席之地，而且预想女子能够成为未来中国民主制度的最高领袖人物，"吾祝吾女子之得为议员，吾尤愿异日中国海军、陆军大藏、参谋、外务省，皆有女子之足迹也。吾更愿异日中国女子，积其道德学问名誉资格，而得举大统领之职也"。⑤

值得一提的是，金天翮在《女界钟》中描绘出来的这样一幅美好蓝图，主要目的是唤起女性的革命热情，但结果却成为女性参政的纲领。在实现这个理想的过程中，他试图建立"两性合作"的社会性别制度，"其员数男女不对待，对待则犹分男女之界域"。⑥ 金天翮认为在社会活动中男女两性应以和谐为标准，不仅仅是数量上的问题，并且不应该简单地以

---

①　金天翮：《女界钟》，见中华全国妇女联合会妇女运动历史研究室编《中国妇女运动历史资料》（1840—1918），中国妇女出版社1991年版，第178页。

②　同上书，第182页。

③　同上书，第183页。

④　同上。

⑤　同上书，第184页。

⑥　同上书，第183页。

性别为界限划定人群，强调的是"国民"，而不仅仅是"男性"或"女性"。

《中国新女界杂志》把参政权看作是女权的最高体现。《中国新女界杂志》认为，千百年来妇女无"立法行政之权"，是妇女受压迫、遭蹂躏，男女不平等的原因之一，也是国家贫弱、社会停滞不前的重要原因。第四期刊登的《男女并尊论》从国家的政治、军事、教育、财政各个方面论述了妇女无权参政的严重危害。文章"上篇　总论男女不并尊之弊害"时指出，国家的政治、军事、教育、财政，女子根本无权过问，只能导致"政治不良、军事不振、教育不兴、财政不理"。因为，男子独断这些部门，排斥了妇女在这些方面的应有作用，同时也使生长于女子之手、受女子教育熏陶之男子，因女子没有政治、军事、教育、财政各种之思想，也难有完全的政治、军事、教育、财政各种能力。所以"下篇结论，男女并尊，以权利交让"。使女子有参与管理国家事务的政治权利，并视之为"唯一之执行方法"。①

（二）女权的目的

1. 争取女权的目的是为了国权

辛亥革命时期认为女权非常重要，往往把它和国家兴亡联系起来。比如吕碧城指出了男女不能平权是导致国家衰弱的重要原因。她说中国自嬴秦以来，立专制之政，行愚弱黔首之术，但以其民为奴隶之用，致使国势萎靡不振。而男之于女，复行专制之权，愚弱之术，但以女为玩弄之具，家道遂不克振兴。故而列强伺机而来，"虎视眈眈，欲肆其擒搏手段"。②在这种危局下，寻求自强之路已经刻不容缓，而自强的根本则是开女智、兴女权。这一方面是因为强国以教育人才为首务，而生材之权乃握于女子之手。由于儿童教育必以母教为基，若女学不兴，女子仍处愚昧之态，即使学校教育再完备齐美，也如无根之木，实效鲜浅；另一方面，女子与男子等同为人，其数居国民之半，其强弱智愚关系非同小可。她形象地将男女两性比喻成人之两臂，认为虽然一切举动操作多凭右臂之力，但如果将左臂束缚、研断，便不能成为活泼之躯、完全之体。"假使此一臂之人穴

① 《男女并尊论》，载《新女界》第4期，第2—3页。

② 吕碧城：《论提倡女学之宗旨》，天津《大公报》第681号第2版，1904年5月20日。

居野处，与人无争，虽缺一臂之力尚可勉强支持，若驱之入人群争竞之场，其有不颠而踣者鲜矣"。① 在交通不便，各国疏于联系的时代，"以半强半弱之国众，闭关自守，尚不至骤形其颓坏，今则门户洞辟，万国往来，以半强半弱之国，与彼男女均强之国敌，其败也不待智者而知"。② 因此，只有兴女学，使男女"同习有用之学，同具强毅之气，使四百兆人合为一大群"，③ 才能"合力以争于列强，合力以保全我四百兆之种族，合力以保全我二万里之疆土"，④ 使中华民族免于覆亡的厄运，立于不败之地。

辛亥革命时期的启蒙思想家金天翮也认为反对妇女缠足的目的是强种兴国："从古灭种亡国，皆由于自造，而非人所能为。今吾中国吸烟缠足，男女分途，皆曰趋于禽门鬼道，自速其丧魂亡魄，而斩绝宗祀也。我同胞其念之矣。脱压制者先去束缚，天全神完则种强，种强则国兴。所愿三十年后，此缠足之恶现象，恶风俗，流传淘汰，仅抱残守缺于娼妓之一部分而渐以灭也。夫欲避渐灭之厄，必先自放足始矣。"⑤ 他主张发展女子教育的目的同样也是为了强国富民："此教育之重心点固何在也？夫管夷吾、越王勾践，急于生聚，招女闾而纵寄猭，而齐越之间多淫风。魏武甚汉末气节之盛，引进通脱无耻之士，流为风尚，至东晋而五胡乱华。明太祖起匹夫，欲长保天下，以八股柔士气，国亡莫救，民服异种之胯，至今淹淹其如死。西乡隆盛不悦维新媚外之政，开鹿儿私塾，以精神教育子弟，不数年而万五千健儿，一呼而起革命，卒以同死。德皇维廉第一，欲报法雠，乃以数州之地，人尽为兵，崇尚武育，遂以挫奥蹶法，至今陆军冠地球。是故教育与社会，常有时而挼和杂糅，不可分别，以成后日之效果。教育者，第二之社会也。"⑥ 他主张的教育女子之方法是："一、教成高尚纯洁完全天赋之人；二、教成摆脱压制自由自在之人；三、教成思想发达，具有男性之人；四、教成改造风气，女界先觉之人；五、教成体质

———————

① 吕碧城：《论提倡女学之宗旨》，天津《大公报》第681号第2版，1904年5月20日。
② 同上。
③ 同上。
④ 同上。
⑤ 金天翮：《女界钟》，载中华全国妇女联合会妇女运动历史研究室编《中国妇女运动历史资料》（1840—1918），中国妇女出版社1991年版，第157—158页。
⑥ 同上书，第167—168页。

强壮，诞育健儿之人；六、教成德性纯粹，模范国民之人；七、教成热心公德，悲悯众生之人；八、教成坚贞激烈，提倡革命之人"。① 其中除了第一、二点是学习西方培养女性的自由独立性之外，第四、五、六、八点很明显都是为了增强女性的体质和提高女性的道德以强种强国。

《中国日报》批判"女子无才便是德"，主张发展女子教育，主要目的也是为了相夫教子："然彼男子，常压制禁锢女子，亦非得计也。欲求贤妇，谁堪任之？欲求贤母，孰实当之？岂区区于三从四德，贞孝节烈，便足尽贤妇贤母之能事也？""试问儿女初生，受父之教多乎？受母之教多乎？不有贤母，安望儿女受德育上之教化也。古人胎教，不綦重乎"！②

陈以益也认为女学是国家富强之本，"女学盛者男学必盛，女种强者男种必强"。"无女子教育，则直接废全国之女子，更间接废全国之男子，为亡国之一大原因"，③ 所以女子教育刻不容缓。

先进女性甚至把女权当做国家的"大魂"。她们认为国魂对国家非常重要。国民是国家的要素，国魂是国民的根源。国丧其魂，民气不生，国将不存。何为国魂？能把今日已死之民心"拨死灰于复燃者，是曰国魂"。国魂从何而来？"有可以生国魂为国魂之由来者，是曰大魂。大魂为何？厥惟女权"。中国之所以衰弱，"实四千年来沉沉黑狱之女界之结果也"。女子有权以后，就有能力担负起唤起国魂的责任。女子者，"国民之先导也，国民资格之养成者，家庭教育之结果也。唤起国魂，请自女界始"。国家要强盛，必须恢复妇女的权利。同时女权对于妇女自身的解放也特别重要，"观四千年来，沉沉黑狱女界之现象，曰三从四德也，培养奴隶之教育也；曰缠足也，摧残奴隶之酷刑也；曰女子无才便是德也，防范奴隶之苛律也"。为什么会是这样？别无其他，"无权故也"。所以"振兴女界，万绪千端，挈领提纲，自争女权始"。她们满怀激情地希望同胞姊妹"为我女子辟大世界，为我祖国放大光明，为我女界编大历史，争已失之女权于四千年，造已死之国魂于万万世"。④ 把女子看成唤起国

① 金天翮：《女界钟》，载中华全国妇女联合会妇女运动历史研究室编《中国妇女运动历史资料》（1840—1918），中国妇女出版社 1991 年版，第 167—168 页。

② 《男女平等之原理》，《中国日报》，《清议报全编》第 25 卷附录一，《群报撷华·通论》。

③ 陈以益：《女子教育》，见《女论》附论。

④ 黄公：《大魂篇》，见张枏、王忍之编《辛亥革命前十年间时论选集》第 2 卷下册，生活·读书·新知三联书店 1960 年版，第 842—843 页。

魂的动力，把女权提到国魂的高度，不免有些过头，但可看出觉醒的女性对女权的深刻认识和迫切要求获得女权的心情。

2. 塑造了承担国家责任的女性形象

如果说戊戌维新时期维新派重塑贤妻良母新形象（有知识、不裹足）来实现保国保种的目标的话，那么辛亥革命时期革命派也重塑女性新形象来承担国家责任，但由于女性意识的增强，男性精英和少数女性知识分子所塑造的女性形象也略有不同，呈现出男女不同的视野。

（1）男性的视角：铸造国民之母

在《女界钟》一书中，金一首先提出了"国民之母"的女性新形象。那么国民之母是什么样的呢？首先他认为国民之母应具有爱国与救世之公德，他批判中国女子只注重私德，不注重公德，"三千年来，中国女子常注意于个人之私德，而于公德则直可谓之未尝闻也。曰守身如玉，曰防意如城，而男女平权，女子读书入学，婚姻自由诸说，皆以为是败坏私德之具也"。① 金一认为应当反其道而行之，女子的诸道德，如孝行奇节、明才敏腕之类都应当从属于公德之下，只有公德才是至高无上的优秀品德。公德是指什么呢？金一说："公德者，爱国与救世是也……爱国与救世，乃女子之本分也。"② 他希望妇女"以炯炯之眸，横览世界"，"以纤纤之手，扶住江山"，他号召妇女放眼世界，爱国、救国，拯救苦难中的妇女和人民。其次，国民之母应具有新国民之品性。那么新国民之品性是什么呢？金一认为：今日女子，应当"以活泼机警，英爽迈往，破除迷信，摆脱压制为品性可贵之第一义，而学问次之"。③ 假如能这样的话，则"半部分新国民成矣"。他认为中国妇女缠足、装饰、迷信、拘束阻碍了妇女新国民之品性的形成，应去除这四大障碍。再次，他认为国民之母应具有诞育佳儿、保护幼儿之能力。在这里，金一一改前面对妇女的抱怨，认为妇女在教育孩子、保护幼子以及为劝说大家进行革命的方面比男子的能力更强，首先他认为妇女教育孩子的能力比男子强，他对"中国旧时野蛮之教育"进行了批判，"乡曲拘儒，拥皋比之尊，其自视有如第二之传世独夫椅，悍然施其无制限之法权，诉责棰楚，甚者科以佣保之罚、械

① 金天翮：《女界钟》，见中华全国妇女联合会妇女运动历史研究室编《中国妇女运动历史资料》（1840—1918），中国妇女出版社1991年版，第157—158页。
② 同上书，第160页。
③ 同上书，第161页。

枑之刑。嬉笑以入学，涕泣而归家，而为父母者则又阳喝阴劫，抚慰奖励，以为吾儿今日之血肉乃异日功名富贵、状元宰相之代价也。然吾观中程合式之徒，则又瞑诵熟背，引长其声，如乞儿之叫、恶僧之宣梵呗，如是而已"。所以金一认为我国教育急需改良，而且他把这样的任务交给了女子，"故今日欲改良教育而无其术，且无其人，有其人则女子"。他认为，女子教育孩子有许多好处，"夫以女子任教育，是有数宜：性格与小儿为近，一也；善诱，二也；不妄鞭扑而能共嬉戏，三也；其心沈细、不卤莽裂，四也；无登科中式之谬思想、恶气味，五也；程度不高，初级之形学、物理等学科指授恰合，六也"。他对日本由女子教育幼儿充满了羡慕，"夫曷观日本幼稚之园，女子之任保姆者，灵敏周至，应群童之求索而无难色，其能力亦可惊矣"。因此，他对由女子教育幼儿大力提倡，"呜呼！使吾有权也，则先推倒学界之第二独夫椅，设共和政治，而以女子为之领袖，此吾提倡女权之最重要最亲切之希望也"。其次，他认为女子感人的能力比男子强，在此所说感人能力显然是女子说服他人革命之能力，而且把这种感人能力称为一种魔力，"女子于世界有最大之潜势力一端，则感人之魔力是也"。而且他对这种魔力极其的夸张，"魔力者，以沈静与美妙之内心吸人于不自觉，以高尚之思想使人有莫可名言之崇拜，可望而不可即，可亲而又可敬者也。魔力者，乃磁石而兼金刚石也"。这种魔力以女子演说能力为最强，"以魔力摄人，莫如演说，然而百男子破嗓于万众之前，不如一女子呖音于社会之上。小语精微，神光离合，非独感人易人，且有使人愧而兴起者。夫变法自下，女子非尤为人下者乎？且女子之特性，尤与劳动社会之人有相亲相爱之雅素，俄罗斯学生之屈身主义（To go among the people，马君武译作'去而与民人为伍'），多半以女子任其运动，即此道也。以西方自由之种子布于瓜畦鹿场之土，琐谈款款，老幼环听，或杂因果，或作棒喝，至且洞沁心脾，感且泣下，此其能力殆非男子所能及也。夫有转移世界之潜势力而听其伏流不发，此殆非善用其才者矣。夫女子欲善用其才，又必于此二者加之意乎"！再次，女子保护捍卫能力比男子强。在此金一认为，当面对外来灾难时，女子往往表现为不同寻常的保护捍卫幼子的能力，"故能力一伸必有不可思议之效果随其后，非偶然也。大老妪吹篪，回羌人流涕；杞妻一恸，而长城为摧。惊风雨、泣鬼神，亦视其力之所至耳。西谚曰：'妇人弱也，而为母则强。'言其保护捍卫之力也。夫岂独个人之母乎？亦既诞育国民，当祝其无灾无难，相养以生，而乃坐视夫虎狼噬子，水火厄子，外来之群儿攒聚而辱子，家产失而生命殆矣。其能无悲，其能无奋"！① 最后，国民之母应拥有权利。金一认为：女子应当恢复的权利有六种：一是入学之权利。妇女只有读书求得知识，才能养成权利思想，"权利思想之发达，乃借读书以养成，筐篋之内无权利"。所以开宗明义首要的权利是受教育。二是交友之权利。提倡男女自由交际，打破男女有别，内外大防，为女子参加政治活动提供条件。三是营业之权利。女子应有一技之长，要有一份工作，取得经济上的自立，"无权利故不能营业，不能营业故依赖而无独立性；依赖而无独立性，故分利不生利，公私内外，交受其害，两失计也"。短短几句话，表达了一个很重要的思想，即女子政治上的独立，有待于经济上的独立，没有劳动权利，经济上不能独立，政治上就不可能与男子平等。同时，女子经济自立，也能使国家富强。四是掌握财产之权利。就是说女子既有劳动的权利，又有处分财产的权利，这应当在法律上得到公认。五是出入自由之权利。"出入而不能自由，天下安有他自由之权利哉？"走出闺门，涉足社会，获得人身自由，才有其他自由的权利。六是婚姻自由之权利。婚姻不自由，男女皆然，"然而男子犹有爱好别择之权利，若女子则非独禁制于言，抑且防杜于色也。……夫妇之道苦，无权利之谓耶？"② 总之，金天翮所塑造的国民之母应该是获得个人自由的、诞育佳儿的母亲，而且是革命家的女性。

　　金天翮在《女界钟》中提出了"国民之母"的女性新形象后，此后，"国民之母"一语便屡屡见诸报端，成为时人讨论妇女问题的理论起点。例如，《女子世界》杂志登载了许多议论，几乎都是《女界钟》的翻版。《女子世界》在1904年1月创刊，发行期大约是2年，共18期。主编是丁祖荫（初我）。《女子世界》发刊词是由金天翮写的，许多《女子世界》的文章也与金天翮一样，以培养"国民之母"为其目的。典型代表是亚特的《论铸造国民母》，文章对铸造国民之母的方法进行了论述，提出了三点要求："盖必断绝其劣根性，而后回复其固有性，跳出于旧风气，而后接近于新风气，排除其依赖心，而后养成其独立心。"③

① 金天翮著，陈雁编校：《女界钟》，上海古籍出版社2003年版，第59—61页。
② 金天翮：《女界钟》，见中华全国妇女联合会妇女运动历史研究室编《中国妇女运动历史资料》（1840—1918），中国妇女出版社1991年版，第175—176页。
③ 亚特：《论铸造国民母》，《女子世界》第7期，1904年。

（2）女性的视角：女国民

辛亥革命时期，随着女子教育的发展、女子留学的增多以及女性社会实践的拓展，知识女性逐渐会聚成了一个群体。不过，在设计女性的社会形象时，女性却表现出了与男性不同的价值取向。当男性们津津乐道于"国民之母"时，女性们却很少学舌套语。毕竟，把女性的社会责任与其生理机能联系在一起，总或多或少让女性们感觉到沮丧或不自在。所以，吕碧城说："女子者，国民之母也，安敢辞教子之责任；若谓除此之外，则女子之义务为已尽，则失之过甚矣。"① 也就是说，她们并不反对做贤妻良母，问题的关键是不应以此作为女子义务的全部内容。张竹君也说，虽然女子为"人群之母"，但是做母亲并不是女性生活的全部。可见，她们并不完全认同男性所提出的"国民之母"。在一些女性的言论中，她们更倾向于使用"女国民"一词来指代自己的社会角色。"国民"是从西方传来的概念，"国民"是指享有民主权利的人民。女子也是国民一分子，所以女国民应运而生。

从现有资料看，"女国民"一词可能最早出现于"共爱会"的宣言之中。1903 年 4 月 8 日，留日女学生林宗素等为参加拒俄运动发起成立了"共爱会"。该会宣称："以拯救二万万之女子，复其固有之特权，使之各具国家之思想，以得自尽女国民之天职为宗旨。"② 按照时人的说法，"女子亦居国民之半部分。国民者何也？有国家思想、政治思想者也"。③ 可见，女国民就是胸怀国家、有民族责任感的新女性。

作为近代妇女刊物的代表，《中国新女界杂志》创刊伊始即提出以造就全新的"女子国民"为目标，其理由就是"中国虽有多数女国民之形质，而无多数女国民之精神"。④ 为此，该刊提出以输入西方女权运动的经验为己任，以使中国妇女知道"女界的责任，女界的权利"。在《社章录要》中，该刊的主编指出，刊物不论办多久，始终要讲的就是"女子国民"这四个字。

在国破山河碎的近代中国，女国民以国为己责，对国家尽完全之义务，至于个人私利，虽然牺牲一切也在所不惜："把国看的比自己生命还

---

① 吕碧城：《论某督扎幼稚园公文》，《女子世界》第 9 期，1904 年 9 月 10 日。

② 《江苏》第 2 期，1903 年 5 月 27 日。

③ 《同邑杨女士序》，《女界钟》（序三），上海古籍出版社 2003 年版，第 6 页。

④ 燕斌：《发刊词》，《中国新女界杂志》第 1 期，第 1 页。

重，无一刻能忘了。遇着国家有了大事，无不尽心竭力，组成团体，或募款、或看护、或救助，施种种方法，以为男界的劲援。"[①] 女国民，就是同男子一样，担任国民义务，谋国家独立和昌盛。安如在《论女界之前途》中指出："神州赤县，扫尽胡氛，铜像巍巍，头颅大好，非我姊妹之责而谁责耶？若跼蹐家庭，拘挛名义，求为一贤母良妻而自足，或恫于言论之恶潮而灰心丧志，则果乌用此学问为也？我最亲爱之二万万兄弟……与其以贤母良妻望女界，不如以英雄豪杰望女界。"[②] 此外，秋瑾、龚圆常、陈撷芬、莫雄飞、刘瑞平也分别在《精卫石》、《男女平权说》、《独立篇》、《女中华》、《敬告二万万同胞姊妹》等文中，阐述了诸如救国图存、"女子岂甘人后"、"天下兴亡，匹妇亦有责"、"不尽义务，焉得权利"等思想。所有这些，说明先进女性一开始就把争女权同谋求国家民族独立紧密联系在一起。

为了成为"女国民"，辛亥革命时期，知识妇女群以炽热的爱国之情投入到了社会革命中。她们希望通过和男子共赴国难，以争得完整意义上的人格重塑和国家重建。她们要求妇女同胞："勿云巾帼无能，但须蛾眉有志。"[③]"撇脱贤妻良母的依赖性，靠自己一个人去做那惊天动地的事业，把身儿跳入政治界中，轰轰烈烈光复旧主权，建设新政府"。[④] 在"抵制美货"运动中，各界女性纷纷表示："凡日用之物如布匹、香水、香皂等件，但系美货，一概不用，以尽吾辈女子之义务。"[⑤] 1906 年，吴芝瑛联合沈凤楼夫人在上海、南京发起了"女子国民捐"运动，提出"毁家纾难、同尽义务"的主张。1907 年底，上海、广东、安徽、江苏、浙江、四川等省的女子针对帝国主义攫取我国路矿权的行径，纷纷设立"女界保路会"、"女界保存路矿会"、"女子保路同志会"等妇女团体，集议筹款，签名认股，以挽回路矿权。在反清民主革命中，知识女性更是巾帼不让须眉。她们表示愿与男同胞"戮力同心，和衷共济，扫前途之

①　炼石：《本报五大主义演说》，载《中国新女界杂志》第 4 期。

②　安如：《论女界之前途》，载《女子世界》第 1 期，1905 年。

③　《留日女学会杂志发刊辞》，见蒋薛、唐存正《唐群英评传》，湖南出版社 1995 年版，第 241 页。

④　苏英：《苏苏女校开学演说》，《女子世界》第 12 期，1905 年。

⑤　《女子世界》第 2 年第 2 期，1905 年。

障蔽，求来日之自由"。①

　　据统计，有 380 多位精英女性参与了资产阶级革命派的武装斗争。她们中有的不畏艰险，苦学技术，试制炸弹；有的机智勇敢，伪饰结婚嫁娶，为起义队伍运送武器；有的秘密组织机关，掩护革命党人；有的参与暗杀活动，实践反清志向，等等。这其中有"女侠"秋瑾、"女魂"唐群英，也有"革命姊妹花"尹锐志、尹维俊。武昌起义后，在上海群众自发组织的 25 个军事团体中，由妇女组织的就有 5 个，即薛素贞发起的"女国民军"、陈婉衍发起的"女子北伐光复军"、葛敬华等发起的"女子军事团"、吴木兰发起的"同盟女子经武练习队"及沈佩贞发起的"女子尚武会"。她们宣称："国将亡而思补救，则匹夫与匹妇皆与有责也。"②"天赋人权男女本无轩轻"。③这些女子军事团体在战斗中"勇猛异常，一洗柔弱之习"，④用行动实践了"女国民"的宣言——"小女子乘盾为荣，大国民休轻脂粉"。⑤这些知识女性参与爱国斗争，挑战了传统的"男尊女卑"、"男外女内"、"男强女弱"的性别观念，反映了知识妇女群体主体意识的进一步觉醒。孙中山曾对此予以高度评价："女界多才，其入同盟会奔走国事百折不回者，已与各省志士媲美。至若勇往从戎，同仇北伐，或投身赤十字会，不辞艰辛；或慷慨助饷，鼓吹舆论，振起国民精神，更彰彰在人耳目。"⑥

（三）女权的实现

1. 女权的实现方式：通过取得民权革命的胜利来实现女权

　　如果说戊戌维新时期维新派通过改良的手段来改变妇女状况的话，那么到了辛亥革命时期，革命派通过革命的手段来实现女权。在

---

① 《时报》，1912 年 1 月 16 日。

② 《留日女学会杂志》1911 年第 1 号，第 1 页。

③ 《申报》，1911 年 11 月 13 日。

④ 《申报》，1911 年 11 月 26 日。

⑤ 《女子北伐队缘起》，见《辛亥革命》（七），上海人民出版社 1961 年版，第 539页。

⑥ 《复女界共和协济会函》，《孙中山全集》（卷 2），中华书局 1982 年版，第 52—53页。

《女界钟》一书中，金天翮认为当时世界上许多国家已推翻了君主专制，取得了民权革命的胜利，并宣称"十八、十九世纪之世界，为君权革命之时代"。① 欧洲女性在推翻封建的君主专制以后，已开始反对性别压迫，争取女性自身应有的权利，"而十九世纪欧洲妇人，业已自出手腕，以与男子争已失之权利"，② 虽然在欧洲正如民权之说遭到君主反对一样，女权之说也遭到世界男子的反对："立于不平等之地位，而受专制之胜利，则必以平等为憎恶之物、不祥之名，尽死力以排去，保其固有之地位。故限制王权之说，乃数百万平民掷头颅涂肝脑以争，非君主所乐出也。今世界男子无不受专制女人之胜利，苟不以为玩好，则以为殖民地也。故女权之说，虽有弥勒·约翰、斯宾塞之徒倡之，亦如拿破仑之布自由民权，遭欧洲君主之公敌也。"③ 但是对于女权革命在欧洲的胜利，金天翮还是充满信心的，并预言"二十世纪之世界，为女权革命之时代"。④ 当时的中国没有实现君权革命，更不用说女权革命了。虽说中国有点落后，不过换个角度看，中国也有优点。西方国家先发生获得民权的革命，然后才发生获得女权的运动。然而这两个革命相继来到中国，这是好事情。因此金天翮认为"民权与女权，如蝉联跗萼而生，不可遏抑也"，⑤ 中国有在短时间内一起发生民权革命和女权革命的可能性。女权如何实现？在眼下封建专制的中国，向圣贤君主乞求是根本不行的，必须用暴力推翻清朝专制，建立共和政府，实现了国权，然后女权才能实现。只争女权，不争国权，即使权利到手，也还没有保障，只好任凭统治者出卖。所以"爱国与救世，乃女子之本分也"。⑥ 为了完成这两大任务，他号召女子"绞以脑，卷以舌，达以笔，脑涸舌敝笔秃而溅以泪，泪尽而进以血，血溢而助以剑，剑穷而持赠以爆裂丸与低列毒炮"，⑦ 由缓而激，由文而武，不屈不挠，不达目的誓不罢休。鉴于广大妇女当时尚未觉醒，

---

① 金天翮：《女界钟》，见中华全国妇女联合会妇女运动历史研究室编《中国妇女运动历史资料》（1840—1918），中国妇女出版社 1991 年版，第 173 页。

② 同上书，第 156 页。

③ 同上书，第 155—156 页。

④ 同上书，第 173 页。

⑤ 同上书，第 156 页。

⑥ 同上书，第 160 页。

⑦ 同上书，第 183 页。

自己无力争女权的状况，金天翮号召广大男子，为妇女实现女权而助一臂之力。他说：凡身领压制之况味，受压制苦痛之人，对于压制政体，必"腐心切齿"，男子虽未领受过妇女受男子压制的那种苦痛，但领受过专制政体的苦痛，两种压制性质是一样的，所以，男子既有反对专制政体的民权思想，对于解放妇女也自然负有义不容辞的责任。四万万男女同胞共同联合起来，以"脑血心血颈血以购之"。① 实现女权，更主要的是靠妇女自己奋斗。"自出手腕，拼死力以争已失之权利"。② 放弃其权利者，乃无形之自杀也。"欲侵犯我分寸之权利，则必竭吾一身之力以战斗之"。③ 金一满腔热情地呼吁广大妇女立即行动起来，不缠足，少装饰，接受教育，参与政治，"天下兴亡，匹夫有责，岂独匹夫然哉，虽匹妇亦与有责焉耳"。④ 号召女子全身心投入革命："爱自由，尊平权，男女共和，以制造新国民为起点，以组织新政府为终局……善女子，汝之眼慧眼也，汝之腕敏腕也，汝之情热情也，汝之心肠，悲悯之心肠也，汝之舌，粲花之舌也，汝之身天赋人权完全高尚神圣不可侵犯之身也，汝之价值，千金之价值也，汝之地位，国民之母之地位也。吾国民望之久矣！禽名精卫，终填海其有时；虹号美人，看冲天而一起。则吾言或不虚发也。"⑤ 号召女子要效仿俄国虚无党女英杰苏菲亚（苏菲亚于 1882 年炸死俄皇亚历山大二世，被处死）、中国女英雄花木兰，手提慧剑跃上 20 世纪竞争大舞台，高举女革命军战旗，驰骋疆场。他最后高呼："女权万岁！同胞万岁！中国亦万岁！"⑥

　　《女子世界》也认为通过取得民权革命的胜利来实现女权，在《女子家庭革命说》一文中，丁祖荫说道："欧洲十八九世纪，为君权革命世界；二十世纪，为女权革命世界。今中国犹君权世代也，民权之不复，而遑言女权！虽然，女权与民权，为直接之关系，而非有离二之问题。欲造国，先造家；欲生国民，先生女子。政治之革命，以争国民全体之自由；

---

① 金天翮：《女界钟》，见中华全国妇女联合会妇女运动历史研究室编《中国妇女运动历史资料》（1840—1918），中国妇女出版社 1991 年版，第 178 页。

② 同上书，第 174 页。

③ 同上。

④ 同上书，第 156 页。

⑤ 同上书，第 185 页。

⑥ 同上书，第 186 页。

家庭之革命，以争国民个人之自由：其目的同。政治之革命，由君主法律
直接之压制而起；女子家庭之革命，由君主法律间接之压制而起：其原因
同。"① 就是说，发生政治革命与家庭革命的原因是共同的，两个革命的
目的也是共同的。因此，可以同时进行政治革命与社会革命。这样的意见
与金天翮一样，主张男女都能够以革命为目标并共同斗争。

2. 享有和实现女权女性应具备的条件和素质

辛亥革命时期，享有和实现女权女性应具备的条件和素质成为关注的
焦点，在此问题上，男女两性观点既有相同的地方也有不同的地方。

（1）男性的争论："女权"优先还是"女学"优先

男性精英主要的关注点在女性享有和实现女权是否应具备一定的文化
素质，并为此展开了争论。下面，笔者以《女子世界》为文本，分析辛
亥革命时期对女学与女权关系的认识。

①女学与女权关系的提出：欲倡平等先兴女学

关于女学与女权的关系，最先由十六龄女子张肩任提出。她在《女
子世界》第 2 期上发表了《欲倡平等先兴女学论》一文，文中开篇提出
论点："我中国数千年来之女子，柔弱不振，庸昧戆愚。何以故？谓无女
学故。女学不兴，则女权不振。"并从两方面加以论证，第一，"现世女
子，犹不知自振，徒怨男子压制，不能平等"而不知吾辈之学界浅陋，
脑力未优，一切知识皆不男子若，试问有何能力，可与男子平权，有何品
格，可与男子同位？物必自腐而后虫生之。第二，"吾国四百兆人，女子
居其半，二百兆幅唝唝，女子占其一，而一省一县一乡之内，稍有知识
之女子，能谋生能自立者有几人乎？虽男子亦未当人人有生活之能力，而
女子莫不仰仗于男子"。最后沉痛地指出："女学不兴，则平等永无能行
之一日。"②

②女学与女权关系的论争：女学优先还是女权优先？

首先，蒋维乔提出女权实现必以女学为先。讨论女学与女权的先后关
系，蒋维乔虽然不是第一人，但引起对两者关系进行争论的，他却是第一
人，他先后在《女子世界》第 3 期、第 5 期上发表了《论中国女学不兴
之害》和《女权说》两篇文章，表达了他对女学和女学与女权关系的态

---

① 丁初我：《女子家庭革命说》，载《女子世界》第 4 期，1904 年 4 月。

② 十六龄女子张肩任：《欲倡平等先兴女学论》，载《女子世界》1904 年第 2 期。

度。正是这两篇文章，激起了人们对女学和女权关系的讨论。

在《论中国女学不兴之害》一文中，蒋维乔开篇就提出观点："文明之国，男女并重，教化日以进，国力日以强。独我中国女子，五千年沉沦于柔脆怯弱、黑暗残酷之世界，是何故哉？吾一言蔽之曰：女学不兴之害也。"具体来说女学不兴之害就是"害于个人者三，害于家族者三，害于社会者二，害于国家者二"，那么对个人的害处为"戕其肢体，锢其智识，丧其德性"，对家族的害处为"贫窭之媒，流传弱种，家庭无教育"，对社会的害处为"迷信僧道，败坏风俗"，对国家的害处为"亡国之源，亡种之源"，力陈"女学不兴，害莫大焉"。① 可见，在蒋维乔的话语中，女学对于个人、家族、社会和国家无疑具有重要意义，从中我们可以看出他对女学和女权的态度。

如果说《论中国女学不兴之害》所表达的观点是对维新以来兴女学观点的逻辑推演，其观点得到了普遍赞同，并没有引起多大的争论，那么蒋维乔在《女子世界》第 5 期上发表的《女权说》则触动了女权的位置这一敏感话题，把这位蒋先生推到了风口浪尖上，由此引起的争论，恐怕也是他始料未及的。

在《女权说》中，蒋维乔开篇就指出："今世之慷慨侠烈号称维新之士，孰不张目戟手而言曰：伸张女权也，伸张女权也。吾夙闻其言而韪之；及数年来，考察吾国之状态，参以阅历之所得，而知其言之可以实行，盖将俟诸数十年后也。"此非危言耸听，实属无奈，因为现实生活中"妄言女权"的危害已初露端倪，因而提出："夫惟有自治之学识、之道德之人，而后可以言自由；夫惟有自治之学识、之道德之女子，而后可以言女权。"② 可见，蒋维乔并不反对女权，但是女权的实现是有条件的，这条件就是女子必须是有学识、有道德之人，要达到这一点，必须通过普及教育，这就需要假以时日，其将女权实行的日期延至几十年以后，原因在此。

其次，柳亚子对蒋维乔的观点提出反驳，认为女权先于女学。蒋维乔的"危言""女权的实行将在数十年之后"一出，立即激起青年柳亚子的反驳，争论便由此开始。

---

① 竹庄：《论中国女学不兴之害》，载《女子世界》1904 年第 3 期。

② 竹庄：《女权说》，载《女子世界》1904 年第 5 期。

　　柳亚子在《女子世界》第 9 期上发表的《哀女界》里表达了他的女权观点，他在列举了现实生活中种种压迫女界的"真野蛮"后，对蒋维乔进行了批判："吾恶真野蛮，抑吾尤恶伪文明。吾见今日温和派之以狡狯手段侵犯女界者矣。彼之言曰：女权非不可言，而今日中国之女子则必不能有权，苟实行之，则待诸数十年后。呜呼，是何其助桀辅桀之甚，设淫辞而助之攻也。"他把蒋维乔的女权观点说成是"伪文明"，并把其"苟实行之，则待诸数十年后"说成是"助桀辅桀"，可见柳氏对蒋氏观点的厌恶之情溢于言表。接着他又提出自己的主张"夫权利云者，与有生俱来，苟非被人剥夺，则终身无一日之可离"，[1] 从这里可以看出柳亚子不愧"亚卢"之称号，称得上卢梭"天赋人权"的忠实信奉者，其对女权的主张完全按照卢梭的理论展开，让人不得不信服，既然女权"终身无一日之可离"，那么"必曰如何而后可以有权，如何即无权"就是前提不存在的假命题。

　　既然女权的实现是无条件的，那么女权实现必以女学为先就站不住脚了，然而好像柳亚子激愤之情还没有发泄完，接着质问："中国女子，即学问不足，抑岂不可与男子平等？"况且"夫女子之无学，岂女子之罪哉！奴隶视之，玩物待之，女权既丧，学焉将安用之"，他还表达了自己的担忧："昔以女权之亡，而女学遂湮，今日欲复女权，又曰女学不兴不能有权，则女界其终无自由独立之一日矣。"接着他用总结性的话语来表达他的关于女学与女权关系的观点："欲光复中国于已亡以后，不能不言女学，而女权不昌，则种种压制、种种束缚，必不能达其求学之目的。"于是，争取女权成为"女权革命"的主要目的。在《哀女界》的结尾处，柳亚子预测："十年以后，待女子世界之成立，选举、代议，一切平等。"[2] 可见，他对女权革命的成功相当乐观。

　　再次，丁初我认为不要妄言女权。作为《女子世界》主编的丁初我在杂志刊行的前期言词颇为激进。他在《女子世界》第 4 期上发表的《女子家庭革命说》中提出："女权与民权，为直接之关系，而非有离二之问题。欲造国，先造家；欲生国民，先生女子。政治之革命以争国民全体之自由，家庭之革命以争国民个人之自由，政治之革命以争国民全体之

---

① 亚卢：《哀女界》，载《女子世界》1904 年第 9 期。

② 同上。

自由，家庭革命以争国民个人之自由。"两者无所谓先后，可同时并行。说到"男女革命之重轻"，丁氏认为"女子实急于男子万倍"，可见，女权革命应是民权革命的基础。在《女子家庭革命说》的结尾处，他甚至发出如此豪言："种种天赋完全之权利，得一鼓而光复之。"① 不过，丁初我很快也发现了蒋维乔所言的种种弊端，于是，他的立场发生了转变。在《女界之怪现象》中，他列举了女界所出现的怪想象："吾恶假守旧，吾尤恶伪文明；吾赞成旧党之顽夫，吾独痛斥新党之蟊贼。自新名词之出现，而旧社会之道德，乃得有假借便利之一途。……一般粗知字义、略受新学之女流，亦复睥睨人群，昂头天外，抱国民母之资格，负女英雄之徽号，窃窃然摹志士之行径而仿效之，窥志士之手段而利用之。志士亦得借运动女界之美名，互相倚重，互相狼狈，又复互相标榜，互相倾轧，交为奸、交为恶之恶风，渐且弥漫于文明区域。家庭革命之未实行，而背伦蔑理之祸作；自由结婚之无资格，而桑间濮上之风行；男女平权之未睹一效果，而姑妇勃溪、伉俪离绝之事起。"提出了"女子苟无旧道德，女子断不容有新文明"② 的观点。这与其在随后发表的《新年之感》中所言的"假自由平等之名以恣纵，毋宁守其旧道德"③ 无疑所指相同。作为对《女界之怪现象》的响应，发表在《女子世界》第 11 期上的《新罪业》一文则历数了"女权"学说传入中国以来出现的七种不良迹象，即"爱虚荣"、"耽逸乐"、"观望不前"、"沾染气焰"、"虚掷"、"被吸"与"无成立"，把对"新女性"④ 的批判推向了高峰。当然，《女子世界》发出此种声音并非攻击女权，用蒋维乔的话来说，"女权萌芽时代，不可不兢兢，恐欲张之，反以摧之也"。可见，男性们是出于爱护之心来反对妄言女权的。

　　最后，柳亚子仍坚持自己的立场。针对丁初我等对新女学界的攻击，柳亚子在《女子世界》第 13 期上发表的《论女界之前途》一文进行了积极回应，他指出："夫以数千年压制之暴状，一旦欲冲决其罗网，则反动力之进行，必过于正轨。此自然之公理，抑洗尽此奄奄一息之恶道德、恶风俗，固不得不走于极端之破坏也。"认为对于新事物的出现，反动力对

---

① 丁初我：《女子家庭革命说》，载《女子世界》1904 年第 4 期。

② 丁初我：《女界之怪现象》，载《女子世界》1904 年第 10 期。

③ 丁初我：《新年之感》，载《女子世界》1905 年第 11 期。

④ 《新罪业》（亚陆女学界七大罪案），载《女子世界》1905 年第 11 期。

其进行攻击很正常，但令柳氏感到痛心的是"乃悠悠之谈，不出之于贱儒元恶，而出之于号称提倡女权、主持清议之志士"，并担心"论者不察，从而议之，含沙射影，变本加厉，而女界之名誉，乃不可问矣"，甚至"危言耸听"地表示："吾一念及此，而知汉种之灭亡，将不及十稔也。"① 可见，柳亚子始终坚持自己的立场。

　　③论争结束：复女权必以教育为预备

　　由于多数人都倾向于蒋维乔的观点，虽有柳亚子坚持异议，但由《女子世界》主持人发起的改向已无法逆转。刊载于第15期的《论复女权必以教育为预备》，可以说为这场论争画上了句号，也代表了《女子世界》杂志社的最终认识。丹忱的《论复女权必以教育为预备》基本上赞同蒋维乔的观点，"欲女子之有学识与道德，舍教育其奚从？盖教育者，女权之复之预备也"。接着文章从六个方面分析了教育与女权的关系：（一）先兴教育，而后女子之能力强。（二）先兴教育，而后女子之见解深。（三）先兴教育，而后女子善于交际。（四）先兴教育，而后女子富于公德。（五）先兴教育，而后女子明于大义。（六）先兴教育，而后女子善于抉择。作者肯定地说："具此六德，擅此六长，其为学识高矣，其为道德深矣，而后可以母国民，而后可以参国是。"最后作者总结道："中国女子，不患无权，患无驭权之资格；不患无驭权之资格，患无驭权之预备。"②

　　上述关于"女权"优先还是"女学"优先的辩论，反映了"女权"学说输入中国之初新学界的困惑。虽然其时女子从公权到私权尚一无所有，实现女权似乎也只能从教育着手，但确定目标、澄清认识，在任何时候都绝对必要。从这一点上来说，这场论争无疑具有重要的时代意义。

　　（2）先进女性的认识：女性必须先尽义务，必须具备一定的素质才能实现妇女权利。

　　首先，先进女性认为"先争尽我辈之义务，则权利自平矣"，主张女性通过履行国民义务来达到获取权利的目标。唐群英指出："今日义务，即他日权利之张本，可断言也。"③ 陈撷芬认为："世岂有不尽义务而能享

　　① 亚卢：《论女界之前途》，载《女子世界》第13期，1905年。

　　② 丹忱：《论复女权必以教育为预备》，载《女子世界》第15期，1905年。

　　③ 《留日女学会杂志发刊词》，见《唐群英评传》，湖南出版社1995年版，第240页。

权利者也？今日之义务轻一分，日后之权利减十分。"① "国既为公共，宁能让彼男子独尽义务，而我女界漠不问耶？非但彼男子欲始终鄙我，不能平等，即彼男子以平等与我，我辈自由，可能无愧乎？"② 可见，在先进女性们看来，权利与义务是相伴生的，"有责任方有权利"、"欲享权利，必尽义务"。③ 正是基于这种认识，她们倡议："女界同胞，正宜当此国家多难，危急存亡，厄在眉睫之秋，与男子奋袂争先，共担义务，同尽天职。"④ 在辛亥时期的爱国斗争中，她们或筹款捐资赞助革命，或亲上战场小试锋芒，或不辞辛苦服务战地，体现了女性对国家、民族的深切关怀。

其次，她们认为权利的获得关键在于自身素质的提高。先进女性们提出"教育为莫急之务"，⑤ 因为只有女子接受教育，才能够提高其"自觉"之心。她们指出"苟不先归重于学问，而徒昌言民权、女权，无当也"，主张"代谋兴复权利者，亦首以学为归"。⑥ 她们以自省的心态指出"吾辈之学界浅陋，一切知识皆不及男子"，所以"一定要读些有用的新书，靠读书来明白人间的公理。见得男女都是一样，就当尽国民的义务"。⑦ 在一些女性的文章中，自立自主的精神气韵更是流贯其间。《女子世界》第 2 期曾刊载了两名广东女学堂学生的文章。时年 16 岁的张肩任在《欲倡平等先兴女学》中，批评"现世之女子，犹不知自振，徒怨男子压制"的现象，认为只有女子有知识、有能力，才能够"尽个人之义务，与男子等；谋家室生计也，与男子共；享一切天赋之权利也，无不与男子偕。如此即不争而自争，不平而自平"。⑧ 时年仅 14 岁的彭维省认为："盖人者，生而有自由之权，即生而有保守自由之责任。人各尽其责

---

① 陈撷芬：《中国女子之前途》，见中华全国妇女联合会妇女运动历史研究室编《中国妇女运动历史资料》（1840—1918），中国妇女出版社 1991 年版，第 226 页。

② 陈撷芬：《女界之可危》，见中华全国妇女联合会妇女运动历史研究室编《中国妇女运动历史资料》（1840—1918），中国妇女出版社 1991 年版，第 230 页。

③ 社英：《论女子当具责任心》，《神州女报》第 1 期，1912 年 12 月，第 15 页。

④ 《留日女学会杂志发刊词》，见《唐群英评传》，湖南出版社 1995 年版，第 240 页。

⑤ 季威：《告读书明理之女子》，《神州女报》第 1 期，第 3 页。

⑥ 《侯官林女士叙》，见《女界钟》，上海古籍出版社 2003 年版，第 2 页。

⑦ 杜清池：《男女都一样》，《女子世界》第 6 期，1904 年 6 月。

⑧ 张肩任：《欲倡平等先兴女学论》，《女子世界》第 2 期，1904 年 2 月。

任，则其自由断非人所能侵。"①

三　辛亥革命时期女权思想的发展：无政府女权主义

无政府女权主义作为一种思潮，在西方兴起于 20 世纪早期，主要代表人物有戈德曼和沃太伦·德·柯莱尔等人。无政府女权主义既是一种无政府主义，同时更是一种激进的女权主义。无政府女权主义认为，人类社会的统治是男性对女性的统治，因此，如果女权主义反对父权制，那么，他们就必须反对种种形式的统治。

1907 年前后无政府主义思潮传入中国，它是一种废除家庭、不要政府、不要国家，否定一切国家政权和阶级斗争的小资产阶级思潮。无政府主义者在宣传无政府主义思想时，往往和男女平等紧密地结合在一起，他们反对封建伦理道德，反对男尊女卑，主张男女平等。辛亥革命前，无政府主义的刊物，主要有刘师培、何震等人在 1907 年在日本东京创办的《天义报》，该报宣传无政府主义并鼓吹女权主义，成为中国当时最重要的女权主义杂志。与此同时，巴黎出版的无政府主义周刊《新世纪》，也对男女平权和"家庭革命"加以宣扬。

（一）批判：控诉封建社会对妇女的压迫，揭露资本主义社会男女平等的虚伪性与欺骗性

1. 控诉封建社会对妇女的压迫

无政府主义者以大量篇幅揭露中国妇女在封建社会所受的种种压迫，《天义报》对中国妇女所受封建压迫的揭露和批判，无论深度和广度都超过了其他一些妇女刊物。其批判的锋芒直指封建帝王和儒家学说。《天义报》第一期《帝王与娼妓》一文，以极辛辣的语言谩骂封建帝王"以一男配无量之女"，"实男界之娼妓"。第三期、第五期《女子复仇论》则对于维护封建礼教的儒家思想，进行了辛辣的揭露和批判，指出"儒家之学术以重男轻女标其宗。孔丘者，儒家之鼻祖也。而其人即以出妻闻"。"盖以暴行施之于妻，莫孔门若。孟轲者，儒家之大师也，因入室而妻失

---

① 彭维省：《论侵人自由与放弃自由之罪》，《女子世界》第 2 期，1904 年 2 月。

迎，遂谋出妻，其专制室人为何如？"儒家"立夫为妻纲之说，一若天之生人，厚于男而薄子女。欲伸男子之权，则以女子为附属于男，又虑女子不甘附属也，则倡服从之说，并责女子以从一而终。……而吾女子之死于其中者，遂不知凡几。故儒家之学术，均杀人之学术也"。接着又——详细地历数了儒家学说对妇女的思想统治：一是，夫为妻纲。"古代之学术以为妻之于夫，犹臣之于君，故男先女后，男尊女卑，惟其有男先女后之说，故阳倡阴和，男行女随，诸邪说因之而生，以禁女子之自由，惟其有男尊女卑之说，故以夫为天，诸邪说因之而生。……以夫为天，以妻为地，以夫为阳，以妻为阴，而男女之间，遂成绝对之不平等"。二是，女子附属于男子。"盖男子之于女子，视为己身附属物，禁其独立，禁其自由。故一则曰，妇人无专行；再则曰，无专用之道；三则曰，无敢自遂；四则曰，以随从为义；五则曰，因夫而成；岂非表女子不能独立乎！岂非制女子不得自由乎！此三从之说，所由来也"。三是，女子服从于男子。"既以屈服为女德，故古教女子仅教以事人之道，岂非以仆隶视女子乎？柔顺者，屈服之异名也。敬也者，柔顺之异名也。婉娩者，又形容柔顺之词也。盖男子恶女子之抗己，由是立柔顺为美名，于女子之实行柔顺者，若宋共姬、汉桓少君、孟光之流，均称为贤女，而于男子之行柔顺者，则斥为妾妇之道。既知柔顺非善德，而又责女子以柔顺，岂非屏女子于人道之外乎？"四是，从一而终。"男子既行多妻之制，又恐妻之效己多夫也，于是以贞淑专一洁白为女德；又恐其不克自守也，乃诱以慎固幽深之说，视女子为俘囚；复虑既死之后，女终不为己有也，乃表彰节烈，与以空名，是犹专制之主表励忠贞，欲臣之为己效死也。……呜呼！既以从一以终责女子，并于未嫁之先，责其从一，其愚弄女子为何如？……以贞女之空名，迫女子以死亡之祸，然后知前儒所言之礼，不啻残杀女子之具矣。……然徒知贞女之背于古礼，而不知贞烈二字足以杀人。"五是，剥夺了女子的天赋权利。"盖家事之勤，非男子所能胜，乃以仆隶之职属之妇人；又恐其干涉男子之事也，乃以妇人无外事之说，削女子天赋之权，由前之说是男子自处于佚而责女子以劳，由后之说是男子自处以智而陷女子以愚，岂非不公之尤者乎！且郑玄既以治家为妇职，又言妇人于家事无所专，何其压制之甚耶！"六是，丈夫可以出妻，妻不可以出夫。"夫以恶行加于妇，为妇者无如之何，妇以恶行加于夫，即犯七出之律"，这是儒家"特为此说以扩张男子之权"。七是，禁止妇人相妒。"盖古人所定之制，既以一夫多妻，又恐女子不甘事多妻之夫也"，于是儒家又"以嫉妒为恶德，以不嫉妒为妇道"，这是"男子故为此说以纵其一己之淫"。八是，妾不匹妻。"夫妻妾同受制于男，而妻之与妾又有尊卑之分，故后世妻妾之争皆生于此。"九是，女子乱家乱国。"夫家事之乱，由于同居，同居则必争，故门内失和，乃势所必然。今乃以此为妇人之罪，由是夫之对于妻也，先畜以不肖之心，而妇人之不学者，亦甘自居于不肖，此诟谇之祸，所由日增也。乃俗儒不查其由，以此责妇……"此乃女子乱家之罪；"夫古代女子，若褒姒、飞燕、太真之属，诚为乱国之魁，推其原因，则因君主行一夫多妻之制"，所以不能据此认为妇女为乱国之人，"盖男子欲夺女子之权，虑其无词可假也，乃执妇人执国一二事，而责女子以丧邦；又虑女权之或伸也，乃以夫下于妇为逆天，……由是天下之最贱者，莫若女子，而天下最恶之名，亦毕集于女子之一身"。总之，"羞辱女子者，中国之学术也；戕贼女子者，中国之学术也；拘缚女子者，亦中国之学术也"。[①] 在这里，无政府主义者高举反儒的大旗，全面清算了儒家学说对妇女的压迫和摧残，深刻而具体。这些激烈的言论，对妇女从封建礼教中挣脱出来，起到了很大的启蒙作用。

不仅如此，何震还认为，吾辈之宗旨，不唯排斥男子对于女子所施之强权，还要反抗"女性对女性所施之强权"。在《论中国女子所受之惨毒》一文中，何震指出，"夫今日中国一般之妇女，所受惨毒为五洲万国所未闻"，女子之中，有富、有贫、有尊、有卑，"贫者受制于富，卑者受制于尊，而富者之于贫，尊者之于卑，待遇之酷遂暗无天日，使颠连无告之女子，不惟受制于男，亦且受制于女，则谓此境为世界最惨之社会可也，则谓此苦为中国女子特殊之苦亦可也"。[②] 像女主之于婢女、君姑之于童养媳，不把她们当人看，稍不如意即运用种种残忍手段对她们百般折磨，轻者身心俱损，重者毙命，而对她们施暴的却是女性。在《女子复仇论》一文中，何震对于宣扬礼教，残害同类的女子班昭，也进行了猛烈的攻击，她认为班昭"所倡之说，尤为荒谬"，对班昭所著并流传甚广的《女诫》，何震认为其内容"首崇卑弱，谓女子主于下人，当谦让恭

---

① 震述：《女子复仇论其一》，见李又宁、张玉法编《近代中国女权运动史料 1842—1911》，台北传记文学出版社 1975 年版，第 20—34 页。

② 震述：《论中国女子所受之惨毒》，见李又宁、张玉法编《近代中国女权运动史料 1842—1911》，台北传记文学出版社 1975 年版，第 39 页。

敬，先人后己，含垢忍辱，常若危懼，又谓妇不事夫，则义理堕阙。又谓阴以柔为用，女以弱为美，以侮夫为大戒，以贞静为德容"，"此说一倡，而为女子者，遂以受制于男为定分，名曰礼教，实则羞辱而已！名曰义理，实则无耻而已"！何震大骂班昭"夫班贼身为女子，竟惑于儒家之邪说，自戕同类，以贻女界之羞，作男子之奴隶，为女子之大贼，女界而有此人，盖不啻汉人中之有曾国藩也"。① 所以妇女解放，不仅要排除男子对女子的压迫，而且也要反抗女子对女子的压迫。女性对女性的压迫，表面上看是同性之间的矛盾，实际上是一部分女性在社会权力结构中充当了父权命令的代表人和执行者，是父权对女性压迫的表现，而不是表面的女性对女性的压迫。所以提倡妇女解放，应该号召各阶层的女性联合起来，共同反抗封建专制的社会，而不是让妇女们闹对立。

2. 揭露西方资产阶级男女平等的局限性和虚伪性

与资产阶级革命派把西方资产阶级的男女平等奉为楷模不同，无政府主义者揭露了西方资产阶级所谓男女平等的局限性和虚伪性。

在《天义报》第七至第十期《女子解放问题》一文中，何震首先揭示了西方国家婚姻制度中婚姻自由、一夫一妻制等的虚伪性，她认为就表面看来，欧美诸国婚姻制度比中国婚姻制度优越：一是结婚离婚均可自由，兼可再嫁；二是实行一夫一妻制；三是男女同受教育，男女同入交际场所，等等。但是，何震认为这种妇女解放仍属肉体上的解放，并不是精神上的解放。何也？何震进一步分析道："今观欧美婚姻之制，一缚于权利，再缚于道德，三缚于法律。名曰结婚自由，然欧美男女之结婚，岂尽由两性之爱恋哉？或男子以多财相耀而诱女子，或女子挟家赀之富而引男子慕婚之心，或富民恃其财力而强娶贫女，此为利所缚者也，或女子身为巨族，男子欲假其势力，百计求婚，资为奥援，以为进身之地。或贵男贫女，两情相悦，卒以门第不同，惧招物议，虽欲结婚而不能，此为权所缚者也。"② 这就揭示出了资本主义婚姻制度以金钱、门第、权势为基础的本质。在资本主义社会，婚姻已经商品化了。所谓婚姻自由，"有其名而无其实者也"。至于一夫一妻制，何震也认为是"名不符实"，"欧美女

① 震述：《女子复仇论其一》，见李又宁、张玉法编《近代中国女权运动史料1842—1911》，台北传记文学出版社1975年版，第30页。

② 震述：《女子解放问题》，见张枬、王忍之编《辛亥革命前十年间时论选集》第2卷下册，三联书店1978年版，第961页。

子，有终身不嫁者，然名为无夫，实则多夫，欧美男子，亦有终身不娶者，然名为无妻，实则多妻。加以女子限于一夫，然既嫁以后，女有外遇，不知凡几；男子限于一妻，然既娶之后，男有外遇，亦不知凡几。推之都会之地，不乏女闾，跳舞之场，不啻桑濮，则所谓一夫一妻者，特阴为法律所缚，而外托伪道德之名耳，安得谓之一夫一妻之制乎！"[1] 其他男女平等，也不像它表面看起来的那样，"夫男女虽同受教育，然处人治盛昌之世，政治法律，女子攻者甚鲜，而陆军警察之学，不复令女子与闻。男女虽同入交际场，然处政府擅权之世，官吏之职，不加于女子之身"。所以，"所谓男女平等者，有其名而无其实者也"。[2] 其次，西方国家妇女参政也"徒有虚名"。当时，妇女获得选举权的首推荷兰，芬兰女界经过斗争，"女子为议员者，计达十九名，为世界所仅见"；然后当属挪威，挪威国会对于女子选举权虽加限制——非年龄不到 25 岁、不纳税额者，不得有投票权，但是挪威女子获得选举权的达到了 30 万人；此外，英国、意大利女子也正在为争取选举权而斗争。何震认为西方国家妇女并没有真正获得选举权，挪威，虽然妇女得到了选举权，但又有年龄的限制和纳税税额的规定。这样，必须家产富有的人才有选举权，无财产的女子是根本没有选举权的，从而使参政权操纵于少数贵妇人之手。贵人参政，仅使上层女子受其利，下层女子"必罹害益深"。所以，在资本主义社会，妇女参政"不过使少数女子，获参政之空名"，而使大多数的妇女在受政府和男子的压迫之外，还要受那些获得参政权的少数妇女的压迫。妇女的经济独立在资本主义社会下也是不能实现的。因为妇女到工厂做工，又受到资本家残酷的剥削和压迫。她们工作十二三个小时，工资少得可怜，"今世界可悲可惨之境，无过于劳动者，而劳动者之中，即以女子劳动为最苦"，"制纱各厂之女工，则垢衣恶食，日受鞭挞"。[3] 更有甚者，少数女工又成了资本家淫乐的工具，资本家对于女工"妨其日力，害其健康，弭其幸福，复以丑恶之行而败其贞操"。[4] 统治阶级以前把妇女当

---

[1] 震述：《女子解放问题》，见张枏、王忍之编《辛亥革命前十年间时论选集》第 2 卷下册，三联书店 1978 年版，第 961—962 页。

[2] 同上书，第 962 页。

[3] 《惨哉女工》，载《天义》第 8、9、10 卷合刊。

[4] 畏公：《论女子劳动问题》，见张枏、王忍之编《辛亥革命前十年间时论选集》第 2 卷下册，三联书店 1978 年版，第 942 页。

做玩物，不过"屈女子之身已耳"，今日视女子为"用物"，"既屈其身，兼竭其力"，使妇女成为供资本家生财的工具，这比视女子为玩物更可恶，不仅有害于女子自身，而且也破坏其家庭。

3. 对以女性解放为主张的男性论者进行批评

在《女子解放问题》一文中，何震认为，中国近代女子之解放，男子要比女子主动，因此，女子所获得的利益不如男子大。近年以来男子为什么一改以前对女子的压迫转而提倡女子解放，主张男女平等，何震认为其理由有三：第一，为求名而解放女子，因为男子崇拜强权，当时被称为文明之国的欧美日本，都给予女子自由权，如果像他们那样，禁止自己的妻女缠足，使她们受教育，那么中外人士必将称其为文明，而且这并非一己有文明之誉，其家庭亦有文明之誉，而家庭之文明又由自己所开其先，试想，"若夫集会之场，传人广众之地，复率其妻女，参列其间，使与会之人咸属目于其旁曰：此非某君之妻之女欤！其开化之程度，竟出中国女子之上"。① 此等男子赚够了眼球，是何等的荣耀啊！何震高呼，"此岂为女子计哉？不过利用女子以成一己之名。而推其私心，则纯然私女子为己有。使非视女子为己有，则女子之成名与否，与己无复丝毫关系，则必无解放女子之心"。② 所以，"惟其私有女子，故处礼法盛行之世，以防范女子得名；处欧化盛行之世，转以解放女子得名。此男子因求名而解放女子者也"。③ 第二，为求利而解放女子，因为近年以来，人民的生活日趋贫穷，中等人家苦于生计，没有力量赡养其妻。男子生值此时，觉得像以前那样把女子关在家里不但无利反而有害，于是提倡女子独立，使之受教育，则自学校毕业后，"可以出为教师，或执一技以谋食"，其目的不是为女子考虑，乃为"以纾一己之困耳。其食指繁盛之家，则仰事俯蓄之费，迫女子以分担。否则，辞家远游无内顾之忧，以昔日赡给室家之费，易为蓄妾宿娼之用，使己身享纵淫之乐，女子受独居之苦"。男子"名曰使女子独立，实则为一己之自利计耳"，所以，"此男子因求利而解放女子者也"。④ 第三，为求自逸

---

① 震述：《女子解放问题》，见张枬、王忍之编《辛亥革命前十年间时论选集》第 2 卷下册，三联书店 1978 年版，第 963 页。

② 同上。

③ 同上。

④ 同上。

而解放女子，中国男子"以家自私，以后嗣为重"，然而治家教子又非常辛苦，非男子一人所能承受，所以男子欲把此苦事推给女子，革命派的男性论者皆说，家庭教育为一切教育的基础，野蛮女子之治家不及文明女子之治家，野蛮女子之教子不及文明女子之教子。何震指出，他们所说的家庭只是男子的家庭，孩子也只是男子的孩子而已。所以，"男子欲秘用女子，使自己身处逸乐耳"。"此男子因求自逸而解放女子耳"。① 综观以上，男子提倡妇女解放，是为了求名、求利、求自逸。不难看出，提倡解放妇女是出于男子自私自利，美其名曰帮助女子独立，实际上以女子解放为空名，而使女子日趋于苦。男子提倡妇女解放，就像清政府的预备立宪，是叫人们歌颂清政府，并非真要把权利授予人民；男子宣传的妇女解放，是为了获得美名，并非把权利真正授予女子。

（二）男女平等之目标：男女绝对之平等

1. 男女应该平等

在批判封建专制社会和资本主义社会的基础上，无政府主义者论述了男女应该平等的理由。

与资产阶级维新派和革命派一样，无政府主义者也用西方资产阶级的"天赋人权"理论来论证男女平等。他们认为人类有三大权：平等权、独立权、自由权。"平等者，权利义务无复差别之谓也；独立者，不役他人不倚他人之谓也；自由者，不受制于人不受役于人之谓也。此三权者，吾人均认为天赋"。② 女性和男性同属于人类，应该和男性有同等的权利。

无政府主义者认为男女不平等也违背了自然规律。他们认为男女也和自然界一样有阴阳、南北、雌雄、牝牡之分，它们是相互依存的："人之有男女，犹电之有阴阳，地之有南北，植物之雌雄，动物之牝牡也。电无阴阳，不能运用；地无南北，不能转旋；植物无雌雄，不能结果；动物无牝牡，不能生育。""此万物自然之组织，各有其发达之机体，而得无限

---

① 震述：《女子解放问题》，见张枏、王忍之编《辛亥革命前十年间时论选集》第 2 卷下册，三联书店 1978 年版，第 963 页。

② 申叔：《无政府主义之平等观》，见张枏、王忍之编《辛亥革命前十年间时论选集》第 2 卷下册，三联书店 1978 年版，第 918 页。

量之进化之力于大千世界，以生以存。"① 男女也是如此，男女同是人，是相辅相成的，没有尊卑、贵贱、强弱之分。如果是重男轻女，以男为尊、女为卑，男为贵、女为贱，男为强、女为弱，男为智、女为愚，把女子看成"为社会之赘物"，就"背万物自然之组织，而逆其发达之机体也"。

无政府主义者还从男女生理结构是相同的来论述男女平等。无政府主义者认为，男女本来脑力相等，之所以女子不如男子聪明，是因为女子不接受教育的结果，若受教育，必不逊于男子。男女身体结构也相同，不同的，只是生育机能不同，因为女子每月二三日不能动作过劳，受孕必有三四月不得畅快，分娩必有半月一月之休养，乳儿必有一年半载之牵累，这是女子之弱于男子的原因。假如没有这点不同，女子也并不逊于男子。

无政府主义者还从历史发展的角度来分析男女不平等只是一定历史阶段的不合理的现象，并不是全部历史的内容："上古之初，行共夫共妻之制，未尝有女下于男之说也，亦未尝以女子为私有也。厥后两部相争，战胜之民，对于战败之族，系累女子，定为己身之私有…男女不平等，由于古代以女子为俘囚，则知男女不平等由于强迫使然，不得谓之合公理矣。"②

从以上可以看出，无政府主义者从多方面论述了男女应该平等的道理，充满了强烈的反封建的启蒙色彩。

2. 男女平等应达到绝对之平等

早在1907年6月10日发表在的《天义报》创刊上的《女子宣布书》就开列了无政府主义者关于男女平等的7条纲领：①实行一夫一妻制。②女子出嫁后不从夫姓，而以父姓和母姓并列；推翻清朝政府之后，则男女均去其姓，以合至公之理。③男女并重，视女犹子，视女之所出如其孙。④男女初生以后，与以相等之养育；稍长以后，授以相等之学术，授以相等之职务。"无论社会间若何之事，均以女子参预其间"。⑤夫妇结婚后感情不谐，则告分离。⑥以初婚之男配初婚之女。男子再娶，只能娶再婚之妇；女子再嫁，也只能嫁再婚之男。⑦废尽天下之娼寮，去尽天下

① 民（李石曾）：《无政府说》，见张枬、王忍之编《辛亥革命前十年间时论选集》第3卷上册，三联书店1978年版，第151页。
② 申叔：《无政府主义之平等观》，见张枬、王忍之编《辛亥革命前十年间时论选集》第2卷下册，三联书店1978年版，第922—923页。

之娼女。该文表示："女界欲求平等，非徒用抵制之策已也，必以暴力强制男子，使彼不得不与己平。"① 可以看出，上述纲领的大部分是合理的，反映了中国妇女摆脱男权或父权压迫的愿望。但是，何震不了解形成男权或夫权的社会根源和阶级根源，把男子一概看成"大敌"，把妇女解放看成是绝对地向男子看齐、绝对地和男子一样，这就大错特错了。在1907年10月底出版的《天义报》第8、9、10卷合册卷首阐明了《天义报》的宗旨："破除国界、种界，实行世界主义；……实行男女绝对之平等。"② 可见，实行男女绝对之平等是《天义报》的宗旨之一，但按照马克思主义的观点，世界上万事万物只是相对的，没有绝对的东西，显然实行男女绝对之平等只是一种空想。

（三）手段：实行无政府革命和男女革命，废除婚姻和家庭

1. 实行无政府革命

无政府主义者认为，西方国家妇女企求通过"女子职业之独立"和"男女参政权之平等"等道路来获得自身的解放，这是不可能的。因为，职业独立者，不论属于个人还是属于全体，均不能使女子获得解放："如曰属于个人，则仅己身不受制，非多数妇人均可免厄也。如曰属于全体，则以今日经济界之组织，少数富民垄断生产之机关，平民失业，其数益增，而谓妇女职业均能独立，则谓职业独立者，即以职业供役于人之异名耳。自由解放，岂可得哉！"③ 同样，少数贵族女子参政权的获得也不能使广大妇女获得解放："至于与男子均权，无论男子握权历时已久，男女参政之柄，非仓卒所能均，即使能均，决不能人人而参政。以少数参政之女子处于主治之位，使多数无权之女子受其统治，不独男女不平等，即女界之中，亦生不平等之阶级。彼多数妇女，不甘受制男子者，岂转甘受制女子乎？"④ 所以，他们号召妇女要"由运动政府之心，易为废灭政府之心"，进行无政府革命，废除国家、政府，妇女才能获得彻底的解放。如何实行无政府革命？

① 《辛亥革命时期期刊介绍》第3集，人民出版社1983年版，第355页。
② 震述：《女子宣布书》，《天义报》第1号，1907年6月10日。
③ 震述：《女子解放问题》，见张枬、王忍之编《辛亥革命前十年间时论选集》第2卷下册，三联书店1978年版，第968页。
④ 同上。

刘师培等开出三张药方：其一，无中心，无畛域。按刘师培设想，每地满千人划为一乡，设栖息所，无论男女，均入栖息所，另设阅书、会食之地，没有任何"在上"之人，连管理人员也不要。其二，实行共产。他们认为"既无政府，若不实行共产之制，则富民之暴，盗贼之动掠必不能免。惟实行公产，使人人不以财物自私，则相侵相害之事将绝迹于世"，[①]"则女子可以解放"。其三，实行均力主义。即按年龄来改变职业，青壮年体力好，可做劳力活；年龄渐长，从事较轻些的工作，50 岁后入栖息所当教师，人人如此，无一例外。在他们看来，"均力主义"与男女平等之说相表里。因为"若行此法，则男女所尽职务，无复差别。男子不以家政倚其女，女子不以衣食仰其男，而相倚相役之风，可以尽革。况所生子女，均入栖息所，则女子无养育稚子之劳，所尽职务，自可与男相等。职务既平，则重男轻女之说，无自而生"。[②]刘师培、何震都把所谓的"人类均力主义"当成解放妇女的灵丹妙药，无疑是失之偏颇的。

2. 实行男女革命

无政府主义者把男子当做女子的"大敌"。何震在《女子复仇论》一文中指出："今男子之于女子也，既无一而非虐，则女子之于男子也，亦无一而非仇。"[③] 在《女子宣布书》里也说："男子者，女子之大敌也。女子一日不与男子平等，则此恨终不磨。"[④] 女子要扩张女权，"恶男子以强权加之女子，则其惨毒之罪，尤属可诛"，[⑤] 所以要以暴力制服男子。为了从男子手中夺回权利，何震在日本专门成立了"女子复权会"。复权会会章规定："凡已嫁之女子身受男子压制者，可报告本会为之复仇；凡因抵制男权以及或为社会效力而身死者，本会均予表彰；凡因抵制男权或

---

① 刘师培：《人类均力说》，见李妙根编《刘师培文选》，上海远东出版社 2011 年版，第 167 页。

② 震述、申叔：《论种族革命与无政府革命之得失》，见高军等编《无政府主义在中国》，湖南人民出版社 1984 年版，第 132 页。

③ 震述：《女子复仇论》见万仕国缉校《刘申叔遗书补遗上》，广陵书社 2008 年版，第 663 页。

④ 震述：《女子宣布书》，《天义报》第 1 号，1907 年 6 月 10 日。

⑤ 《论中国女子所受之惨毒》，见李又宁、张玉法编《近代中国女权运动史料》（1842—1911），传记文学出版社 1975 年版，第 39 页。

效力社会而受迫害者，均有享受本会救济及保护之权。"① 无政府主义者
还视男女为对立的阶级。认为"世界固有之阶级，以男女阶级为严"，故
"欲破社会固有之阶级，必自破男女阶级始"。② 无政府主义者不懂得阶级
是如何划分的，只要是对立的事物都把它划为两个不同的阶级，男女也不
例外。这种思想显然是错误的。另外，妇女受压迫的根源，不是整个男
性，而是男性中的少数统治阶级，是整个封建专制社会。把矛头指向男
性，就造成两性的对立，是不利于妇女解放的。在社会革命、男女革命的
关系上，何震居然把"男女革命"放在首位。"故今日欲从事于社会革
命，必先自男女革命始"。③ 男女革命是社会革命的一部分，它不可能先
于社会革命。

3. 消灭家庭

无政府主义者认为家庭是万恶之首，他们首先痛斥家庭是强权之根
源，家庭本身是强权之产物，专制之胚胎："家庭非本于人类生理之自
然而成，乃本于私产强权而成也。初因女子不能自立白养，男子从而保
护之，遂失自由平等之谊，故家庭为专制政体之胚胎。"④ 在强权家庭
下，女性失去一切自由："既有家庭，则易自由而为专制。是以玩物产
业待女人也，自私也，专制也。"⑤ 由于家是建立在私产强权基础之上，
所以它是产生夫权、父权、君权的根源。"自有家而后各私其妻，于是
有夫权。自有家而后各私其子，于是有父权。私而不已则必争，争而不
已则必乱，欲平争止乱，于是有君权"。⑥ 夫权、父权、君权都是强权。
"治水者必治其源，伐木者必拔其本，则去强权必自毁家始"。⑦ 其次，
他们认为，家庭使人类失去了快乐、自由和平等：有家后人们奔走衣
食，繁杂琐事，百苦丛生，有家之后，产生了不平，"必家毁而后平等

① 《女子复权会简章》，见中华全国妇女联合会妇女运动历史研究室编《中国近代妇女运动历史资料》（1840—1918），中国妇女出版社1991年版，第212页。
② 《〈天义报〉启》，见中华全国妇女联合会妇女运动历史研究室编《中国近代妇女运动历史资料》（1840—1918），中国妇女出版社1991年版，第291页。
③ 汉一：《毁家论》，见张梅、王忍之编《辛亥革命前十年间时论选集》第2卷下册，三联书店1978年版，第916页。
④ 《续革命原理》，载《新世纪》第30号。
⑤ 真：《三纲革命》，载《新世纪》第11号。
⑥ 鞠普：《毁家谭》，载《新世纪》第49号。
⑦ 同上。

可期"，有了家"使人志气消沉，神魂颠倒，求学而不进，为德而不终者，皆家之为患也。一人如此，人人如此，世运亦因之停滞而不进。必家毁而后进化可期"。① 所以要破除强权、要自由平等，必自毁家始。无政府主义者又特别着重论述了"家"对妇女的毒害，他们痛恨封建家庭给妇女带来的痛苦。由于家，女子日受男子羁縻。"男子之纵欲者，必聚女子于牢笼，而强之为妾媵，供其淫欲"。② 由于家，烦琐复杂、无益有损的家务事因是丛生。由于家，抚养孩子的重担完全由女子承担，所以家庭成了男子欺凌女子的凭借，成了男女不平等的依附物。家，是囚禁妇女的牢笼，只有毁家妇女才能走向社会，男子才能无所凭借欺凌女子。因此，"欲开社会革命之幕者，必自破家始矣"！③ 无政府主义的毁家革命论，对封建家庭伦理道德进行了猛烈的冲击。家庭是社会的基本细胞，是社会经济发展到一定阶段的必然产物。在封建社会里，家庭成为夫权、父权的依附物，但它不是阶级压迫和阶级剥削的依据。《天义报》的作者不了解：妇女的解放绝不能先于社会的解放；家庭的变革也不可能先于社会的变革。无政府者的毁家革命，与康有为在《大同书》里提出的"毁灭家界"的观点基本相同。毁家是不可能实现的，也不可能带来妇女解放。

4. 废除婚姻

无政府主义者认为婚姻应建立在爱情基础之上，但中国的婚姻，"实反背爱情，而强权私产之胚胎也"，在这种婚姻关系下的妇女"较奴隶之苦，尤有甚焉"。④ 男子对于女子又设种种恶礼法以束缚之，种种伪道德以迷惑之，视女子为一己之玩物。男子可以娶妾宿娼，女子则不能；妻死再娶为合礼，女子夫死再嫁为社会所耻。无政府主义者痛斥这些是"背情逆理，无复人道，莫有甚于此者矣"！⑤ 而婚姻是家庭得以产生的前提，

① 鞠普：《毁家谭》，载《新世纪》第 49 号。

② 民：《无政府说》，见高军等编《无政府主义在中国》，湖南人民出版社 1984 年版，第 186 页。

③ 汉一：《毁家论》，见张枬、王忍之编《辛亥革命前十年间时论选集》第 2 卷下册，三联书店 1978 年版，第 917 页。

④ 革新之人：《续革命原理》，载《新世纪》第 29 号。

⑤ 《废婚姻主义》，见《师复文存》，《民国丛书》第三编 86，上海书店出版社 1989 年版，第 107 页。

所以"欲破家庭，必自废婚姻始"。①

　　无政府主义者把婚姻的专制提高到对男女人权的"侵侮"的高度来认识，表示了要实现人人自由婚姻的强烈愿望。无政府主义者要建立一个大同世界，就要破家界、种界、乡界、郡界。如何破除这些界？他们认为：这些界产生的根源是夫妻，夫妻之间不断地产生矛盾，小则斗哄杀害，大则争战屠杀，于是产生了强权与政府。整个社会，"宛如一高塔，婚姻为其基础；财产也，家庭也，国界也，种界也，递为塔层；为其顶者，实政府也。其他如宗教、法律、军备等不过为建筑高塔之材料耳"，"去政府，必先废婚姻，废财产，而使家族不得成，国界种界不得定也"，② 废除婚姻是达到大同世界的途径之一。更有甚者，提出废婚姻后，多设会场旅馆，为男女相聚之所，相爱则和，相恶则离。实行男女杂交。认为"不杂交者种不进，不杂交者种不强，不杂交者种不智，不杂交者种不良"。③ 这种思想显然大错特错。

---

　　① 民：《普及革命》，见张枬、王忍之编《辛亥革命前十年间时论选集》第 2 卷下册，三联书店 1978 年版，第 1038 页。

　　② 民：《无政府说》，见张枬、五忍之编《辛亥革命前十年间时论选集》第 3 卷，三联书店 1977 年版，第 158 页。

　　③ 鞠普：《男女杂交说》，载《新世纪》第 42 号。

第六章

辛亥革命后对妇女参政权的否定

伴随着清末时期革命形势的迅猛发展，以及清王朝的覆灭，民国初年女子参政运动兴起。当时不少女性的观念是，在革命过程中男女性负有同等的义务，所以在革命取得胜利后男女也应该享有同等的权利。在武昌起义之后，具有先进思想的女性直接参加革命活动，融入在各个层面之中。据相关统计表明，当时参加革命者有明确名册的女性人数多达380余人，同盟会中有54位女性成员。孙中山成立中华民国南京临时政府时期，不少参加革命的女性提出妇女参政的要求。

一 妇女要求参政权

1911年年末，当全国上下的革命战争正是最激烈的时候，中国社会党女党员、原同盟会会员林宗素女士建立女子参政同志会，其为我国历史上首个女性参政团体。该团体的宗旨为，"普及女子之政治学识，养成女子之政治能力，期得国民完全参政权"。[①] 中华民国南京临时政府刚成立之时，在1912年1月5日，林宗素女士以其会代表身份和当时的临时大总统孙中山会晤。孙先生明确指示，等到民国政府国会成立，女子可以有参政的权利。此消息一公布，引起很大社会反响，当时很多进步女性均非常振奋，积极创立或加入女子参政团体，成为当时非常特别的社会现象。譬如，创立女子同盟会（创始人：吴木兰），男女平权维持会（创始人：沈佩贞），神州女界共和协济社［创始人为张昭汉（默君）与伍廷芳］，浙江女界组织女子策进社，上海女界组织中华女子竞进会，湖南女界成立

---

① 《公电·南京电》，《民立报》1912年1月8日第3版。

女国民会，广东女界组织女权研究社，等等。所有的这些团体，有一个共同的奋斗目标，即女子参政。在团体建立的基础之上，当时女界知名人士，如唐群英、张汉英、王昌国等人倡议建立统一机关女界参政同盟会，同时向孙中山和参议院提出请愿书，要求女子参政。故此，民初女子参政风潮如火如荼地展开。

当时很多进步女性均意识到女性参政的重要性，所以不仅有个人为代表觐见孙中山先生的现象，如林宗素女士。也有以团体组织为名义上书孙中山的情况，如神州女界共和协济社。其提出的要求是开办相应的女子法政学校以及刊印相关的《女子共和日报》，用途是为女性未来参政作准备。孙中山对此的答复是，并不急于希望女性参政，但是对其社主张的预备参政理念颇为赞赏，并且愿意从国家财政中拨款 5000 元作为创办女子法政学校的经费。并且表示，关于女性是否有参政的权利，这种参政权利何时能够实现以及国会是否会出现女性议员的相关事宜均会面向社会展开公论，并且提交参议院进行表决。之后女界精英张昭汉、唐群英、张汉英、张群英、沈佩贞、王昌国、吴芝瑛等人以民国女性代表的名义，向南京临时参议院上书，提议将女性参政权利纳入中华民国宪法当中。其请愿书中内容如下："兹幸神州光复，专制变为共和，政治革命既举于前，社会革命将踵于后。欲弭社会革命之惨剧，必先求社会之平等；欲求社会之平等，必先求男女之平权；欲求男女之平权，非先与女子以参政权不可……用是联络全体女界，上书贵院执事诸公，请于宪法正文之内，订明无论男女，一律平等，均有选举权及被选举权；或不须订明，即请于'本国人民'一语，申明系包括男女而言，另以正式公文解释宣布，以为女子得有参政权之证据。"①。在当年的 2 月 23 日，参议院就此提案进行审议。当时报界传闻，议员持反对意见者居多。引起女界强烈愤慨，并扬言如不成，将与议员同归于尽。由此可见，冲突难以避免。

三个星期之后，在 3 月 11 日，由南京政府临时参议院审议，并以孙中山临时大总统的名义颁布《中华民国临时约法》，在《临时约法》第 2 章第 5 条中，阐述了人民权利和义务等相关事宜，其内容为"中华民国人民一律平等，无种族、阶级、宗教之区别"。② 虽有表述，但是关于性

---

① 《女界代表张群英等上参议院书》，《申报》1912 年 2 月 26 日第 3 版。

② 《中华民国临时约法》，见《孙中山全集》第 2 卷，中华书局 1982 年版，第 220 页。

别的探讨却不清晰，对此很多女性朋友们表示非常失望。由此唐群英等人以中华民国女子参政会的名义向孙中山严厉抗议：

> 此《约法》者，虽属临时，为期甚暂，然与宪法有同等之效力，亦即将来成文宪法之张本，国家组织、人民与政府之权利义务系焉，胡可轻易出之？苟有疵戾，非国家之福也。乃读至第二章人民第五条云"中华民国人民一律平等"，而其下复曰"无种族、阶级、宗教之区别"。就其条文寻绎之，既曰"中华民国人民一律平等"，则凡为中华民国人民均须平等，则种族也、阶级也、宗教也，或其他之种种也，而皆为中华民国人民也，均须平等，固已了无疑义，何必复为解释之语曰"无种族、阶级、宗教之区别"，以狭小条文之意耶？在立法者之意，岂不曰吾国固尚有种族、阶级、宗教之区别也，明言之，或足以释不平等之疑，而昭大公无我之见。斯言诚是也，独不计及种族、阶级、宗教之外，固尚有不平等之嫌者在耶？列举既有未赅，则不如仅以概括的规定，尤能以解释而尽善也。况立法者之意并不如是，既已以"一律平等"之言欺人耳目，复怀鄙吝之见而为限制之辞，司马昭之心，已路人皆知之矣。吾女子之要求参政权也，既已一再上书参议院，求其将女子共男子权利一律平等明白规定于临时政府约法之中。今观此项条文，不独不为积极的规定，反为消极的取消。是参议院显欲与吾侪女子为意气之争，而不暇求义理之正。吾党宁能默然？吾党之意，仅以闻于吾女子者，对于约法第五条或请删去"无种族、阶级、宗教之区别"一语，以为将来解释上捐除障碍；或即请于"种族、阶级、宗教"之间，添入"男女"二字，以昭平允。二者惟择其一，吾侪权利关系，抑亦条文之正轨也。①

并且依据《临时约法》的内涵向孙中山请愿，希望能够通过参议院的审议，进而可以从法律的形式保护女性的权益。其实际的愿望是通过修改宪法进而能够使女子参政受到宪法的认可。

在 3 月 18 日，临时参议院对相关提议进行审查，次日召开第二次会议研讨，当时多数议员进行表决，最终完成审批流程，其内容如下："查

---

① 《女子参政会上孙总统书》，《天铎报》1912 年 3 月 23 日第 1 版。

女子请求参政风动，欧美尚未见诸实行，吾国若能创开其例，亦属历史之光荣。据来书所称世界潮流日趋平等，各国女子之有参政权，特迟速之问题，非有无之问题云云，本审查会一再讨论，多数认为吾国女子参政亦应有之权利，惟兹事体重大，非可仓卒速定，应俟国会成立再行解决，以昭慎重。"① 客观上是不赞成女子参政。

当女子参政的意愿被参议院否决之后，冲突不可避免地产生了。据当时的报道，在 3 月 19 日上午，以唐群英、张汉英为首的 20 多位女性（具体人数有待核实，人数范围在 10 名到 30 名之间）。以"武力"的方式进行抗议，具体的过程如下：首先是硬性闯进参议院议事厅，要求完善其权益。当时情绪非常的激烈，导致本应该进行的几次会议均被打断，不能够正常召开。到下午时，她们尝试着不让出席议员参加会议，并且拽着议员的衣服，使其不能够活动。此种情况令在场的议长非常尴尬，不知所措，只好命令参议院守卫的士兵进行协调，使若干请愿女性退到旁听席。次日，20 余名女子继续大闹参议院，在未见到议长之时，开始愤怒，于是将议场的设备毁坏，将其门窗砸损。并且强行将议员尚未发表的议案搜索殆尽，并将其销毁。与士兵冲突过程中，稍有不如意之处，随即将其踢倒。当天又推选唐群英、蔡惠为女性代表，向孙中山先生进行第 3 次请愿，这次交谈过程中言语非常激烈。孙中山用委婉的语言进行劝导告诫。坦言参议院议案的审理是需要有一个过程，不是马上就能够通过的，是需要经过不断的努力之后才能够在未来实现的。千万不要在此过程中产生暴举，如果真的是这样，将会与他之前赞成女子参政的意愿相违背。在 3 月 21 日，请愿的女子人数激增为 60 多名，并且随身携带武器，想要直接冲入议院。议长请求孙中山增派 200 名近卫军，所以请愿女子代表未能够如愿，故而转向总统府，孙中山答应替她们请愿并前往参议院商议，当时北京报社代表陈绍唐在总统府也赞成此举，所以其议案被重新提起。在 3 月 25 日以及 3 月 26 日，请愿女子在总统府想见国务总理唐绍仪，两次均未被同意。3 月 30 日，唐群英等人再入参议院，以强势方式希望议案通过。于是议长命令士兵加强戒备，并称如果再有下次，将武力解决。

女子参政同盟会在 4 月 8 日于南京正式成立，涵盖原先的上海女子参政同志会、金陵女子同盟会、女子尚武会、女子后援会、湖南女国民会

---

① 《否决案·女子参政请愿案》，《参议院议决案汇编》甲部二册，第 1 页。

等。其宗旨是实现男女政治权益的平等。并且发表宣言，内容是：由于现在社会存在着诸多不公平的原因，譬如教育、法律、财富分配以及传统思想道德等因素的影响，使女子一直以来不能享受与男子平等的权利，所以希望通过现在的努力，恢复当初失去的权利，并且这也是全体女性同胞的吁求。宣言特别关注公民的政治权利，认为女子应先从宪法上争得"公民之地位"，尤其是"政治上之地位"。同时，女子参政同盟会还公电各省都督、各政党及各报馆，认为南京参议院制定的《临时约法》，是纯以专制手段剥夺女权，所以南京参议院颁布的《临时约法》，女界绝不承认。并表达了不达目的绝不罢休的坚定决心。因为此时临时参议院正准备北迁，女界请愿活动及其他努力均没有获得实质性的结果。

二 围绕妇女能否拥有参政权的讨论

社会舆论是反映民声的重要途径，也是政府制定大政方针的参考前提。当时社会虽然思想得到解放，对女性也持温和的态度。但是当时的社会舆论界是以男性为主导。所以在女性争取政治权利的过程中，男性实质上起到重大的阻碍作用。当时南京临时参议院之所以对于女性参政问题否决或者拖延审议，从某种角度上与当时所处的社会舆论环境有莫大的关系。从社会舆论来看，男性公民对此态度冷淡，甚至是产生反感的态度。在以唐群英为代表的女性大闹临时参议院时，当时上海的《申报》称，"各女士以武装的态度，临场迫胁，或牵议员之袂，或碎玻片之窗，或蹴巡警，或谒总统，皆跃跃然欲一试其北伐未试之技……女子之进步乃若是之速，而其实力竟足战胜男子也"。① 并且该报将这一现象和英国进行类比，并觉得"民国成立未及三月，而女子之程度已足与英伦女子相比较，此可喜之事也"。② 当时女性参政的要求是要渗入到国家各个政府重要部门，该报对这种要求冷嘲热讽，称其"俨然一政府之雏形也，则何不更选一女大总统而组织女子国？"③ 此时的《大公报》更是发表两篇文章，

---

① 东吴：《清谈》，《申报》1912 年 3 月 24 日第 3 版。
② 同上。
③ 愿深：《自由谈·心直口快》，《申报》1912 年 4 月 11 日第 3 张第 2 版。

分别是《戏拟和尚要求参政同盟会小启》以及《戏拟中华民国女子拒夫党简章广告》，一则宣称和尚也要求参政，二则提倡女子团体拒夫，其意图非常明显，是对女子参政的一种嘲笑。

当时普遍的观点认为，女性是不能够参政或者不适宜参政的，主要是因为其政治素养还未达到相应的水准。《申报》对此进行相关的评述，认为国民具备参政的资格标准为，"即在男子，亦以知识为前提，非人人可得而参政"。所以，相比较而言，女子在相关方面和男子相比，远远达不到这种水准，所以需要女性朋友们能够理智一些，并且加以克制，"与其当前而立事要求，何如姑缓斯须而以预为筹备"。① 至于女子请愿过程中对临时参议院的冲击，则正好说明此问题。

还有一些人士主要从参政的能力以及职业的规划来论证女子参政是不合时宜的。当时的《盛京时报》发表文章称，男女平等是就人格而言，不是就能力与职业而言；参政与否，只是能力与职业之别，没有贵贱之分，并且认为男女的平等问题并不表现在政治的领域中，也就是说，就算不参政并不影响女性对于平等权利的追求。如果换一个角度分析，以社会发展和人类历史进程作为理论点，女性更大的社会贡献或者社会价值体现在其对于家庭的维护以及子女的教育。所以女性根本就没有必要进行相应的参政活动。相反，如果不合时宜的参政，反而会造成很多负面的社会影响。另外，《时报》从自然的生理以及心理层面分析，认为女子也是不宜参政的，进而提出实力学说，"今日女界欲要求参政权乎，不可不归而储蓄实力"。② 其所谓实力包括智力与武力。女子智力程度幼稚，又不可能用武力与男子争参政权，即使给予其参政权，也少有人能行使此权，更不能保持长久。

甚至有人从道德方面对女性参政的意愿提出质疑。《大公报》对当时女性争权的行为表示非常失望。它指出，世界许多女权发达之国比如英、美、德、法，女性还没有参政，而当时中国国会还没召开，宪法还没制定，条件还不具备，但数十同盟会女子却强烈要求参政权，甚至不惜使出野蛮手段，撒泼耍赖，大闹参议院，此种行为是不知法律、不知道德、不知名誉的表现，"名为二万万女子争权，实为此数十女子专利。不几贻民

① 《论女子要求参政权问题》，《申报》1912 年 3 月 25 日第 1 版。

② 孤愤：《女子参政问题》，《时报》1912 年 3 月 24 日第 1 版。

国之污点，而招外人之讪笑乎？"①

同盟会/国民党的机关报《民立报》虽然开专栏讨论女子参政权问题，但其基本立场与态度，与其他报纸也没什么不同。在1912年2月28日时，因为当时女子已经上书南京临时参议院表达参政意愿，该报发表署名为"空海"的社论，其议题是关于女子参政是否合时宜。在此社论中，表现出反对的意见。它从男女的社会价值、男女生理特性以及社会制度等三个方面对此进行了分析，提出了不赞成女子参政的三点理由：首先是女子的政治知识以及政治经验远逊于男子，其次是自古以来的生存法则就是男人主外，女人扶内。这是自然的规律，不可偏废。最后是女人为家庭稳定的维护者，而家庭是社会的细胞，家庭的稳定才能够带来社会的长治久安。其综合结论是："世之论者但据第一理由，以为女子之知识程度不足，不宜有参政权；而不知若据第二、第三理由，女子纵人人读书识字，知识可与男子平等，亦不可有参政权。"② 该社论一出，立刻引起轩然大波，女性强烈反驳和批评，当然也有赞同的声音。所以《民立报》特意展开专栏进行讨论。到1912年3月26日，已经刊载十余篇文章。支持者代表为张纫兰、李净业、张孝芬等人。反对者代表为杨季威、朱纶、张汉英、姚蕙、陈唤兴等人。

先分析一下支持者的观点，张纫兰等人赞同"空海"提出女子不能参政的理由，并在此基础之上提出了一些新的理由。主要从以下五个方面进行分析：一是从道德观点的角度思考，认为女子在请愿的过程中大闹南京临时参议院，这是道德不检点，也就是私德的体现。如果政治家连基本的道德素养都不具备，那么怎么能够管理好国家。二是认为女子要求参政的根本原因之一体现在其固有的虚荣心天性作祟，如果没有虚荣心，也就不会有这么多的私愿。三是提倡"平权分职"，认为男主外、女主内并不是不平等，只是职业不同，男女各有天职。四是男女本身就存在着自然的差别，所以其社会角色不同。五是进一步强调女子参政程度不够。

再分析一下反对者的观点，杨季威等对"空海"的观点进行一一反驳。主要体现在以下六个方面：其一是认为男女性别的最根本差异是体现在教育程度的不同，如果教育达到同等水平其差异自然没有。其二是

---

① 梦幻：《论女子要求参政权之怪象》，《大公报》1912年3月30日第2版。
② 空海：《对于女子参政权之怀疑》，《民立报》1912年2月28日第2页。

认为所谓的"男外女内"的观点，不是自然的选择，而是道德的约束，是一种陋习的体现。其三是认为女子之天职固然是维持家庭生活，但是现在很多先进的女性已经可以在社会上有自己的发展空间，除了政治领域，其他的各行各业均有女性工作者的身影，唯独政治领域不允许女性参政，这本身就是一种性别歧视加道德束缚。其四是认为女子私德的问题并不是很重要的，这跟政治根本就是两回事。人都会有私欲，男人也有，只不过是舆论导向的作用。其五是从生理构造上分析，虽然不同的生理构造确实会存在着差异，但是具体的差异体现在体力上而非智力上，所以这并不影响女性参政。其六是女人和男人都是中华民国公民，应该享有同等的权利，包括政治权利。所以她们坚信，女子能够参政是人类社会进步的表现。

如果从辩论的角度分析，貌似正反双方的辩论者均是女性，是女性内部观点的争论，但是实际上衬托出《民立报》的内在安排。因为能够公之于众的文章以及相应的观点，均是该报自己选择的，虽然来函是四面八方的人士，也包括男性公民。之所以会这样进行，实际上是为了反驳女性参政。对此，在1912年4月22日以及4月23日，《民立报》刊载英国知名医学家埃尔穆来脱的译文《论女子参政权》，是从医学中生理的角度分析，女性不如男性，进而以此为论据进行"有力"反驳。因为是从科学的角度分析，其权威性以及理论性不容置疑，所以成为舆论的重要导向。同时，该报还特地报道了英国女子争取参政权运动的种种暴烈行为，以说明其"女子选举案未获通过，实因近来女子暴动"。

更有意思的是，为了表明非报社的观点，证明其是"公众的心声"，该报又发表了两篇对女性参政的提出质疑的文章。在1912年6月6日、7日以及8日的三天内，连载广州欧佩芬女士的专论《敬告争选举权之女同胞》，站在女性的视角对女性参政意愿表达了忠告。主要意思是说我国女性同胞参政的意愿是积极高尚的，但是能力有限，所以不赞成女性参政。其着重点在于培养女界的自治能力，具体途径是普及教育、设立演说团、革妾媵之俗、开放婢女、禁娼妓之俗，以免"徒争参政之虚名而乏参政之实际"而为世俗所指摘诟病。通过上面的分析和描述，最终将女性不适合参政的根本原因归结为女性自身能力的问题。并且为了更有说服力，该报紧接着又刊载女子法政学校学生杜有秋的月考文《男女平权足以救国论》，该文极力主张女子应与男子平权，尤其女子参政权对于养成新国民之国家思想至关重要，只有真正实现男女平权，才能从根本上救治中国。《民立报》在女子参政权问题上，看似能照顾正反两方面的意见，其实还是有所偏向，虽不能说持完全反对的立场，但其赞成的态度确实是有所保留的。

尽管面临革命党阵营内部以及社会舆论的巨大压力，女子参政权运动仍然没有停息，其影响也在扩大。湖北女界受南京女子参政运动的影响，一些女子加入自由党和社会党，或创办女子法政学堂，为将来参政打基础。当时的国民政府副总统黎元洪不赞成女子参政，认为女性知识浅薄，还未能达到参政的要求，女子对国民政府的态度大为不满，纷纷集会上书，表示不达目的不罢休。随着临时参议院北迁，女子参政请愿团体也一同北上，继续要求参政，以期达到目的。此后，女子参政请愿运动的中心便从南京转移到北京。

三　对妇女参政权的否定

袁世凯接替孙中山就任中华民国临时大总统之后，对女子请愿参政运动实施严厉的打压政策。当时正赶上参议院迁至北平，女权运动者以唐群英为首准备北上请愿时，袁世凯明确指示国务院总理唐绍仪，女子参政权益是否通过，需要全体参议院的核实，在此过程中不应有闹事行为，应该对其进行阻止。只允许其代表一、二人进京，不能够容忍以团体的形式进京请愿，否则将会带来巨大的阻碍。

当时全国政治中心已经由南京转移到北平，所以临时参议院随之北迁。其最主要的议题包括两方面，分别是国会的组织法以及选举法。关于国会议员的选举人资格问题，在7月3日参议院举行第31次会议，以及7月8日举行的第35次以及第36次会议展开空前的激烈论辩。由于议员全部是男性，所以在讨论的过程中，主要涉及教育程度、财产、年龄等方面的资格权限，整个讨论过程从头到尾没有提及过女性参政的问题。特别是在7月20日参议院举行的第46次会议上研究蒙藏族公民选举权事宜时，参议院议员杜潜依照《中华民国临时约法》的内容，对女性的选举权提出议案时，被刘崇佑以不在讨论范围为由直接拒绝。袁世凯在8月10日颁布《中华民国国会组织法》、《众议院议员选举法》、《参议院议员选举法》时，规定只有男子才具备选举权和被选举权。

就在此时，在革命党团内部，关于同盟会改组为国民党过程中撤销"男女平权"的事宜，引起更多的纷争。在1912年3月3日，同盟会由原先的地下组织变成公开的革命政党，其政治纲领的第5条明确表明"男女平权"。后来，由宋教仁主持，以同盟会为首，联合当时的共和党、国民公党、共和实进会、国民共进会以及全国联合进行会等，重新改组为后来的国民党。在整合的过程中，因为要平衡各党派的政治意愿，因此在修订新的政治纲领时，将"主张男女平权"部分去掉。此做法引起了国内女界人士的极大不满和激烈抗议。据当时史料记载，在8月13日，同盟会本部召开选拔国民党事务干事的会议，当时其女会员唐群英、沈佩贞等率先发问，指责此次同盟会在改组时为什么没有事前通知女会员，而只由男会员进行表决，直接将"男女平权"一条删去。此种行径是对女会员的极大蔑视。此种合并，女会员也绝不承认。她们大骂宋教仁受人愚骗，甘心卖党，表示要以武力对待。随后，又有王昌国等数人到会哭骂，痛诋男会员丧心病狂，甚至扭住主席宋教仁殴打，认为同盟会改组删去男女平权政纲，是看不起女人，现在要为二万万女同胞出气。后经张继再三劝慰，并许以从长计议，俟孙中山先生到后再商办法，各女子才悻悻而去。8月25日，国民党在北京湖广会馆开会。唐群英再次光临，并严厉地责问为什么将男女权利平等的政治纲领删除，并当场痛殴宋教仁脸颊，强烈要求在国民党政纲中重新加入男女平权一条。最后大会重新表决，多数反对，少数同意，遂未通过。后来孙中山在演说中表明，之所以在新的政治纲领中没有这一表述，是因为考虑各党派的意见。他认为这样的事情当从长计议，并且告诫女同胞，应该更加关注国事。并认为男女权利平等以后一定会实现的。与此同时，浙江女子参政同盟会致电国民党，诘问删除男女平权之理由，要求速为更正，"免为女界公敌"。女子参政同盟会在9月1日在北京召开大会，与会人员达200人，推选唐群英为临时主席。沈佩贞演说，认为国民党改组是为了达到自己的政治目的而不择手段，"宋实为一无耻小人，牺牲我二百兆女国民之权利为彼等结党营私交换之媒介，是可忍，孰不可忍？试问女子若非国民，则昔日之列入政纲为非；女子既为国民，则今日之删削政纲何故？既定名国民党，首先废弃二万万女国民，名尚符实乎？宋教仁一人专制，张继同恶相济，是直置我女同胞于死地!"① 并且情绪非常激愤,认为要以暴制暴,甚至是以革命的方式对待。尽管如此,但是最终还是未能够如愿。

当时改组同盟会为国民党是经孙中山的同意,宋教仁才着手进行的。这不是无组织无准备的行动,而是经过深思熟虑的结果。至于新的政治纲领中取消了男女平等的条款,也是当时党内人士的普遍观点。当时的《民立报》颇为赞同孙中山演讲中的观点,国家如果不能够自立自强,男子参政议政的权利将难以实现,更何况女子。认为"今日中国之女界,不能与彼欧美女子积数十年之运动者同一进行,当先协助各种社会,以巩固民国为其义务。此所谓预备条件也"。并对一些女性会员的过激行为表示谴责,"若近日北京有一部分女子为激烈之运动,及上海有一部分女子恒假参政急进名词及协济会名义,以行其猥琐卑劣之事,皆足为参政进行之累"。② 认为女性权利的获取,不应该通过这样的方式,这非但于事无补,还会产生恶劣的影响。

虽然女性"维权"的道路日趋艰难,但是仍然不能够使女性同胞妥协。在当年的 8 月底,以张寿松为代表的女性团体用女界联合会的名义请愿于参议院。明确要求在其国会选举法当中加入女子有选举权和被选举权的条款,但是未被通过。其理由是,此事关系重大,需要等到国会正式成立之后再行解决。并且认为现在国会还没有建立,所以不能够将其纳入讨论的范畴。当时唐群英创办《女子白话报》和《亚东丛报》,宋教仁亲自写祝词,表达心声,女权是非常尊贵的,和男权一样的重要,根本是没有任何差别。在中国四千年的封建黑暗专制独裁统治过程中,女子的社会地位非常的卑微,所以现在女性的努力,能够起到极大的促进作用。直到宋教仁遇刺之后,唐群英表示深切哀悼,并写文《宋渔父先生诔并叙》以示悼念。但是女性权利仍然没有争取到,令女界颇为伤心失望。

唐群英在 9 月初时用女子参政同盟会的名义发表讲话,以西方资本主义理论基础的天赋人权为切入点,说明男女在法律上的权利是平等的。她在此首次承认男人和女人之间确实存在着差异,但是男子群体之间的差异也是非常明显的。如果在此基础之上,没有明确规定程度差的男子不能够

---

① 《女子参政同盟会召开联合大会》,《平民日报》1912 年 9 月 7 日,转引自中华全国妇女联合会妇女运动历史研究室编《中国近代妇女运动历史资料》(1840—1918),第 594—595 页。

② 东方:《敬告女界协济社》,《民应报》1912 年 9 月 4 日,第 10 页。

参政，那么也就没有理由反对女子参政。因为宪法是人民的宪法，而国家也是人民的国家，女子是人民的重要组成。所以从这个角度分析，女子是应该具有相应的政治权利的。但是目前的现状也表明，女子直接参政这一想法不切实际，以后可能会享有同等的权利。所以在此她作出了相应的让步，声明不再要求法律上明确规定女子的参政权，但也不能写明参政权为男子所专有，从而对女子有所限制。这显然是针对国会选举法的。她从约法、现行法、中国社会及现今世界趋势等方面，具体阐述了女界对于参政权不能不争的理由，号召全体女界以死力争，"故身可杀，此心不可死；头可断，此权不可亡……将修我戈矛，整我甲兵，凭我一腔血与诸男子相见"。[①] 言辞之中表示出极度悲壮的气概。沈佩贞在欢迎万国女子参政同盟会代表时演说认为："去岁革命时，女子已组织北伐队，而促中华民国之成立。是今日之共和，女子亦出代价以购之，并非男子一方面独构成之者也。去岁革命时，既未尝以我等为女子而摈于革命同志之外，岂今日共和告成我等女子不能享受共和之幸福耶？"[②]

同时，女子参政同盟会再次上书参议院请愿。请愿书对于前此张寿松、唐群英等人的上书被参议院依南京前例搁置进行辩解，认为南京上书是修改《约法》第五条字面案，现在上书是争取女子选举权案，两者不能混同。请愿书指出，国会选举法规定中华民国男子有选举权与被选举权，将约法中的"人民"改为"男子"，公然剥夺了女子应有的权利，显然是违背约法、蹂躏人权的粗暴行为。她们以《约法》为依据，说明《约法》在规定中华民国的构成、主权所属以及人的权利、义务时，都是用全称的"人民"一词，并没有将女子排除在外，女子也是中华民国人民的一部分，与男子一样尽义务，当然要一样享有权利。国会选举法用特称的"男子"一词，是将女子排除在人民之外，严重违反了《约法》精神与人道原则。请愿书最后指出，选举权关系到女子的基本人权问题，必须拼死力争。

---

① 《女子参政同盟会代表唐群英宣言书》，《民国新闻》，1912 年 9 月 4—13 日，转引自中华全国妇女联合会妇女运动历史研究室编《中国近代妇女运动历史资料》（1840—1918），第 600 页。

② 《女子参政同盟会欢迎万国女子参政同盟会代表大会》，《民立报》，1912 年 9 月 27 日，转引自中华全国妇女联合会妇女运动历史研究室编《中国近代妇女运动历史资料》（1840—1918），第 600—601 页。

　　女子参政同盟会在 10 月 20 日于北京正式成立，并且大会通过决议选举时任副总统黎元洪的夫人吴汉杰为名誉总理，唐群英的职务为责任总理，协理为继识一、王国昌，庶务为沙慕新，交际为沈佩贞，书记为莫宝珠，会计为李瓒元，调查为王云樵。在大会上唐群英发表演讲指出，女子与男子同是国民，既然承担了国民的义务，就应该享有国民的权利。她坦诚地承认现在女子参政的程度确实不够，可暂且不争被选举权，但不能不争选举权，她号召女性要组织团体，上书参议院，争取女子的选举权。一次争不到手，二次再争，二次争不到手，三次四次以至无量数次，不达目的绝不罢休。在她看来，女子争取选举权是其获得完全参政权的关键。这样，便明确了女子参政请愿继续进行的近期目标就是争取选举权。

　　请愿书被参议院接纳，并交给相关的机构审查，最后交由参议院讨论。参议院在 11 月 6 日就女子选举权议案进行表决。先是有请愿委员会的代表王鑫润递交审查报告，之后由大会进行公决，然后由在场十几名议员对此进行发言，其中表示赞成的议员为覃振、杜潜、陈家鼎、江辛等人，表示反对的议员为李国珍、孙孝宗、李素、谷钟秀、赵世钰、李榘等人。赞成者的观点是，本次女子选举权的议案，与当时《中华民国临时约法》中的第 5 条内容请愿有所不同，不是一种议案的两次审核，而是新的议案表决。而且当时的南京临时参议院确实对此有推诿的嫌疑，再这样下去，必至争闹不休。就人道主义而言，男女本身就应该享受同等的权利，况且在革命时期，女子也作出了相应的贡献，所以其权利的获得是理所当然的。反对者的观点是，此案在南京已经被否决过，北京参议院只是南京参议院的继续，所以不能再次提出讨论；已经被参议院否决的议案，只有大总统才有权提出复议，请愿人再次提出是侵犯大总统之权；如果赞成此议案，应当修改国会议员选举法，并另造选举人名册，国会即将选举，恐怕很难办到；请愿书有辱骂参议院之词，不应受理。所以在这两种立场鲜明且对立的观点之中，衍生出一种中间立场，就是由议长宣布就此案应否开二读会进行表决最后进行决议，最终的结果是 6 人赞成，66 人反对，故未能通过。

　　就在参议院否决女子选举权议案时，参议院通过了关于民国男女礼服的议案。新的礼服规定如下，分为男服和女服两种，对于男子礼服有着明确的规范，分为两大类，分别是大礼服和常礼服。前者是用于正式场合，后者是平时场合的穿戴。同时礼服也分为昼、夜两种款式，不同的礼服在穿戴的同时，对于礼服的配饰也有明确的规定。这种改变能够显现出民国男子的新风貌，给人全新的感觉，颇受好评。但是女子礼服只有一款，并且其规定是非常模糊的。这引起广大女性的强烈不满，认为此议案本身就是对女性的一种侮辱。其中广东女权研究社向全国各省各地的女界团体电报，表示强烈的抗议，因为从服饰上就能够显现出男女不平等的现状，希望全体女界人士能够齐心合力，对此进行强烈的批判和抗争。因此，又掀起了一股反对参议院礼服案的风潮。虽然同样没有结果，但也在一定程度上表明民初女性对于性别歧视问题的自觉及其女权意识的初步觉醒。

正因为此时的请愿遭受到无情的打击和否定，所以引起请愿女子的强烈不满和抗议，她们纷纷谴责参议院议员是"民国的妖孽，女界的蟊贼"。唐群英等人在 12 月 9 日时召集女性代表，前往参议院去见当时的议长吴景濂，强烈要求女子参政，该议长敷衍了事，迫于压力，逃离议场，回避女性代表。这一行径更引起女性代表的不满。她们表示，当初在革命的时候，女性同志贡献巨大，也付出了巨大的代价，甚至牺牲生命进行抗争。正是有如此的付出，才使得最后革命获得成功。但是不想成功之后，男性革命者竟然不顾女性革命者的切身感受和合理正当的权益，将女性排斥在参政之外。这种行为是非常可耻的，应该进行严厉的谴责。表示如果国会以及参议院真的是如此的无情，那么女性同胞就需要奋起抗争，来捍卫自身的合法权益。如果实在行不通，将会用相应的手段进行无情的打击。如果袁世凯总统不赞成女子参政，则我们也不承认他的总统地位。虽然语言强烈，行为激烈，但是于事无补，未能够转变现实的境况。

袁世凯政府此时已经注意到事情的严重性，故采取相应的措施保护参议院以及议员的切身安危。当时参议院否决了女子参政议案时，已经考虑到可能由此带来的后果，所以也加强了相应的戒备，并且通告全国各地方政府加强保护。从此以后，女界相应的活动力微势衰，但是仍然有后续效应。袁世凯政府在 1913 年 5 月 1 日颁布的《中华民国约法》中仍规定法律权利平等的规范也仅限于种族、阶级以及宗教，并未考虑到女性。这也正式宣告女权参政运动的失败结局无法挽回。之后女界领袖不再请愿，而将其活动重点转向创办女学以及女报方面，民初女权运动就此告终。

四　妇女参政权被否定之原因分析

关于参议院否决女子参政议案的事情，唐群英等人有着自身的看法："原来这班议员，大半是眼光不很远大，知识亦甚平常，并不知道女子参政对于民国有绝大的益处。见得中国数千年没有这桩事，向来女子连户外的事都不许过问，还说什么参政呢！一旦见了这个大问题，便咋口吐舌，惊讶起来。更有一事，就是怕女子有参政权，将来或选为议员，或任为行政官，夺了男子的饭碗。他们心里怀了这两种鬼胎，所以女子的选举法案，只有少数赞成，不能通过。"① 显然，她们的切身感受有二：一是男子轻视女子的传统习惯；二是男女性别之间的权利冲突。唐群英等人的责难绝不只是针对袁世凯所代表的旧官僚势力，恐怕也是针对部分革命阵营中的"自己人"而言的。

民初女子参政权运动看似高潮迭起，但相对于波谲云诡的党派政争而言，只不过是一小小的波澜。民初政坛完全由男性所控制，女性及其争取女权的声音是极其微弱的。相关的历史资料表明，在民初共有大约312个政治团体，仅仅只有15个曾经争取过女性权益，而当时颁发的35个重要的政治纲领中，有影响力的女权党派只有3个主张过男女政治权利平等，分别是中国同盟会、统一国民党以及中华民国竞进会。而且同盟会在进行改组为国民党的时候，又撤销了其女权平等政策。事实上，当时几乎所有的政治团体均持有相同的态度，即不赞成女子参政。有些政党甚至直接采取打压的手段，在当时的社会，无论是袁世凯政府，还是革命党人，以及社会舆论，均是如此状况。

通过史料进行分析，可以看出当时的袁世凯政府对待民初女子参政运动持否定的态度，并且公然干预和压制，这是最明显的特征表现。下面分析的是革命党人对女子参政运动的观点，重点研究孙中山先生的理念，不可否认的是，革命党人的态度也是消极抵制的，但是关注此问题的学者较少。下面从详细的历史材料对此进行相应的分析，进而找寻其答案。

---

① 《参议院之黑暗》，《女子白话报》，1912年3月21日、30日，转引自蒋薛、唐存正《唐群英评传》，湖南出版社1995年版，第283页。

　　史学家们认为孙中山对待女子参政运动的态度很微妙，从整体上分析是在原则上同意，但是不建议立即实现，需要不断地提升妇女的政治素养以及与此相对应的教育文化素质，在此基础上才能够获取相应的政治权利，进而履行相应的义务。

　　孙中山在武昌起义后于美国演讲时曾明确指示："中国宣告民主后，中国妇女将得完全选举及被选举权，不特寻常议会可举妇女为议员，即上议院议员及总统等职，妇女均得有被选举权。"① 下面回溯一下在中华民国成立之初，孙中山对待女子参政运动的态度。最初林宗素与孙中山会晤过程中，孙中山公开表示，如果民国的国会成立，则女性同胞会享有同等的权利。当神州女界共和协济社请愿于孙中山，希望女子能够参政时，孙中山在回复的文章中说："天赋人权，男女本非悬殊，平等大公，心同此理。自共和民国成立，将合全国以一致进行。女界多才，其入同盟会奔走国事不折不回者，已与各省志士媲美。至若勇往从戎，同仇北伐，或投身赤十字会，不辞艰险，或慷慨助饷，鼓吹舆论，振起国民精神，更彰彰在人耳目。女子将来之有参政权，盖事所必至。贵会员等才学优美，并不遽求参政，而谋联合全国女界，普及教育，研究法政，提倡实业，以协助国家进步，愿力宏大，志虑高远，深堪嘉尚"。② 在解除临时大总统职务的第二天，孙中山特意和女子同盟会话别，并祝福应该继续努力创办女学，期待着和男子一样地承担发展国家的重任。当国民党制定取消同盟会原先规定的男女权利平等政纲时，孙中山特意解释，国民党建立是为了创立更强大的政党，但是政党之间需要意见的统一，故此，关于女子参政权益相关事宜需要延缓，但不意味着取消。之后唐群英与沈佩贞谒拜孙中山时，孙中山用现实中的难度予以委婉相劝，之后孙中山在给女子参政同盟会回信中说，关于女子参政权的维护，本人非常赞同，并且已经开始尝试，然力有未逮，需要从长计议，需要先做好内在的工作，然后再进行相应的努力，最后一定会成功。

　　通过上面介绍的孙中山各个时期对于女子参政的态度、看法以及相关的演讲，可以看出孙中山的态度。值得注意的有两点：首先是孙中山由原

　　① 《孙逸仙行踪》，《申报》1911 年 12 月 9 日第 1 张第 5 版。
　　② 孙中山：《复女界共和协济会函》，见中国社科院近代史所等编《孙中山全集》第 2 卷，中华书局 2011 年版，第 52、53 页。

先的信誓旦旦的保证，进而变得谨言慎行，最终是无能为力。其真正的内在原因实际上和孙中山本人有着密切的联系，包括其政治地位的不稳定和所处政治环境的不断恶化。其次是孙中山对女子参政愿望表示非常的同情，但是他认为女子现有的水平和能力远远达不到政治工作者的要求，对此应该采取的方式是缓而图之，进而达到最佳的状态。虽然是表示理解，但实际上的做法却还是以反对为主。

　　那么，下面探讨一下孙中山思想中为什么会有这么多微妙的转变。虽然相关的历史材料并不详尽，但是可以通过一个例子对此进行分析。当时林宗素将其和孙中山会晤的内容公布时，以章太炎为代表的中华民国联合会给孙中山致信。信中对孙中山关于女子参政问题因"某女子以一语要求"便"片言许可"的做法颇不以为然，没有想到孙中山竟回函表示："前日某女子来见，不过个人闲谈，而即据以登报，谓如何赞成，此等处亦难于一一纠正。"① 对此，林宗素表示非常不满，因为她认为这件事是非常重要的，没想到孙中山竟然如此答复，同时这也表现出孙中山作为一位政治家的两面性。

　　下面分析一下另一位革命先驱黄兴。黄兴在女界欢迎会上发表演讲的过程中，关于女子参政的态度和孙中山非常相似。他认为在革命的过程中，女同胞已经尽自己的最大努力，并且确实作出了巨大的牺牲。正是和男同胞一起并肩作战，所以才取得最后的光荣胜利，迎来了男女平等的绝好机会。中国当时有4亿人口，其中女性占有一半，所以需要先提升女性的教育水准，进而才能够实现政治的平等，"女子有了学问，就可以参政。现在美国各州，女子为律师者、为行政官者已居多数，我中国正宜以美国为法。人类进化，男女平等，故参预政治为人类之天赋人权，不能有轩轾于其间"。②

　　但是从根本上对此进行分析，革命党人的领袖均认为当时女子参政不合时宜，体现在其知识和能力水准上。而女子参政的愿望实际上只是理想而已。正如蒋作宾给《神州女报》写祝词所称："天赋人权，男女所共；女子参政，人道当然。然主张参政，为学理上所期许；是否有参政能力，

---

① 《临时大总统再复中华民国联合会书》，见上海社会科学院历史研究所编《辛亥革命在上海史料选辑》，上海人民出版社1966年版，第777页。
② 《在北京湖南女界欢迎会上的演讲》，见湖南省社会科学院编《黄兴集》，中华书局1981年版，第267页。

则系事实上之判断。观今女界，较其大凡审识名物者，千取一焉；备取常识者，万取一焉；若夫法理精深、政论渊博者，虽千万一之比例犹不逮也……故平情而论，女子享有参政权，为世界将来必经之阶级；若言吾国今日之女子参政权，则应在预备之时期、进行之初步，断断然矣。"① 所谓"预备"之说，与其说是原则同意但不能立即实施，不如说是理论上赞许但事实上否定。

当时最知名的官方报社《民立报》反映的是革命党人普遍的心声，从其中的相关文章可以看出，他们的观点实际上和革命党领袖是非常相同的。正如有一署名"剑心"者所说："凡属国民，皆有参政之权利。女子要求参政权，是极正当之理由，且分内应为之事，不争参政权，直自弃其国民之资格。但今日女界中程度高尚者，寥若晨星。吾愿热心参政女志士，对外则坚持到底，百折不挠；对内则发达其生计，普及其教育，以□程度不足之说。"② 他们虽然也是在理论上赞成女子参政权，但事实上对于女子参政的知识与能力则深表怀疑，因而并不赞同女子争取参政权的激进行为，也不赞成女子马上获得参政权。

不可否认的是，其中一个非常重要的因素体现在性别的差异，从某种程度上分析表现出冲突和对立的状态。在当时的环境下，具备先进和进步思想的女性占全国女性人口的少数，并且是以激烈派为其鲜明的代表。她们强烈表达自己的心声，并作出巨大的努力，但是最终还是以失败告终。从当时的实际政治环境角度出发进行思考，女子参政权案未通过，不仅是由于袁世凯政府所管辖参议院的否决，同时也遭到以孙中山为主的南京临时参议院的否决。这表现出令人诧异的一致性。其中有一个现象不得不提，这就是宋教仁是被袁世凯刺杀，原因是因为其不赞成民主政权。与此相反的是唐群英等人痛殴宋教仁，恰恰也是为了获取民主权益。由此反映出民初女权运动的失败，不仅是因为袁世凯政府的阻挠，同时也和革命党人的思想局限性有莫大的关系，孙中山与革命党人也不能超越他们的时代。这可以从三方面来看：首先是传统封建思想的束缚，以至于产生惯性的效应。其表现在诸多方面，同时也是封建余毒未除的表现。其次是当时

① 蒋作宾：《谨祝神州女报》，神州女报（旬刊）第 2 期，1912 年 12 月，祝辞栏，第 2 页。

② 剑心：《东西南北》，《民立报》1912 年 9 月 17 日，第 11 页。按：文中"□"字模糊不清，无法辨识。

世界环境的影响，此时正是西方发达国家女权运动的高峰期，其女权运动已有百余年的历史，但是尚未成功，这也影响着革命党人的思维。最后是他们还难以摆脱各种现实利害关系的纠葛。当时政治斗争的关键已经从晚清政府和革命者之间的对立转变为革命政府和袁世凯之间的利益博弈。包括孙中山本人在内的革命党人自身处境非常差，所以一方面确实是没有余力，另一方面当时斗争的核心并不是此类问题。孙中山认为最佳的解决方法是先缓一缓，目的是要解决当时的主要矛盾。但是无论怎样，从客观上还是未能够达成女子参政的意愿。也表现出当时的革命党人对于民主思想的准备工作是严重匮乏的，所以当时几乎所有的民初民主政治运动均告失败，包括民初女子参政运动。

　　下面再从性别角度分析民初女子参政请愿运动的失败，原因有很多种，既有传统封建思想固有的束缚，不可否认也存在着相应的性别差异，同时也表现出性别上权势利益的争夺和整体男权主义者对女性的排斥和压制，其态度也是非常明显的。从理论上分析，民国的成立实际上正是民主化进程的良好开端，所以作为民国公民的重要组成部分，女子也应该享有相应的政治权利，这是国家进步和文明发展的表现。而民初政府以及社会各界对于女性参政的排挤和打压，也反映出其民初民主化政治自身存在着固有缺陷。

第七章

清末民初中国女权思想之分析

清末民初女权思想是中国最早适用西方天赋人权理论来分析和批判中国传统性别歧视观念和制度，近而论证男女平等的一种社会思潮，可以说是中西方结合的产物。与西方早期女权思想相比较，具有不同的特征。分析其作用与不足以及带给我们的启示无疑具有重要的意义。

一　清末民初中国女权思潮之形成与发展是中西妇女思想结合的产物

（一）戊戌维新时期中国女权思潮之形成是运用西方天赋人权理论批判中国妇女受压迫的现实、主张妇女权利的产物

如果说西方女权思想的产生是以天赋人权思想为武器对当时西方妇女受压迫的事实进行批判、主张妇女权利作为标志的话，那么戊戌维新时期中国女权思潮形成的标志则完全可以说是以天赋人权思想为武器对当时中国妇女受压迫的事实进行批判、主张妇女权利。

中国没有产生天赋人权理论，天赋人权理论是从西学译介而来，虽然在戊戌维新时期《女权辩护》还没有翻译到中国来，戊戌维新人士无法学到运用人权理论分析妇女问题的方法，但难能可贵的是，戊戌维新人士却创造性地以天赋人权为武器来分析中国妇女所存在的问题。如前所述维新人士的妇女观已经初步渗入近代人权思想。梁启超宣称男女生而平等："男女中分，人数之半，受生于天受，受爱于父母，匪有异矣。"[①] 由此谴

---

① 梁启超：《戒缠足会叙》，见《饮冰室合集·文集》第一册第一卷，中华书局1989年版，第120页。

责不将女子以人相待的传统性别制度："男子之强悍者，相率而倡扶阳抑
阴之说，尽普天下之女子而以同类相待。是故尘尘五洲，莽莽万古，贤哲
如鲫，政教如海，无一言一事为女子之计。"① 严复也热情地宣扬天赋人
权，指出："民之自由，天所畀也，吾又乌得而靳之。"② 由此他抨击传统
性别制度对妇女"待之以奴婢，防之以盗贼，责之以圣贤"③ 是人为的不
平等。谭嗣同在《仁学》中的主张较明显地体现了人权与平等的思想，
他的"仁以通为第一义"，而"通之象为平等"，就是指上下平等、男女
平等；对封建礼教的"重男轻女"，他怒斥为"至暴乱无理之法也"。基
此，他明确提出，"男女同为天地之菁英，同有无量德之大业"④，理应
"平等相均"。从近代人权观念和平等观念来考察中国妇女问题，这是戊
戌时期女权思想形成的重要标志。

　　批判中国妇女被压迫的事实则既继承了明末清初同情妇女的思想，也
选择了西方传教士解放妇女的话语，还继承了早期维新派主张男女平等的
思想，可以说是中西结合的产物。

　　如前所述，明末清初同情妇女的思想由于当时中国资本主义生产关系
发展缓慢，虽然没有上升为系统的男女平等理论，但也为中国女权思想的
形成提供了养料。比如受李汝珍《镜花缘》主张妇女应参政的启发，戊
戌女子卢翠大胆向光绪皇帝上书，提出妇女应有参政权；在康有为的
《大同书》"去形界保独立"一章中不少地方借鉴了李贽在《初潭集·夫
妇》中通过列举妇女才能来论证妇女权利的方法；另外，戊戌维新人士
在批判女子无才便是德、妇女片面守节和守志、包办婚姻和多妻制以及妇
女缠足穿耳方面都或多或少地继承了明末清初同情妇女的思想。

　　与上述本土文化中同情和解放妇女的思想相比，戊戌时期女权思想受
西方近代文化影响更大。因为本土文化中同情和解放妇女的思想距戊戌时
期已有最少 30 年的距离，其影响是间接的、潜移默化的。在戊戌维新人

---

　　① 梁启超：《戒缠足会叙》，见《饮冰室合集·文集》第一册第一卷，中华书局 1989 年版，
第 120 页。

　　② 严复：《论沪上创兴女学堂事》，见王拭主编《严复集》第二册，诗文（下），中华书局
出版社 1981 年版，第 469 页。

　　③ 同上。

　　④ 谭嗣同：《仁学》，见周振甫选《谭嗣同文选注》，中华书局出版社 1981 年版，第 115—
116 页。

士的著述中，除了对缠足危害的控诉之外，基本上找不到以上先觉者们的原始表述。而西方近代文化输入的时间距戊戌妇女运动更近，又有教会报刊无孔不入的宣传和传教士们的实践示范，而且其宣传都有意配合了中国当时富民强国的需求，故其对戊戌妇女运动的影响更大、更直接。戊戌维新人士中的女权思想，在很大程度上是中西文化碰撞的产物，接受了西方男女平等理论的影响。比如教会报刊对缠足的危害大体列举了九点：（1）召瘤疾；（2）有碍于富强；（3）失内助；（4）不慈；（5）戕生命；（6）违天意；（7）妨生计；（8）废人伦；（9）冶容诲淫。到了戊戌维新时期，教会报刊以上9点废缠足理由迎合了当时中国救亡图存的需要，被戊戌维新人士照单全收，成为康有为、梁启超等维新派人士废缠足观的重要思想来源。在兴女学方面，教会报刊共提出了兴女学有五大益处：（1）可以提高妇女的社会地位；（2）可使女子自食其力；（3）有利于儿童早期教育；（4）有利于治家；（5）使中国不致落后于他国。戊戌维新时期，教会报刊提出兴女学的五大益处也全部为维新派所接纳。尤其是梁启超在其著名的《论女学》中，对其中可使女子自食其力、有利于儿童早期教育、有利于治家、使中国不致落后于他国作了淋漓尽致的发挥。

对于早期维新派男女平等的思想，戊戌维新人士主要是继承了他们对夫为妻纲的批判、妇女教育宗旨以及把兴女学和禁缠足与国家强弱联系起来。

（二）辛亥革命时期中国女权思潮之发展是戊戌时期男女平等思想继续发展、民族主义与女权主义相碰撞以及无政府主义和女权主义相碰撞的产物

到了辛亥革命时期，维新派以强国保种为目的的男女平等思想继续获得发展，此时革命派以民族革命为内容的民族主义开始形成，加之马君武对西方女权著作的译介，女权话语开始成为主流话语，"女权"成为热议词语，这种糅合了西方女权思想、民族主义、维新派男女平等思想的女权主义带有明显的民族主义色彩。一方面，革命派继续运用天赋人权理论来论证妇女权利的合理性和正当性，而且采用了维新派的中国化诠释方式——运用阴阳互补说、传统经典对其加以中国化的方式。比如康同薇、王春林、刘纫兰宣称，按照中国古代的阴阳互补学说，男女共处于一个相互依存的阴阳系统之中，休戚相关，荣损与共，要想和谐共存，首先必须相互平衡，说明男女天生是平等的。辛亥时期的革命宣传家以资产阶级的

"天赋人权"学说来论证妇女权利的合理性和正当性时，也是采用了这一有中国特色的方法。如以宣传男女平权闻名的《中国日报》就同样强调，男女共处于一个相互依存的阴阳系统之中，必须和谐共存，否则唇亡齿寒。另外，辛亥革命时期继续对传统的性别制度进行批判，这种批判基本上还是延续了维新派对中国传统的性别制度的批判内容，不过在批判的广度和深度上有所加强，比如对妇女参政权利的主张，不仅对当时反对妇女参政的几种论调进行了批判，而且还对妇女如何参政提出了实现的途径和方法，还比如革命派对传统的礼法婚姻进行了猛烈批判，主张建立法制婚姻；另一方面，随着辛亥革命时期民族主义的发展，革命派发动女权主要的目的转为通过发动妇女参加革命建立民族国家。

与此同时，随着无政府主义思想传入中国，与早已传入中国的女权思想发生碰撞，产生了无政府女权主义。此派别以何震为代表，不仅对传统的性别歧视制度进行了猛烈批判，而且还对资本主义下的性别平等制度进行了揭露，她们视男子为大敌，而且期望通过废除国家、废除婚姻、废除家庭来实现男女之间的平等。

二 清末民初女权思想之特征

因为中西方各国在政治、经济、文化上存在着差异，又由于历史的演变，清末民初女权思想呈现出特别明显的民族特点：第一，它拥有较强的国家主义倾向；第二，浓厚的男性化色彩；第三，它的重要内容在于批评封建社会的宗法思想与制度；第四，它是人权思想的重要组成部分。

（一）较强的国家主义倾向

高度的国家主义倾向，是清末民初女权思想的一个显著特征。这里的国家主义倾向，是指视妇女解放为实现民族解放和阶级解放的一种工具或手段，这同早期西方国家倡导女权思想者，将女性切身利益及各种权利作为其目标，为争取女性权利而争取的价值与精神观的取向截然不同。

在西方，早期女权主义斗争的直接目的不是或主要不是为了救国救民，而是为了自身的利益，它的对立面始终是资产阶级的夫权社会。比如，《女权宣言》作为法国引发世界解放女性运动之源，事实上是《人权宣言》对于男性权利宣言的发难。在 18 世纪 80 年代末期爆发的法国大革命里，处于法国各个等级的女性们，主动大胆地投身于人权的革命之中，为革命不惜作出巨大牺牲。可是，革命取得胜利之后，资本主义时代所颁布的《人权宣言》在公开平等权利的人权准则时，并没有提及女性权利，遵循人权准则公布的法律也无情地剥夺了女性应该拥有的平等权。女性们发现，人的权利只是男性特有的权利。著名的妇女领袖古杰在对资产阶级人权运动失望后，于 1791 年发表了《妇女和女公民权利宣言》，强烈反抗性别歧视，要求对妇女在各个方面的权利进行补充和完善。这种对男性的批判，使法国妇女运动成为法国大革命反向启发下形成的一种独立的女性革命。此种女权思想经过美国的独立战争与法国大革命后，很快导致女性自主意识的迅速发展，转变为同男权思想相对立的女权主义。

与西方早期女权主义不同，在清末民初的中国，无论进步男性抑或先进知识女性，都积极鼓吹女权，其目的不仅仅是要改变传统性别文化对女性的性别歧视，更为重要的是，他们要妇女承担起强国保种、救国救民的重任。换言之，对当时先进知识分子来说，妇女解放带有极大的国家主义倾向。对此，前面第四章、第五章已详述，在此不再赘述。总之，他们女权思想的提出，基本上是在强国保种的国家主义的认知框架下展开的，还没有真正从文化的深层次上触及妇女作为人的权利问题。在他们那里，国家是第一位，人的价值、女性的价值均从属于国家，女性解放仅仅作为民族解放和阶级解放的工具和手段而已。

从以上论述中不难发现，与西方早期女权主义不同，清末民初女权思想具有强烈的国家主义倾向，妇女解放总是与当时的救亡政治斗争紧密地联系在一起，常常被作为民族解放和阶级解放的工具和手段。

"一切划时代的体系的真正内容，都是由于产生这些体系的那个时期的需要而形成起来的"。[①] 清末民初的女权思想国家主义倾向特征来源于与早期西方国家女权思想所在的不相同的历史环境。清末民初的中国"咽喉已经被人扼住，精血已经被人吸完，亡国之祸已在眼前"。[②] 就此绝无仅有的危机感，必然会诱发社会的不满情绪和变革欲望，这使清末民初进步的思想文化成果都带有鲜明的国家主义色彩。

---

① 《马克思恩格斯全集》第 3 卷，人民出版社 1958 年版，第 544 页。

② 君衍：《法古》，《童子世界》第 31 期。

同清末民初女权主义出现于绝无仅有的半殖民、半封建社会的民族危机不相同，早期西方国家的女权思想出现在18—19世纪间。这时期的西方国家如英、法、美等国都已取得民族的独立，资产阶级也从封建主那里夺得政治权利，不需要再进行阶级与民族革命，白人中产阶级女性已无生存之虞，迫在眉睫的便是改变以往大肆标榜自由、平等的资产阶级男性大权在握后，试图坚守传统的男主外女主内、男尊女卑的性别格局。由此，在人权主义的影响之下，白人女性中产阶级为达到解放自我的紧迫要求，积极主动地发动女权运动，为了让性别歧视彻底结束，取得与男性同样的平等权，这样的历史环境顺其自然地成就了女权主义的高"纯度"。

另外，从文化渊源来看，清末民初女权主义较强烈的国家倾向，还起源于传统的中国团体本位，将国家兴衰作为自身责任的文化心理。主流传统思想建立于封建小农经济之上，为了达到保护安定的社会及维持和谐的群体为目标，不管是先进的知识分子或是平民百姓，都十分重视团体的关系，其价值取向全以服从社会整体利益为主。此种团体为上、将国家兴衰作为自身责任的传统理念，鼓励着中国每个朝代的有志之士一直将国家兴衰作为首要任务，每每遇到外来入侵或者耻辱加深之时，国家与民族的利益始终是出于天性地让他们抵过任何的抉择。19世纪末20世纪初正是民族存亡危机之时，民族革命应当作为女性运动的首要事务，所以解放妇女就成为达成救助存亡的政治目的之措施。

与团体为上的思想方向有所差异，奠定于工商经济的重要基础上的近代西方国家的文化是至上的权利与本位的个体。最重要的体现在于着重个人的权利、自由与独立性，这就促使西方国家的人们习惯性地用自身的力量去拼搏、生存与发展，将保护个体的切身利益作为习惯，却不重视个人对于社会、家庭的责任与义务。西方国家的妇女耳闻目睹，自然身体力行。西方国家的女权主义便是将个体作为中心的"女性主体觉醒"。能够让其重视的是女性切身利益，而非国强民安。

（二）浓厚的男性化色彩

女权思想在清末民初期的第二大特征是具有强烈的男性化色彩。

西方女权思想萌芽时期，女性自己先提出来系统化的维护女性权利思想，并在社会不断进步的过程中变为社会思潮，也就是所谓女权运动，它是女性自发的维权运动。女权运动的理论基础来自沃斯通克拉夫特的

《女权辩护》和奥林普·德·古杰的《女权宣言》，沃斯通克拉夫特和奥林普·德·古杰是两位杰出的女权运动的代表者，她们的思想像指路明灯一样指引着女性维护自己的权利。而在其后的一系列女权运动中，女性一直是运动的主体。男性参与女权运动要在女权运动兴起以后，其中最著名的男性思想家是斯宾塞、约翰·穆勒，他们系统地提出了女权主义理论。总而言之，在西方国家是女性自身发起维护女性权利的运动，早期的女权思想的主体一直是女性。

在中国，不管是清末戊戌时期还是民初的辛亥革命时期，倡导中国妇女解放和拉开妇女运动的主体是中国先进的男性思想家。是他们倡导、发起以及实施解放妇女运动，而女性在活动中主要扮演配角。在清末戊戌时期是维新派的先进男性倡导发起妇女运动，当时的运动主体是男性，运动中的管理权、经费以及各种资源都掌握在维新派男性的手中。而民初的辛亥革命时期也是以男性为主体，代表人物有金天翮、柳亚子。在中国，由男性倡导发起妇女运动起到了正面的影响，是我国两性通力合作的优良传统的表现，使中国的女权运动得到社会的普遍认可，减少了来自男性的阻力。但这也有很大的弊端，妇女运动的主体是男性，运动中难免以男性的价值观来衡量妇女解放的标准，损害女性的自身利益。最显著的例子是女权运动中的"兴女学"，当时的男性资产阶级思想家受到传统封建思想的影响，将"兴女学"同保国、保种、保教相联系，教育内容没有彻底摆脱封建教育思想的三纲五常规范。其中代表性的是梁启超，他在《上海新设中国女学堂章程》中写道："学堂之设，悉遵吾儒圣教，堂中亦供奉至圣先师神位。"①并且仍然主张培养贞妇烈女："凡真正节妇之女，即非醴泉芝草，亦宜破格栽培，'勗以专切师范一门。秉贞母女之赋畀，先觉觉后觉，或冀形端表正，防微杜渐，其庶几乎！"②此外，如第五章所述，在辛亥革命中，中国的女性和男性一样共同努力，共同奋斗，取得了辛亥革命的胜利。当时的很多女性都主张女性能够参政，遭到了宋教仁、居正等诸多男性革命家的强烈反对，最后不了了之。这些都很明显地暴露了女性权利的局限性，尤其是在《临时约法》和《参议院法》用制度规定剥

---

① 梁启超：《上海新设中国女学堂章程》，见中华全国妇女联合会妇女运动历史研究室编《中国妇女运动历史资料》（1840—1918），中国妇女出版社1991年版，第102页。

② 同上书，第104页。

夺了妇女的选举权。在中国，最初的妇女解放思想是由男性提出来的，女性只是这个思想的跟随者，因此女性通常很认同男性的观点，以男性作为榜样，希望挣脱封建的桎梏，像男子那样生活。在这样的思想熏陶下，中国的妇女运动从一开始就有了浓重的男性色彩。尤其是在民初时期的辛亥革命运动中，最代表的人物是秋瑾，无可否认，在中国革命史上，秋瑾是一位非常杰出的革命家，她的英雄事迹被人传颂，家喻户晓。如此优秀的她也在为自己是女儿身而苦恼，甚至她还通过模仿男性的衣着举止来增强自己的自信心："我对男装有兴趣。……在中国通行着男子强女子弱的观念来压迫妇女，我实在想具有男子那样坚强意志，为此，我想首先把外形扮作男子，然后直到心灵都变成男子。"① 秋瑾在日本留学期间，通常都女扮男装，一直以男装的服饰示人。通常都穿着月白色竹布衫、男式西装和长袍马褂。在民国初年，女性模仿男性打破封建思想枷锁，追求男女平等自由，很多女性在着装上模仿男性，穿男装成为当时的流行风向标。这些现象在很大程度上说明，中国的妇女在妇女解放中没有女性特有的色彩，完全是照搬模仿男性。从本质上可以这样认为，在中国做女人没有地位，只有女人把自己变成男性才有地位，中国的妇女解放运动是不成功的，在思想上没有摆脱男尊女卑的思想，女子依然依附男子而活。

清末民初女权思想的男性化特征，是由于它赖以产生的历史条件和社会文化土壤不同于近代西方国家资本主义社会生产关系业已确立，工业产业取代农业产业，天赋人权思想已深入人心，西方女性维护自身权利的思想才慢慢发展起来。由于西方国家资本主义社会工业的不断发展，西方女性逐渐走出家庭，进入社会，来到工厂参与社会生产，让妇女逐渐成为一支不同于男性的社会力量。女性通过参加社会生产活动，增长了自己的见识，开阔了自己的眼界，能力不断提高，同时也证明了自己的社会价值。在此过程中，女性逐渐觉悟了自身权利，在自由平等观念的熏陶下，逐渐树立起自己的女权意识。尤其是在法国大革命前后兴起的女权运动中，女性成为倡导妇女解放的主体，站在妇女解放的思想前沿。中国的妇女解放不同于西方国家，中国的妇女解放是在清末民初半封建、半殖民地化的环境下萌发并发展的，在那个时候民族危机和民族矛盾空前尖锐。在妇女解

---

① ［日］小野和子：《中国女性史（1851—1958）》，高大伦编译，四川大学出版社1987年版，第63页。

放运动过程中，中国社会还是以自给自足的农业生产为主，中国女性没有进入社会生产领域，受到封建社会宗法制度和纲常礼教的影响比较大，没有形成自己的女性社会力量。在这样的历史条件下，中国妇女解放的主体只能是男性，而中国的女性处于跟随者的角色。

（三）主要内容是对封建宗法制度和宗法观念的批判

清末民初的女权思想，另一个特别突出的特点是，对封建宗法制度和宗法观念的批判，而非以实现男女平权为目标的政治启蒙。西方国家的女权思想较早是在资产阶级政治机制与生产关系已经确定的基础之上掀起的，其最主要矛头指向的是资产阶级机制里以男性为主的法律、政治制度，最根本的目的在于经过女性自我的政治斗争，使以男性为主的社会用建立法律的方式确定赋予女性拥有社会权利。而《女权辩护》与《女权宣言》都成为西方国家女性权利运动的基础理论，以抵抗男性权利统治为核心力量。男性思想家比如约翰·密尔、斯宾塞等都以同意并认可男女权利平等、批判政治由男性垄断为重要内容，极力地提倡、引导并同情女权主义。

清末民初的女权思想与近代西方国家不同，它的主要构成部分是极力反对宗法社会的启蒙思想活动，批判重点针对限制女性个性与人格的封建宗法思想与制度，最根本的目的在于消除限制、残害女性的"夫为妻纲"、男尊女卑的宗法社会礼教，明确女性的自由意志与独立个性人格。清末民初的先进知识分子对于妇女解放的倡导，无不贯穿着对封建宗法制度和宗法观念的猛烈批判。戊戌时期，维新派以"天赋人权"为理论武器，对于封建社会"夫为妻纲"、"三从四德"、"女子无才便是德"的宗法观念和传统的婚姻制度、家族制度、性别分工制度等宗法制度进行了抨击，从而在一定程度上冲破了封建宗法制度和宗法观念对妇女的束缚，提高了女性的社会地位。辛亥革命时期，革命派知识分子在维新派批判的基础上，对封建道德对妇女的束缚进行了更深入的揭露。

批判封建宗法思想与制度，为何成为清朝末年民国初期女权思想的中心内容？这并不是历史的巧合，而应归根于中西方不同的社会人文文化的根基。

中国古代跨入阶级社会是从家族走向国家，保留了大量宗法制度及其意识形态的残余势力。在长期的封建社会里，这种根植于小农经济土壤里的宗法制度和宗法观念渗透到社会生活的最深层。以"三纲五常"为核心的封建宗法人伦关系，构成封建统治的精神支柱，强化着以君主专制作为服务机制的封建等级社会架构。其中夫为妻纲、男尊女卑的夫妇关系，起着稳固封建家族血缘社会架构、维护自然经济、强化专制集权统治的作用，所以深受每个朝代统治阶层的重视，形成其逐渐加以强化的伦理标准。宗法社会里的统治阶级还通过控制妇女的思想行为，当成维系社会正常秩序的主要手段，建立起一整套以倡导女性"三从四德"、"女主内男主外"及男尊女卑作为重要内容的封建礼教。进入封建社会末期时，随着专制集权的极度膨胀，封建礼教日益成为维系其专制统治及推行文化专制的武器。女性们在无数礼教训条禁锢下，成为封建社会的最底层。同时，因为封建社会机制里的奴婢制度同一夫多妻制度共存，女性内部等级界限也十分森严，让一些已为婢、妾的女性处在更为凄惨的奴隶压迫奴隶的状况。

由于以"三纲五常"为核心内容的封建礼教构成了专制集权统治的精神支柱，严重阻碍了中国社会变革，清末民初的反封建启蒙思想活动，势必将破除"三纲五常"作为否定封建道德、倡导解放个性的重要内容。由此，随着清末民初启蒙思想活动的开展，批判夫为妻纲，倡导解放妇女，便构成近代关于人的解放的重要内容。

在西方，希腊、罗马进入阶级社会，是通过奴隶主民主派推翻氏族贵族的革命，由家庭奴隶制转变为劳动奴隶制，随之建立起城邦式国家，氏族社会的宗法制度及其意识形态的解体完成得较为充分。在西方国家里，从奴隶社会步入封建社会的承上启下进程中，家庭承受系统性的改变与提高，不但家庭内部的奴隶制度在奴隶制被宗法社会取代的历史发展过程里消失，同时女性受到男子的奴役在方式上也得到缓和，尤其是罗马帝国在日耳曼人进入之后，"一个崭新的要素也随着德意志人的出现而获得了世界的统治。在各民族混合的过程中，在罗马世界的废墟上发展起来的新的一夫一妻制，使丈夫的统治具有了比较温和的形式，而使妇女至少从外表上看来有了古典古代所从未有过的更受尊敬和更自由的地位。这就第一次造成了一种可能，我们从一夫一妻制出现并依仗它——因情况的不同，在其内部与它并行并违犯它——达到了那最伟大的道德进步：为一切以前的历史近代的个人性爱"。[①] 步入西方国家的中世纪里，因为没有出现中国

---

① 恩格斯：《家庭、私有制和国家的起源》，人民出版社1954年版，第66页。

封建制以家长专制与同居共财为特点的宗法机制，还有与之关联的奴婢与一夫多妻的制度，女性们不曾如中国女性那般需要承受到家族权利，同与之相关的一夫一妻及奴婢制度的压迫，而且所承受到的夫权压制也比中国宗法社会里女子所承受的要宽松。在中世纪的末期与近代，因为私有制度已渗入家庭内部，不论是父子兄弟还是夫妻双方，都各自拥有私有的财产，为每个家庭成员建立其独立性提供了条件，家庭内部就有了法律与权利两种关系，也是家庭内部成员之间十分重要的关系。相比较，父权与夫权都势必处于非主要的位置，并非像中国宗法社会那般构成维护家族甚至国家的中坚力量，这就为发展个人本位主义创造了条件。而当资本主义生产关系逐步深入到社会生活最底层后，女性因为无宗法关系的约束，同男性一起被大工业挟持进入社会生产领域。这样，"在无产者家庭中……男子的统治的最后残余也已失去了任何基础"。[①]

（四）女权思想是人权思想的重要组成部分

清末民初女权思想的民族特色，还表现在它始终是人权思想的一项重要内容，而西方早期女权思想与人权思想却并非同步发展。如第一章所述，源于意大利的发生在13—14世纪之间的文艺复兴运动，就第一次将人作为人的地位上来探讨，并认同人的地位、价值及人性，这对于资本主义时代的一些思想启蒙家来说，为他们给出的人权观点与论述提供了坚实的思想基础。而在17—18世纪，自然权利代替了人权的定义，资产阶级启蒙思想家对自然权利也给出了准确的定义，并对自然权利的根据和内容从自然法方面进行了系统的论证，形成的天赋人权理论有力地促进了人权思想往更高层次发展，对于人类历史的发展也有着非常巨大的作用。可是资本主义时代思想家提出的"天赋人权"里面的人是以排除妇女为权利特点的。当法国经历大革命时，奥林普·德·古杰作为革命妇女的典型代表，同其他革命妇女一起，受到天赋人权理论的启示，并从女权方面出发，对大革命的重点目标——"平等权利"展开深入的研究。于18世纪90年代发表的《女权宣言》，它作为人类历史上全面论述男女平等权利思想的巨著，也掀起了近代西方国家的女权运动。而文艺复兴之后的人权思想也逐渐演变成社会思潮。1792年，女权主义的代表作家英国的玛丽·

---

① 《马克思恩格斯全集》第21卷，人民出版社1965年版，第85页。

沃斯通克拉夫特出版《女权辩护》一书（又译《为女权一辩》），全面地替妇女权利申诉，从而为推进西方国家的女权主义浪潮，提供了有力的理论条件。西方国家的女权思想转变成社会思潮，较之提出人权的文艺复兴时期，已经晚了两三个世纪。

清末民初的女权思想，同西方国家完全相反，一直都是作为人权思想的主要内容。在百日维新活动期间，通过启蒙思想的发展，维新派将解放妇女当成解放人的主要内容，并在人权思想的激荡下，系统地论述男女在政治、经济与社会权利的平等思想。著有《大同书》的康有为，更是重点阐述有关于妇女方面的问题。他觉得，达成大同理想一定要"去九界"，可是"去九界"的根源却是"去形界"，其推崇的是男女权利平等，互相独立。与此同时，提倡解放妇女的维新派还发起不少运动，比如不缠足与兴女学，真正将其意见付诸行动。随着辛亥革命的开展，解放妇女的思想浪潮逐渐步入全新的境界。而此阶段的革命派重点强调"女国民"的地位，觉得"国民"二字，不但男子有资格承担，而女性也应该归入其范围内，着力提倡女性在经济、社会、政治、学业、工作、交友及婚姻自主的权利，有意识地把解放妇女同共和民主的目的紧密关联。总而言之，正如一位学者所言，西方国家原先对于"人的发现"没有包含女性，经过两个世纪的发展，"女性的发现"才出现。而中国则是两种发现同一时间提出，并且两种发现"毕其功于一役"。

西方早期女权思想与人权思想的分离，清末民初女权思想则与人权思想同步发展，这种现象绝非历史的偶然，而是源于中西不同的社会文化土壤。从历史上讲，中国妇女受到的压迫最重，所以提及人权，首先想到的就是受苦最深的妇女；从现实的角度分析，中国的人权运动与争取国权联系在一起，为了挽救民族的危亡，仅仅有男子的参与是不够的，必须要求妇女也参与进来。当然这也造成了中国妇女权利运动的一大缺陷，即女权运动很大程度上和国家联系在一起，而不是单纯地为了保障妇女自身权利。

而西方近代资本主义的发展不曾碰到父权与夫权两种封建人伦关系的传统禁锢，所以，启蒙运动与文艺复兴只是促进了资本主义的发展，解放妇女方面没有与中国近代那般形成启蒙思想的主要议题。只是随着资本主义制度的确立，由于先进女性不满于资产阶级提倡的"人权"实际上沦为"男权"而发起女权运动，解放女性问题才逐步受到社会的广泛重视。

三 清末民初女权思想之作用与不足

清末民初女权思想的产物在一定程度上改变了人们传统的性别歧视观念和制度，极大地促进了中国妇女解放运动的发展。但是和西方女权思想也存在着很大不足。

（一）清末民初女权思想之作用

清末民初女权思想对中国人民的思想起到了启蒙作用。清末民初，资产阶级思想家以天赋人权思想为武器，对传统的社会性别歧视制度进行了猛烈批判，虽然这种批判的最主要目的是为了强国保种，是为了民族独立，但在客观效果上使传统的妇女观发生了明显变化。

1. 妇女权利观的变化

（1）妇女人身权利观的变化

清末民初以前，女性裹脚已是沿袭千百年的传统习惯。小脚被看做美的代表，又兼有礼法、教养与文明的意义，若天生没经过裹脚的倒会被讥讽成"大脚婆"，还预示着丑陋蛮横、不堪入目、离经叛道，不仅嫁不出去而且无地自容。缠足给妇女的身心健康带来了极大的摧残，经过维新派和革命派对缠足危害的批判，1902 年清廷在内外压力之下终于谕令劝止缠足，1912 年中华民国成立后，大总统令内务部通饬各省劝禁缠足，这以后城市中的妇女逐渐摆脱缠足恶习。

（2）妇女教育权利观的变化

维新派觉得封建宗法社会里关于"女子无才便是德"，女性不该受教育，是对女性天赋人权的完全否定。梁启超于 1897 年作过《倡设女学堂启》的演说，首次就贤妻良母给出"上可相夫，下可教子，近可宜家，远可善种"的规范标准，指出女性不但可承担家庭事务，也可以负担起社会责任。若能做到此，就必须要求女性有知识有能力，需要女性受教育。此般标准在 19—20 世纪里较为盛行。可是提倡"贤妻良母"思想的人们只注重对女性一般常识性文化的教育，并没有重视专业性质的教育，其内容仅限于家政、女红、修身等方面，并未涉及社会人文与自然科学方面。光绪年间的 1907 年，学部正式创立两种学校，即初级师范与女子小学，可限制女子拥有上中学与大学的权利，并且初级师范章程是围绕"养成女子小学堂教习，并讲习保育幼儿方法，以其于补助家计，有益家庭教育为宗旨"。兴办女学对于女性来说，无疑对打开文化教育束缚提供了条件，使女性提高觉悟、脱离封建思想，勇敢迈出了一大步。照此影响，可以说"贤妻良母"较早前还是有进步的教育意义。

在辛亥革命时期，"女国民"与"国民之母"逐步替代了"贤妻良母"的教育理念。陈以益提出："勿以贤母良妻为主义，当以英雄女豪杰为目的。教育之本旨，不可不从。"[①] 著有《女界钟》的金天翮提出"国民之母"的教育目的。1912 年中华民国建立，确立了民国教育新体制，该学制规定初等小学男女可以同校，在教学内容上，女生的教学内容基本和男生相同，大大推进了男女教育平等的程度。

（3）妇女政治权利观的变化

在封建宗法思想里，女性非但无任何政治上的权利，而且由于"女人是祸水"而受到各方谴责。康有为作为维新派领导者，在中国历史上首次提出"女公民"的定义。他激烈地批判对于女性天赋人权的限制。并指出女性同男性一样"同为人之形体，同为人之聪明"，可在科举、官场、参加公务及充任学者等这些应有公民权利方面统统被剥夺，觉得此番正是"天下奇骇、不公、不平之事，不可理解之理"。[②] 康有为称"人人有天授之权，即人人有天授自由之权"，[③] 由此他认为否定女性公民权就等于没有将女性当人看一样，极力提倡赋予女性应有的公民权及资格，妇女安于"非公民"的地位是不把自己当人看，就等于未将自身当人看，觉得男女平等权利应该成立在大同社会以"男女齐等、同事学问、同克师长、同得名誉、同操事权"为先决条件里。"将欲为太平世软，以女子为公民，太平之第一义也"。[④]

在辛亥革命时，多数先进知识分子觉得国家是全部国民综合体，而国民都可拥有参政权，不区分男女。著有《革命军》的邹容就曾指出：全国无论男女，皆为国民；全国男子有军国民之义务；人人有承担国税之义

---

① 陈以益：《男尊女卑与贤母良妻》，见张枬、王忍之编《辛亥革命前十年时间时论选集》第 3 卷，生活·读书·新知三联书店 1977 年版，第 484 页。

② 康有为：《大同书》，中州古籍出版社 1998 年版，第 165—174 页。

③ 同上书，第 136 页。

④ 同上书，第 170 页。

务；凡为国人，男女一律平等，无上下贵贱之分；各人不可夺之权利，皆由天授。在 20 世纪之初号称中国的女卢梭——金天翮在其著作《女界钟》里指出女性天生就有同男性一样探求知识的欲望，国民不论男女都应承担起履行国家社会责任的义务，所以参政和革命是女性担负国家之义务，觉得不能阻止女性参与政治，此是与世界接轨，女性应争取参政入学等七项权利。他宣布："20 世纪新中国，不握于女子之手，至死也不瞑目，吾愿同胞亦死不瞑目。吾视吾女子得为议员，吾尤愿异日中国海军、陆军、大藏、参谋、外务省皆有吾女子之足迹也；吾更愿异日中国女子积其道德、学问、名誉、资格而得举大总统之职务也。"[1]

辛亥革命后，妇女并没有如预期那样获得参政权，为此女性和男性展开论争并上演了大闹参议院的好戏，这表明女性的人权意识与参政权意识大大地增强了，这无疑是中国女权思想史上一大进步。

（4）妇女社会婚姻观的变化

在中国封建宗法社会制度里，子女的婚姻都必须听从父母的旨意，由媒人介绍而成，年轻男女无任何自由选择婚姻的权利。到清末民初，传统婚姻专制制度被猛烈批判。著有《女界钟》的金天翮不遗余力地宣传女性应有出入、交友及婚姻的自由权。有人指出个人终身大事，仅凭媒人介绍与父母决定，完全不理会男女各方的意见，此等婚姻是专制的、破坏感情的，是淫风的起源。由此，要取消"礼法婚姻"，用"法制婚姻"替代：男女双方能够自由选择配偶，离婚自由，女性能够改嫁，采用一夫一妻制，男女双方一起接受教育，一同参与社交类活动。随着辛亥革命的展开，人们对于婚姻的理念又提高一层。社会改良会严格规定入会的条件：不设婢妾，倡导消除早婚（女 17 岁以上、男 19 岁以上方可嫁娶）自主选择婚姻及病时嫁娶之恶习，并承认离婚与再嫁自由，对于私生子不得歧视等。这表明，中国女性对于人权及自主婚姻的认识又进了一层。

2. 清末民初女权思想对妇女解放运动起到了先导作用

清末民初女权思想的产生和传播使得女权思想深入人心，其思想也成为妇女解放运动先驱者的行动纲领。例如缠足会的设立，女子学堂的兴办，甚至在女权思想的倡导下走出家庭，投身革命，可以说清末民初女权思想的产生和发展打破了传统观念对女性的束缚，促进了妇女解放运动的

---

① 金天翮著，陈雁编校：《女界钟》，上海古籍出版社 2003 年版，第 67 页。

产生和发展。同时，妇女解放运动又使女权思想进一步深化，使女权思想在实践中不断地进步和完善。

（二）清末民初女权思想之不足

虽然清末民初女权思想在妇女解放的进程中发挥了重要的作用，但是这些客观上所起到的作用并不能掩盖清末民初女权思想中存在的不足。当然，指出并批判这些不足并非要指责当时倡导妇女解放的先行者，而是试图使当代人警惕这类思想的延续。

1. 理论深度不够

与西方女权思想家相比，清末民初思想家在批判传统性别歧视制度和论证妇女权利的合理性方面明显理论深度不够，过于简单。他们只写了一些简短的批判文章和著作，其中最长、最有代表性的莫过于金天翮的专著《女界钟》，虽然是本专著，也不过 3 万字；梁启超的《论女学》，不过 4450 字左右；康有为的《大同书》虽有"去形界保独立"一章集中论述了妇女问题，但字数也没有超过 3 万字。虽然他们通过这些篇章与著作首次针对传统性别歧视制度作了较广泛的触动，可里面所含理论批判及理论论证都过于单薄，常仅是提供论点，少有论证，有想法却力不足，略显松散，缺少整体感。更重要的是他们对传统社会性别制度的批判也始终是围绕着民族革命这个中心，为其服务并从属于它，并非专门针对传统的社会性别制度。

从前面用资产阶级的"天赋人权"学说对传统社会性别制度进行的批判可看出，清末民初思想家都只是简单地搬用人权概念批判传统的婚姻制度、教育制度、政治制度以及缠足陋习等，而没有展开论述男女与生俱来的自然权利是什么，妇女为何应享有与男子同等的自然权利，现存性别关系为何有悖人权。康有为在戊戌时期集中批判男女不平等的一段论述，就是抽象的概念批判："人类平等是几何公理"，"人有自主之权"，"男女各有自主之权"。如果"男女之约"，不由自主，而是由"父母定之"；或者"男为女纲，妇受制于其夫"，或者"一夫可娶数妇，一妇不能配数夫"，则"更与几何公理不合，无益人道"。① 梁启超写的两篇文章很有代

---

① 康有为：《实理公法全书》，见《康有为全集》（一），上海古籍出版社 1987 年版，第 279、282、283 页。

表性地论述道："男女中分，人数之半，受生于天，受爱于父母，匪有异矣……男子之强悍者，相率而倡扶阳抑阴之说，尽普天下之女子而不以同类相待。""圣人之教，男女平等，施教劝学，匪有歧矣。去圣弥远，古义浸坠，勿道学问，惟议酒食。等此同类之体，智男而愚妇；犹是天伦之爱，戚子而膜女"。① 戊戌变法里最急于变革与进取的便是思想家谭嗣同，他抨击最为强烈的便是关于封建宗法社会伦理道，可在批判男女权利不等时虽明确地提到"天赋人权"理论，却也只有几句语而已，"男女同为天地之菁英，同有无量之盛德大业"，理应"平等相均"，"故重男与轻女者，至暴乱无礼之法也"。② 而其他人关于男女性权利不等的批评也是非常简短，辛亥革命时期，对此也没有进行深入论述，至多只是运用中国传统的阴阳学说或儒家经典对"天赋人权"学说进行了一些中国化的诠释。

可在西方国家里，由于受到资产阶级启蒙思想影响，女权主义者们对"天赋人权"理论所提的权利平等有更深刻的认识，因此她们能最先通过"天赋人权"理论对实际存在的不合理社会性别机制与女性应有权利的合理进行论证，真正为女权运动奠定坚实理论基础。所产生的著作与宣言，全面而明确地诠释了作为人类的女性应该享受到何种自然权利，现存男性中心的性别关系为何是对妇女人权的粗暴侵犯。

在揭示男女不平等的根源方面，维新派和革命派也失之简单。虽然他们也认识到男女并不是天生不平等，是由于后天环境如风俗习惯、教育等造成了男女不平等，可是却只是点到为止，言之不详，没有深入系统地论述男性中心的社会文化是如何逐步将女性塑造成现今这种低劣和从属角色的，因而失之抽象和空泛。

西方国家女权主义者们对此批判较为有力，比如在 18 世纪 90 年代里著有《女权辩护》的玛丽·沃斯通克拉夫特，就是发起英国女性权利运动的先行者，她的专著被翻译成中英文两版本，其中文版就有 18 万字之多，而英文版也有 300 页，较全面地阐述女性同男性一样也有着自然的权利，对于家庭与社会教育的偏见是怎样的同流合污，依据卢梭提出男性为主的教育思想，故意将女性培育成比男性弱，缺少智慧并处于从属地

---

① 梁启超：《戒缠足会叙》，见《饮冰室合集·文集》第一册第一卷，中华书局 1989 年版，第 120 页。

② 谭嗣同：《仁学》，见周振甫选注《谭嗣同文选注》，中华书局出版社 1981 年版，第 115—116 页。

位的。

2. "天赋人权"被转换成了强国保种的责任和义务

随着民族危亡、国家衰弱,清末民初的女权思想由此诞生,解放妇女的首要条件便是要民族解放、国家独立。仔细查阅那段时期关于支持解放女性的理论,不难发现不管是禁止女性裹脚,或是女性接受教育,甚至于女性自由婚姻等,都全部同民族独立、国家富强的目的有关。解放妇女的目标并不是全为女性自己,更多是与民族和国家有关。这便形成女权主义的外部边界,在此范围里中国的女权主义思想拥有着独特的时代特色与中国的特色。

女权思想在清末民初俨然已有建立在"天赋人权"基础上的"女性权利"合理性的认知。如前所述,不管是维新派还是革命派,都以"天赋人权"为理论武器对妇女权利的正当性和合理性进行了论证。可为何"天赋人权"理论最后转变成民族解放、国家富强的义务与责任?最重要的原因还在于同近代时期的中国先进知识分子提出的"人权"理念相关。当"人权"二字进入中国后,便拥有其特别的内涵。在这二字里"人"被赋予其集体主义含义,具有了"公"的权利的含义,而这也是为何中国"人权"二字被转变成"民权"的原因。而这个民权重点论述"集体自由优于小己自由",具体缘由正如严复提出的:"小己自由非今日所急,而以合力图强,杜远敌之觊觎侵暴,为自存之至计也。"① 因为那个时期的中国情况,此理念较为流行,女权思想也在这一理论框架下展开其妇女解放的要求。譬如《中国新女界》杂志对西方国家解放女性情况进行传播时便传达此般的理念:"其女国民惟孜孜以国事为己责,至于个人私利,虽牺牲之不惜。"② 《最新女子教科书》作为上海在 20 世纪初由群学社发布的教材,更是如此教导妇女的:"必先自爱其群,始勉尽己力牺牲私利,维持公利。"③ 由"权利"转变到"责任",并非中国女性特有经历,应该作为中国人在那个时期所共同拥有的经历。此般转变最大的问题便是国家忽略个人权利,乃至完全吞噬,在较多情形之下个体都沦为手段并不是目标。而从"女性权利"转变成"女性责任"言语之中,很明显

---

① 严复:《〈孟德斯鸠法意〉按语》,见王栻主编《严复集》第 4 册,中华书局 1986 年版,第 985 页。

② 谈杜英:《中国妇女运动通史》,妇女共鸣社 1936 年版,第 15 页。

③ 罗苏文:《女性与近代中国》,上海人民出版社 1996 年版,第 148 页。

地看出女性被赋予特别的工具主义角色。

3. 以能力论权利

如前面第四章所述，清末民初的先进知识分子尤其是妇女觉得，女性若无知识，无文化，无独立的经济，无生存的能力，无与之关联的能力等，都很难达成拥有与男性平等的权利。如此情境之下，女性应该最先改变自我，而非急切追寻权利，让自身有真正实力来拥有权利。对于辛亥革命后引起广泛关注的妇女参政运动的认识和评判，就是这一思想的典型表述。欧佩芬曾这样说："我国女界不患无急之雄心，而患乏自治之能力；不患无参政之权，而患乏参政之学。"可见其意在强调女性各种权利的获得应当以女性自身能力的增强为前提。

四 清末民初女权思想之反思

清末民初女权思想对后世影响深远，至今仍能看到它带给我们的影响。分析其带给我们的启示，对于我们正确认识女权，保护女权无疑具有重要意义。

（一）在妇女与国家的关系上，既要重视国家利益，又要重视妇女权益

在清末民初，妇女与国家的关系成为时代主题，但是在构建的这种关系里，妇女成为工具和手段，妇女自身的利益被漠视，所以总结这段历史带给我们关于妇女与国家关系的启示时，我们认为应注意以下两点。

1. 要求妇女为国家尽责时还须考虑其自身的权益

在清末民初，由于帝国主义的疯狂掠夺和侵略，中华民族正面临着前所未有的民族灾难，因而反帝救亡成为所有国人的首要目标。为了完成反帝救亡的历史使命，维新派和革命派在掀起民族民主革命的同时，也发动了中国近代第一场妇女解放运动。由于此次妇女运动的主要目的是通过发动广大女性投身革命以实现国家富强，所以较多强调妇女对国家的责任和义务，而较少关注女性自身的权益以及她们的共同愿望。相对而言，西方早期妇女运动则以争取妇女权益为目的。有鉴于此，在发动妇女参加革命与建设时，除了强调其义务之外，还必须重视实现妇女自身的权益。

　　我们今天在分析和研究妇女与国家的关系时，仍然强调不要把妇女当做工具，国家的设立本身并非目的，它是以人为目的的，这其中当然也包括女人。但这也并不是说女性要与国家保持一种对立关系。西方早期女权运动在争取的性别平等过程中的一个显著行动就是争取国家的支持，争取国家立法层面上对妇女权利的认可。因此，在妇女解放的道路上与国家合作是非常重要的。

　　2. 性别革命不能等同于民族革命和阶级革命

　　清末民初先进知识分子虽然认为"民权与女权，如蝉联跗萼而生，不可遏抑也"，但大部分知识分子尤其是革命派普遍认为只要取得民族民主革命的胜利，建立了民主国家，妇女自然就会有权利，忽视了妇女运动的特殊任务。所以从戊戌妇女运动到新中国成立，中国妇女运动的领袖们一直是带领女性全力投身于反帝反封的民族革命和阶级革命，未曾专门对传统男性本位的社会性别制度和文化进行过彻底清理和深度批判。这样的认识和做法对后世影响很大。比如毛泽东就认为性别革命就是民族革命和阶级革命，只有取得了民族独立和阶级解放，妇女才能彻底解放："对妇女的宣传口号，要说明妇女的特殊痛苦，是受整个旧势力的束缚……妇女要得到彻底解放，必须参加土地革命，以彻底推翻整个敌人（自地主豪绅一直到军阀帝国主义）的统治，这样才能彻底解放。"① 而且他还认为"劳动妇女的解放是与整个阶级的胜利是分不开的，只有阶级的胜利，妇女才能得到真正的解放"。②

　　因此，我们应认识到，妇女不仅与一般人民同样受到民族、种族和阶级压迫，还另外受到男性本位的社会性别制度的压迫，它是妇女运动的特殊革命对象，故妇女和性别解放具有性别革命、民族（种族）革命和阶级革命等多重性质，民族独立和阶级解放只是妇女解放的必要条件，不是充分条件，不能作为妇女运动的最终目标。所以妇女在与人民共同取得民族独立和阶级解放之后，还必须开展相对独立的妇女运动，对自己的特殊革命对象——传统社会性别制度及其文化进行批判。不可将民族革命和阶级革命等同于性别革命，以为取得民族独立和阶级解放之后，妇女就自然

---

　　① 毛泽东：《中共闽西特委第二次扩大会议关于妇女问题决议案》（1930 年 2 月 28 日），见《中国妇女运动历史资料（1927—1937）》，中国妇女出版社 1991 年版，第 92 页。

　　② 毛泽东：《中华苏维埃共和国人民委员会训令第六号——关于保护妇女权利与建立妇女生活改善委员会的组织和工作》（1932 年 6 月 20 日），转引自《人民日报》1977 年 9 月 22 日。

解放了，忽视了妇女解放的特殊性、个性，造成妇女运动的不彻底。

（二）在女性和男性关系上，不要把男性当做规范和标准

如前所述，从戊戌时期到辛亥革命时期的女权运动，都是由男性发端肇始，奔走呐喊，此后才有先进女性的参与。在妇女解放的倡导中，男子的呼声远比女性强烈。男性成为女性个性解放的倡导者、发起者，使妇女解放的一切措施和纲领都成为整个社会革命和思想启蒙的总纲领、总措施中的一部分，使清末民初的妇女解放运动从思想基础到组织形式和行动方式都带上了男性化色彩。

著名辛亥革命启蒙思想家林宗素女士已经深刻地认识到当时的实际状况，故其在《叙女界钟》中阐述自己的观点，这就是女性应该靠自己的努力获取属于自己的权利，不可以也不可能依靠男人来实现，"江苏金君，出所著《女界钟》以示余。余观其书，为女子辩护者甚力，其所以代谋兴复权利者，亦首以学为归。金君诚我中国女界之卢骚也。虽然，权也者乃夺得也，非让与也。今使为我女子辩护而代谋者，第出于金君，其与不流血，不颠覆而希冀政府之平和立宪也何以异？夫金君之意，吾何敢不佩，而吾之为此言者，特欲以自鞭策我二万万之女子，使之由学问竞争进而为权利竞争。先具其资格而后奋起夺得之，乃能保护享受于永久。若其柔弱如故，愚暗如故，则金君此书虽一旦大动于世，彼辈男子慨然尽举畴昔所占据之权利——让与而还付之于我女人，此固非吾之所愿，抑金君之志殆亦非然也欤！"[①] 革命先驱李大钊曾经严厉地批评妇女运动不应该将男人作为学习的楷模："有许多人说，男人做什么，她们可做什么。她们可以把男子的行动来做她们的模范。但女子总是女子，这模仿男子的法子是做不到的。……女子万不能要学做男人，就禁止使用她们天生的特别性情。即使做得到，也是一件极蠢的事。"[②] 所以，他主张男女应该在政治上具有平等的地位，有着均等的发展机会。

以男子作为妇女解放的标准对后世人们对妇女权利的理解影响很大。新中国成立后，毛泽东就讲过："男女都一样，男同志能办到的事，女同

---

① 林宗素：《〈女界钟〉叙》，见中华全国妇女联合会妇女运动历史研究室编《中国妇女运动历史资料》（1840—1918），中国妇女出版社1991年版，第187页。

② 《李大钊文集》（下），人民出版社1984年版，第103页。

志也能办得到。"当时很多人将他的讲话简单理解为妇女向男人看齐,无视男女体力、生理上的差异,要求女性与男性同工同劳。当时就曾经出现了妇女在劳动的时候积极模仿着男人的工作,也要从事很多高风险并且十分繁重的体力活,进而出现了"铁姑娘",其中也包括女搬运工、女矿工等,以前只有男人才能够做的工作现在妇女也可以做。这种无视男女生理差异的做法在实际生活中严重地影响了妇女的身心健康。

从以上分析可以看出,以男子为标准来衡量妇女权利的获得程度并不是真正意义上的男女平等。真正的男女平等有两层含义,首先是权利的平等性,包括人身权、婚姻家庭权、政治权、工作权等,其次表现在这种平等是建立在生理上存在的差距之上。显然清末民初女权运动者所理解的男女平等仅仅是形式意义上的男女平等。况且这种以男性为价值尺度来规范女性的思想和行为,也不会实现妇女的解放。因为在人类发展进程中,男性虽然比女性获得了更为充分的发展,但是一方面,由于各种原因男性自身并没有获得彻底的解放;另一方面,男性的发展也是以牺牲女性的发展为代价的。因此,女性解放若以男性为尺度,必然导致女性从内心到外在行为都极力模仿男性,使其从一个极端走向另一个极端,从而失去女性特质,否定女性独特的解放道路。如果没有妇女主体意识和民主意识的自我觉醒,没有妇女对自身价值的科学反思,没有妇女自主自立自强的精神,那么妇女永远也走不出"男强女弱"、"男主女从"、"男外女内"的传统樊篱。将女人都变成男人的妇女解放绝不是真正意义上的妇女解放。

当然在今天当我们谈及女性与男性的关系时,强调不要把男性当做规范和标准,不要女人男性化,这并不是说女人要与男人形成一种对抗关系。固然,在性别不平等的社会结构中,压迫者是男人,被压迫者是女人,男人和女人存在着对立的关系,但是这种对立并非能够通过消灭对方而实现,只能通过改变制度、改变思维方式、改变行为习惯等手段而实现,而要改变这些则需要争取男性的改变,争取男性的配合,最后实现不同性别间的和谐。

(三) 在妇女享有权利的条件上:不能以能力作为妇女享有权利的条件

如前所述,妇女享有权利必须具备一定的能力:妇女要有文化,要有谋生的技能,要经济独立。清末民初女权思想中强调妇女的自立自强,这一点当然让人钦佩。但是把自立自强与妇女权利联系起来,甚至最终走向

"以能力论权利"的思路，则在一定程度上把追求妇女权利引入了歧途。

以能力为根据确立权利的分析方式在一定程度上证明了性别不平等的现象：因为妇女能力有限，所以理当服从男性的控制和指挥，性别不平等的社会结构成为其必然的逻辑结论。仔细分析，这一逻辑是一种典型的"倒因为果"的分析方法。其实正是因为妇女一直没有诸多方面的权利保障才导致其能力的不足，而非相反。妇女能力问题应当是在妇女获得权利之后的话题，若不能将这二者关系厘清，妇女解放将会陷入永难走出的困境之中。

那么妇女享有权利是否必须掌握知识、获得技能，具备一定的能力呢？读读 1776 年美国的《独立宣言》可能会带给我们启发。"我们认为这些真理是不言而喻的：人人平等，他们都从他们的造物主那边被赋予了某些不可转让的权利，其中包括生命权、自由权和追求幸福的权利"。人的权利来自哪里？是凭借本性而享有权利，也就是凭借人之作为人的资格而享有权利。不必凭借任何外物，人本身就是权利的依据。这一命题对于女人也应当是有效的，1848 年公布的《女性独立宣言》就清晰地阐明了这一点："一切女人和男人都生而平等；造物主赋予他们某些不可剥夺的权利；这些权利包括生命、自由和对幸福的追求。"妇女权利是凭借女人之作为人的资格而享有的权利，女人本身就应当成为目的，它不应当成为其他目的的工具或者手段。正如康德所说，"在目的的秩序里，人（以及每一个理性存在者），就是目的本身，亦即他决不能被仅仅用作谁的（即便是上帝的）工具，除非他同时把自己作为目的"。①

在谈及妇女能力时，强调不要"以能力论权利"，能力与权利之间并不存在因果关系。这并不是说鼓励妇女"自甘平庸"。的确，在权利的实现方面，妇女的能力在很多方面显得重要起来，比如说实现婚姻自主权、实现受教育权、实现参政权等方面都需要妇女有一定的经济基础和其他相关的能力，因此妇女自主自立自强对于妇女发展来讲也是非常重要的。但是，仍需强调的是，妇女权利与权利的实现并非同一个层面的问题，妇女权利是基于妇女作为人本身而具有的权利，至于权利能否实现、如何实现并非确立妇女权利之前的问题，而是确立妇女权利之后的问题。

清末民初女权思想把我们推向关于妇女权利的最基本问题的思考，这

---

① 康德：《实践理性批判》，韩水法译，商务印书馆 1999 年版，第 114 页。

一思考带给我们的启示在于：今后中国妇女权利发展的问题必须回归到人权这一基本的框架之中。"妇女权利作为一种人权"这一命题应当成为理解妇女权利问题的根本前提。所以在确定妇女权利时，不应当考虑妇女本身之外的问题，诸如确定这种权利对于社会、国家、他人有什么意义，妇女自身是否有能力理解这种权利并行使这种权利。这些问题并非绝对不能考虑，但是它们与妇女权利并非一个层面上的问题，绝不能因为考虑这些问题而阻碍对妇女权利的确定。如果在设定某项权利时纠缠于这些问题，则妇女解放问题恐怕真的难以实现了。

中国妇女解放始自第一次鸦片战争之后，保种救国的目标下女权思想逐渐形成。毋庸置疑，清末民初女权思想的出现开创了中国妇女解放理论的先河，对之后中国妇女的解放产生了深刻且深远的影响。但必须正视的是，在清末民初女权思想中存在着一些误区，这对妇女权利的实现有着不利的影响，而且这种影响是长期的，甚至直到今天仍能隐隐约约看见其影响的存在。因此，要推动妇女权利继续发展，必须对近代女权思想进行认真彻底的反思，以揭示妇女权利的原本含义，让妇女权利回归到人权的命题中去。

参考文献

一　文献资料

1. 中华全国妇女联合会妇女运动历史研究室编：《中国近代妇女运动历史资料》（1840—1918），中国妇女出版社 1991 年版。

2. 李又宁、张玉法编：《近代中国女权运动史料》（1842—1911）（上下册），传记文学出版社 1975 年版。

3. （清）经元善：《中国女学集议初编》，清光绪二十四年（1898年）铅印本。

4. 《中国近代史资料丛刊·太平天国》（一），神州国光社 1953年版。

5. 《太平天国史料丛编简辑》第 6 册，中华书局 1963 年版。

6. 《贼情汇纂》卷 11，台北文海出版社。

7. 汤志钧编：《康有为政论集》（上），中华书局 1981 年版。

8. 康有为：《康有为全集》（一），上海古籍出版社 1987 年版。

9. 梁启超：《饮冰室合集·文集》第一册第一卷，中华书局 1989年版。

10. 李华兴等编：《梁启超选集》，上海人民出版社 1984 年版。

11. 丁文江、赵丰田：《梁启超年谱长编》，上海人民出版社 2009年版。

12. 周振甫选注：《谭嗣同文选注》，中华书局 1981 年版。

13. 王栻主编：《严复集》第二册，诗文（下），中华书局 1981 年版。

14. 严复：《原强》，《侯官严氏丛刻》第 3 卷。

15. 《唐才常集》，岳麓书社 2011 年版。

16. 李贽：《初潭集》上册，中华书局 1974 年版。

17. 李贽：《焚书　续焚书》，中华书局 1975 年版。

18. 俞正燮:《癸巳类稿》,商务印书馆 1957 年版。

19. 俞正燮:《癸巳存稿》,商务印书馆 1937 年版。

20. 李汝珍:《镜花缘》,人民文学出版社 1979 年版。

二 报纸

1.《万国公报》,1878—1898 年。

2.《女子世界》,1904—1907 年。

3.《中国新女界杂志》,1907 年 2 月—1907 年 7 月。

4.《天义报》,1907—1908 年。

5.《新世纪》,1907—1910 年。

6.《中外日报》,1899 年 8 月。

7.《知新报》,1897—1898 年。

8.《益智新报》第 2 年第 1 卷,1877 年 6 月。

9.《时务报》,1897—1898 年。

10.《湘报》,1898 年。

11.《湘报类纂》,台湾编译印书馆壬寅秋。

12.《女学报》第 1—12 期,1898 年。

三 中文原著

1.《毛泽东同志论妇女》,中国妇女出版社 1980 年版。

2. 徐爱国、李桂林、郭义贵:《西方法律思想史》,北京大学出版社 2000 年版。

3. 段忠桥主编:《当代国外社会思潮》,中国人民大学出版社 2001 年版。

4. 鲍晓兰主编:《西方女性主义研究评介》,三联书店 1995 年版。

5. 肖巍:《女性主义伦理学》,四川人民出版社 2000 年版。

6. 李平:《世界妇女史》,海南人民出版社 1997 年版。

7. 王政:《女性的崛起——当代美国的女权运动》,当代中国出版社 1995 年 6 月版。

8. 李银河:《女性权力的崛起》,中国社会科学出版社 1997 年版。

9. 闵家胤主编:《阳刚与阴柔的变奏》,中国社会科学出版社 1995 年版。

10. 吕美颐、郑永福：《中国妇女运动（1840—1921）》，河南人民出版社 1990 年版。

11. 刘巨才：《中国近代妇女运动史》，中国妇女出版社 1989 年版。

12. 中华全国妇女联合会：《中国妇女运动史（新民主主义时期)》，春秋出版社 1989 年版。

13. 陈东原：《中国妇女生活史》，商务印书馆 1998 年版。

14. 李小江：《解读女人》，江苏人民出版社 1999 年版。

15. 李小江等：《主流与边缘》，三联书店 1999 年版。

16. 李小江等：《批判与重建》，三联书店 1998 年版。

17. 李小江等：《性别与中国》，三联书店 1994 年版。

18. 李小江等：《平等与发展》，三联书店 1997 年版。

19. 杜芳琴：《中国社会性别的历史文化寻踪》，天津社会科学院出版社 1998 年版。

20. 李秋芳主编：《半个世纪的妇女发展——中国妇女五十年理论研讨会论文集》，当代中国出版社 2001 年版。

21. 张晓玲：《妇女与人权》，新华出版社 1998 年版。

22. 郦纯：《太平天国制度初探》，人民出版社 1956 年版。

23. 舒新城：《近代中国教育思想史》，中华书局 1928 年版。

24. 蔡元培：《中国伦理学史》，商务印书馆 1937 年版。

四　中文译著

1. 《马克思恩格斯选集》第 3、4 卷，人民出版社 1972 年版。

2. 《马克思、恩格斯、列宁、斯大林论妇女》，中国妇女出版社 1990 年第 2 版。

3. 王政、杜芳琴主编：《社会性别研究选译》，三联书店 1998 年版。

4. 李银河主编：《妇女：最漫长的革命——当代西方女权主义理论精选》，三联书店 1997 年版。

5. 《妇女陈情书》，巴黎 1931 年法文版。

6. ［英］玛丽·沃斯通克拉伏特、约翰·斯图尔特·穆勒：《女权辩护/妇女的屈从地位》，商务印书馆 1995 年版。

7. ［法］玛依玳·阿尔毕丝杜尔、丹尼尔·阿尔奠扎特：《中世纪以来法国女权运动史》，《外国女权运动文选》，中国妇女出版社 1987 年版。

8. ［美］玛格丽特·米德:《性别与气质》,光明日报出版社 1989 年版。

9. ［法］西蒙·波娃:《第二性——女人》,湖南文艺出版社 1990 年版。

10. ［美］理安·艾斯勒:《圣杯与剑——男女之间的战争》,社会科学文献出版社 1995 年第 2 版。

11. ［美］贝蒂·弗里丹:《女性的奥秘》,江苏人民出版社 1988 年版。

12. ［英］S. A. 沃特金斯:《女性主义》,广州出版社 1998 年版。

13. ［日］富士谷笃子:《女性学导论》,台北南方丛书出版社 1988 年版。

14. ［美］凯特·米利特:《性别政治》,钟良明译,社会科学文献出版社 1992 年版。

15. ［英］呤唎:《太平天国革命亲历记》,上海古籍出版社 1985 年版。

16. ［美］费正清编:《剑桥中国晚清史》(下),中国社会科学出版社 1985 年版。

17. ［英］洛克:《政府论》,商务印书馆 1964 年版。

18. ［法］卢梭:《社会契约论》,商务印书馆 1994 年版。

19. ［法］孟德斯鸠:《论法的精神》,商务印书馆 1982 年版。

五　论文类文献

1. 鲍晓兰:《美国的中国妇女研究动态分析》,李小江等编:《平等与发展》,北京三联书店 1997 年版。

2. 王政:《美国女性主义对中国妇女史研究的新角度》,见鲍晓兰主编《西方女性主义研究评介》,三联书店 1995 年版。

3. 王政:《国外学者有关中国妇女和社会性别研究的现状》,见金一虹主编《世纪之交的中国妇女与发展》,南京大学出版社 1998 年版。

4. 杜芳琴:《我所了解的国外中国妇女史研究》,见杜芳琴《中国社会性别的历史文化寻踪》,天津社会科学院出版社 1998 年版。

5. 吴廷嘉:《论戊戌变法前后社会思潮的特点》,见《清史研究集》第 3 辑,四川人民出版社 1984 年版。

6. 张鸣：《男人的不缠足运动 1895—1898》，《二十一世纪》1998 年 4 月号，香港中文大学出版社。

7. 顾雁翎：《女性意识与妇女运动的发展》，台湾《中国论坛》半月刊第 275 期。

8. 杜芳琴：《华夏性别制度的形成及其特点》，见《世纪之交的中国妇女与发展》，南京大学出版社 1998 年版。

9. 仇乃华：《妇女与发展：理论、实践与问题》，见鲍晓兰主编《西方女性主义研究评介》，三联书店 1995 年版。

10.《美国妇女史研究纵览》，《世界史研究》1991 年第 4 期。

11. ［美］琼·W. 斯科特：《性别：历史分析中的一个有效范畴》，见李银河主编《妇女：最漫长的革命——当代西方女权主义理论精选》，三联书店 1997 年版。

12. ［英］朱丽叶·米切尔：《妇女：最漫长的革命》，见李银河主编《妇女：最漫长的革命——当代西方女权主义理论精选》，三联书店 1997 年版。

13. ［美］琼·凯利一加多：《性别的社会关系——妇女史在方法论上的含义》，见王政、杜芳琴主编《社会性别研究选译》，三联书店 1998 年版。

14. 卡罗琳·摩塞：《第三世界中的社会性别计划：满足实用性和战略性社会性别需要》，见王政、杜芳琴主编《社会性别研究选译》，三联书店 1998 年版。

15. ［美］琼·W. 斯科特：《女性主义与历史》，见王政、杜芳琴主编《社会性别研究选译》，三联书店 1998 年版。

16. ［美］盖尔·卢宾：《女人交易：性的"政治经济学"初探》，见王政、杜芳琴主编《社会性别研究选译》，三联书店 1998 年版。

17. ［美］周颜玲：《有关妇女、性和社会性别的话语》，见王政、杜芳琴主编《社会性别研究选译》，三联书店 1998 年版。

18. ［美］苏珊·曼：《18 世纪的中国知识女性》，见李小江等编《性别与中国》，北京三联书店 1994 年版。

19. 首都师范大学主办：《中国女性文化》第 1、2 期，中国文联出版社 2001 年版。

20. 及立平、彭平一：《宋恕妇女思想略论》，《株洲师范高等专科学校学报》2004 年第 1 期。

　　21. 赵新平：《清末不缠足运动和妇女解放》，《社会科学战线》2003
年第 3 期。

　　22. 吴向红：《宋恕女权思想刍议》，《娄底师专学报》2003 年第
3 期。

　　23. 陈文联：《20 世纪初知识女性的女权思想》，《船山学刊》2001
年第 2 期。

　　24. 王岩：《太平天国妇女的法律地位浅析》，《山东大学学报》（哲
社版）1998 年第 4 期。

　　25. 何黎萍：《论中国近代女权思想的形成》，《中国人民大学学报》
1997 年第 3 期。

　　26. 周文宣：《论陈虬的妇女解放思想》，《温州师范学院学报》（哲
学社会科学版）1996 年第 2 期。

　　27. 陈文联：《论近代中国女权思想的政治化倾向》，《理论学刊》
2012 年第 7 期。

　　28. 吴效马：《近代中国妇女解放思潮的民族特色》，《贵州社会科
学》2001 年第 2 期。

后　记

　　对妇女问题的研究兴趣来源于小时候就感受到的社会对女性不公的认识。小时候生活在农村，那时候对女性的态度还没有现在这样开明，现在还清楚地记得人们在同住一胡同的一户家里由于没有儿子而称成为"绝户"时那鄙视的目光，还清楚地记得邻居由于屡次生女儿孩子父母那阴沉的脸以及那又是一个"赔钱货"的喊叫，还清楚地记得奶奶那被裹成畸形以致行走不便的小脚，但却不知如何表达这种对女性不公的不满。

　　第一次接触清末民初女权思想专题是在2010年，当时为庆祝即将到来的辛亥革命胜利100周年，系里要求写一些纪念性论文，在查找资料的过程中偶然翻到一篇《论孙中山的男女平权思想》的文章，遂产生了浓厚的兴趣，随后又查阅了大量清末民初先进知识分子关于妇女问题的文章。至今还记得看到金天翮的《女界钟》以及康有为的《大同书》为女性呐喊的文字时那激动的心情。通过查阅资料知道，清末民初第一次以天赋人权为理论来呼吁男女平权，而男女平等、妇女不受歧视不正是自己自小以来所追求的吗？虽然现在妇女在法律上已基本实现男女平等，但找到男女平等的源流无疑令人振奋，当时觉得自己就像一位矿工找到了宝藏。在收集材料的过程中也常常接触到关于封建礼教对于妇女压迫问题，清末民初先进知识分子也常常对封建礼教对妇女的压迫展开批判，对此也查阅了大量资料，才知道古代女性地位之低令人震撼。在收集资料的基础上，我先后发表了《女学与女权：到底谁优先——辛亥革命时期对女学与女权关系的论争》和《汉代法律政策中妇女权益和地位研究》两篇论文，顺利完成德州市社会科学规划课题"清末民初女权思想研究"课题。2011年7月，在先期研究的基础上，我开始有了想写一本关于清末民初女权思想的书的想法，开始积极准备，历经两年终于完成。

　　从目前的学术研究来看，关注清末民初女权思想比较少，即使关注也大多从妇女运动史角度展开论述，所以在写作过程中资料的局限性成为写作本书的最大障碍，曾几次想放弃，但由于对妇女问题的兴趣使我最终坚持下来。痛苦并快乐着，这也许是对我写作过程的最好写照。

由于自己的理论水平非常有限，对此问题的研究非常肤浅，有些观点甚至可能是错误的，但是毕竟是自己历尽艰辛所作，希望得到同人的批评指正。

本书的顺利完成，首先要感谢家人对我的大力帮助，感谢在女权思想领域进行研究的所有学者同人，本书广泛参阅了学者们在女权思想领域的研究成果，一般都在书中注明，但难免有遗漏之处，在此向学者致歉。

当然，本书的顺利出版离不开中国社会科学出版社工作人员的大力支持，特别要感谢任明主任在出版过程中对我的大力帮助，他的宝贵修改意见让我的专著不断得以完善，他的一丝不苟的精神让我受益匪浅，再次深表感谢！